AF618145

Hartmann Books

Ute Mahler, Werner Mahler, Wolfgang Kil

Lissabon ’87/88

Wolfgang Kil

In Lissabon

Als wir 1987 zum ersten Mal nach Lissabon kamen, brachten wir kein anderes Wissen mit als die romantischen Verheißungen der Touristenverführer. Wir waren darauf vorbereitet, in ein riesengroßes Freilichtmuseum einzudringen, in dem ärmliche, aber gutgestimmte Ureinwohner in billigen Weinschänken traurigen Liedern lauschen und dem Ruhm weltumsegelnder Vorfahren nachsinnen. Die Klischeeangebote der Reisefeuilletons sind gnadenlos.

Stattdessen fanden wir ein Land im Gründerfieber vor. Reichlich ein Jahr vor unserer Ankunft hatte man die Portugiesen in einem feierlichen Staatsakt zu vollwertigen Europäern erklärt, und schon waren an den breiten *Avenidas*, den von Banken und anderen Großinvestoren bevorzugten Adressen, ganze Häuserreihen eingerüstet und von Netzen verhängt: überall Renovierung, was ja erfahrungsgemäß auf neue Nutzer, neue Zwecke und neue Einkünfte schließen lässt. Am Rande der Innenstadt fielen halbe Straßenzüge und ganze Wohnquartiere unterschiedlichsten Bauzustandes der Spitzhacke zum Opfer. Turmdrehkräne schwenkten ihre Ausleger über Baugruben so groß wie Fußballfelder. Und auf den täglichen Fahrten zu unserem Gastquartier am Stadtrand, draußen noch hinter Benfica, konnten wir beobachten, wie das in malerische Hügel ausschwingende Weichbild der Stadt innerhalb kürzester Zeit versteint. Endlose Neubaugebiete schoben sich Kilometer um Kilometer in die Landschaft, die Zweimillionen-Metropole griff bereits nach den Städtchen des Umlandes, kein unbebauter Flecken Natur mehr bis Cascais oder Queluz.

Wie lange noch würde man Portugal, das kleine und arme Land dort weit im Westen, mit Neugier und Staunen durchstreifen können wie ein Laboratorium für einen unvergleichlichen, von revolutionären Träumen inspirierten Neuanfang? Noch schien sie zu halten, die multikulturelle Solidarität dieses Volkes, das sich aus der Schmach blutiger Kolonialkriege durch eine geradezu romantische Revolution befreit und seither seine „überseeischen Landsleute“ mit selbstverständlicher Freundlichkeit im ehemaligen „Mutterland“ aufnahm. Rassendiskriminierung als Fremdwort – es war nicht zuletzt diese grundnormale Anwesenheit der verschiedenen Hauttönungen quer durch alle sozialen Schichten, die uns das Leben hier so anziehend machte. Nicht einmal in den Winkeln der Ärmsten, in den vielerorts wuchernden Brettersiedlungen der *Retornados* mit ihren winzigen Gemüsegärten und fehlenden Sanitäranschlüssen war es bislang zu ethnischen Spannungen gekommen. Die Schranke, die die hier Lebenden vom Wohlstandsboom in den City-Bereichen abtrennte, war eine soziale. Die fragte noch nicht nach dem Herkunftsland und machte weißen wie schwarzen Slumbewohnern den Bulldozer zum gemeinsamen Feind. Die Bodenspekulation hatte gerade ihren ersten Höhepunkt erreicht, das noch aus Zeiten linksgerichteter Regierungen stammende Sozialwohnungsbauprogramm war bereits rückläu ig. Was würde aus den buntgemischten Nachbarschaf ten in Amadora werden, wenn in dem Neubauviertel unserer Gastgeber der Prozentsatz an Eigentumswoh nungen weiter anstieg? Das Gedränge in den durch eingefrorene Billigstmieten geschützten, aber hoff nungslos heruntergekommenen Altstadtquartieren war längst unerträglich geworden, und auch dort war Gentrification, die „soziale Aufwertung“ durch Luxus modernisierung, bereits absehbar. In nicht allzu ferner Zukunft würden die Verhältnisse des Arbeitsmarktes auf die Bewohnerstruktur durchschlagen, soziale Ent mischung mit deutlichem Absinken des Lebensstan dards einsetzen. Industrialisierung des ganzen Landes tut not. Aber würde sie, bei dem dann greifenden rück sichtslosen Ausleseprinzip, das friedliche Miteinander der verschiedenen Kulturen unangetastet lassen?

Wenn um 19 Uhr die Büros schlossen, überflu teten Tausende von Angestellten die Innenstadt. Jeder Mann ein Direktor: Krawatte hochgeschlossen, blitz blanke Schuhe, tadellose Frisur. Dazu mindestens drei dicke Zeitungen unter dem Arm. War es südländisch männliche Eitelkeit, die noch vom Hilfsreferenten die Erscheinung eines Abteilungsleiters erforderte? Doch nicht auszuschließen waren auch neue Leitbilder, die Erfolg durch Geschäftigkeit verhießen. Hatte nicht jener junge Büromensch, im späten Vorortzug nach Amadora, aus seinem eitlen Diplomatenkoffer wirk ich Akten hervorgezogen, Computerausdrucke, in denen er selbst um Mitternacht noch emsig zu krit zeln begann? Der schöne Schmalz von der portugies schen Traurigkeit war ihm ganz offensichtlich egal.

Auch die Lissabonner Steuerbehörde sah die Lage im Land offenbar anders. Unweit der brandro ten, in maurischen Stilformen errichteten Stierkampf arena hatte sie sich gerade einen Neubau geleistet ein geradezu dreist wirkendes Gebäude: In den Stra ßenraum ragte das Treppenhaus in Form einer Beton röhre, auf der in grellbunten Farben ein Schornstein aufgemalt war, der kräftig raucht. Metaphorischer Wahlspruch eines optimistischen Bauherrn? Bei un günstigen Windverhältnissen jedenfalls zogen echte atembeklemmende Rauchschwaden über die unbe schwert dahinlebende Stadt. Die kamen über das Wasser, vom jenseitigen Ufer des Tejo. Dort qualmten Stahlwerke, Werften und Raffinerien wie einst im rauen Manchester.

Wochenlang durchstreiften wir die Stadt, au der Suche nach dem Besonderen, dem „typisch Portu giesischen“, das wir – so lautete der Auftrag unseres Verlages – den fernwehgeplagten Lesern daheim mit teilen sollten. Doch der Zufall des historischen Augen blicks, an dem es uns hierher verschlagen hatte, dräng te mir bald eine sarkastische Vision auf: So ungefähr sähe es wahrscheinlich aus, wenn auch unser kleines und mir gänzlich unbekanntes) Land DDR eines Morgens unter der begehrlichen Obhut der reichen Gesamteuropäer aufwachen würde. Ein grenzenloses Nachholbedürfnis bräche sich Bahn wie hier, wo neben das Pathos einer nostalgisch verklärten Vergangenheit plötzlich die Fetische einer hochtechnisierten Zivilisation traten: Parabolantennen für Satelliten-TV auf allen Dächern, Copyshops an jeder Ecke und eine Flut an Männermagazinen, die die Trottoirs der großen *Avenidas* allabendlich in riesige Freiluft-Buchauslagen verwandelten. Auch hatte die Neuzeit bereits ihre ersten Wallfahrtsstätten eröffnet. Das postmodern hochgeklotzte Shoppingcenter Amoreiras bot alles auf einmal, zweihundert Läden, Boutiquen, Kinos, Spielsalons, Gaststätten und Bankfilialen. Auf endlosen, von Musik durchrieselten Wandelgängen zwischen Palmen und Springbrunnen verbrachten Lissabonner Familien ganze Nachmittage vor Schaufenstern, in denen überflüssige und zumeist kaum erschwingliche Dinge ausgebreitet waren: italienische Designerleuchten, französische Schuhe, rasanter Firlefanz fürs Auto, Raumschmuck fürs Schickimicki-Interieur. Die nach Jahrhunderten des seewärts gerichteten Blicks endlich entdeckten europäischen Nachbarn präsentierten ihren Konsumstandard. Wer einen Markt erschließen will, muss Bedürfnisse wecken.

An den Firmenschildern in den weitläufigen Marmorfoyers war es abzulesen: Die „dynamischeren" Investoren hatten ihren Fuß längst in der portugies schen Tür. Und weil die Welt von heute keine Abgeschiedenheit mehr duldet, hatten die marktführenden Hightechriesen ein gigantisches Informationszentrum mitten in die Stadt gesetzt. Dort konnte sich jeder Computerliebhaber in den jeweiligen Firmen-Systemen ausbilden lassen, und für die Staunenden von der Straße gab es im turnhallengroßen Foyer eine Wand voller Bildschirme, auf der rund um die Uhr sämtliche Fernsehkanäle Westeuropas gleichzeitig zu besichtigen waren. So ungefähr, dachte ich damals, 1987 in Lissabon, würde es auch bei uns aussehen, wenn ...

Veröffentlicht in der Monatszeitschrift *Constructiv*, Ausgabe Nr. 5, Ost-Berlin, Oktober 1990

Wolfgang Kil

In Lisbon

In 1987, when we arrived in Lisbon for the first time, we brought with us no more knowledge than the romantic promises of seductive travel guides. We were prepared to invade an enormous open-air museum, where poor yet good-natured natives listen to sad songs in cheap bodegas, reflecting upon the glory of their ancestors who sailed around the world. The clichés offered up in newspaper travel sections are merciless.

Instead, we found a country in a start-up fever. More than a year before our arrival, the Portuguese had been declared full Europeans in a ceremonial act of state and by that time, entire rows of buildings along the wide *avenidas* – the preferred addresses of banks and other big investors – were covered in scaffolding and hung with nets. Renovations were happening everywhere, which, as experience has shown, indicates new users, new purposes, and new revenues. On the outskirts of the city center, half the streets and entire residential neighborhoods in various states of repair fell victim to the pickaxe. Tower cranes swung their jibs over excavation sites as large as soccer fields, and on the daily trips back to our guest quarters on the edge of the city, out beyond Benfica, we were able to observe how the city's soft landscape, which receded into picturesque hills, quickly petrified. Endless new housing developments pushed kilometer by kilometer into the landscape; as the metropolis of two million people reached out into the small towns in the surrounding countryside, there was not a single undeveloped patch of nature until Cascais or Queluz.

How much longer would one be able to wander through Portugal, that small and poor country far to the west, with curiosity and wonder, like a laboratory for an incomparable new start inspired by revolutionary dreams? The multicultural solidarity of the people seemed to hold, people who had freed themselves from the ignominy of bloody colonial wars through an almost romantic kind of revolution and since then had welcomed their "overseas compatriots" with a natural friendliness to the former "motherland." Racial discrimination as a foreign term – it was not least this basic, normal presence of various skin tones across all social classes that made life here so attractive to us. Not even in the corners of the poorest areas, in the straggling shantytowns of the *retornados* with their tiny vegetable gardens and the lack of sanitary facilities, had there been any ethnic tensions so far. The barrier that separated the people who lived here from the booming prosperity in the city was a social one. It was not yet asking about country of origin and made the bulldozer a common enemy for white and black slum dwellers alike. Real estate speculation had just hit its first apex; the social housing program, which dated back to the era of leftist governments, was already in decline. What would become of the colorfully mixed neighborhoods in Amadora, as the percentage of condominiums in the new housing development of our hosts continued to increase? The crowding in the hopelessly run-down neighborhoods of the old town, which were protected by rent control, had long become unbearable, and even there, gentrification – the "social upgrading" brought about by luxurious modernization – was already foreseeable. In the not-too-distant future, labor market conditions would have an impact on the structuring of residential areas; social segregation would set in, with a significant drop in the standard of living. Industrialization of the whole country is necessary. But, with the principle of ruthless selection taking hold, would it leave the peaceful coexistence of different cultures untouched?

When offices closed at seven p.m., thousands of workers flooded the city center. Every man an executive: tie tight, shoes highly polished, impeccable hairstyle – and at least three thick newspapers under his arms. Was it southern male vanity that still required the assistant clerk to look like a department head? Yet, new guiding principles that promised success through assiduity could not be ruled out, either. Didn't each young office worker on the late train to Amadora really pull computer printouts out

of his ostentatious attaché case and begin to sedu
ously scribble on them, even at midnight? He clear
y did not care about the beautiful schmaltziness of
Portuguese dolor.

The Lisbon tax authority also apparently saw the situation in the country differently. Not far from the blazing red, Moorish-style bullring, it had treated itself to a new building, an almost audacious-looking one: the staircase, shaped like concrete tube with a vigorously smoking chimney painted on it in garish colors, protruded into the street — the metaphorical slogan of an optimistic builder? At any rate, when the winds were unfavorable, real, choking clouds of smoke drifted over the carefree city. They came from across the water, from the far bank of the Tagus. There, steel mills, shipyards, and refineries smoked as they once did in bleak Manchester.

For weeks we wandered through the city looking for special things that were "typically Portuguese," which, as our publishers ordered, we were to share with our wanderlust-stricken readers at home. But the coincidentally historical moment in which we had arrived there soon forced a sarcastic vision upon me: this is about the way it would probably look if our small (and here, completely unknown) country of East Germany were to wake up one morning under the acquisitive care of the wealthy European community. A boundless need to catch up would break through, as it had done here, where the pathos of a oined by the fetishes of a high-tech civilization: sate ite dishes on every roof, copy shops on every corne and a flood of men's magazines that turned the side walks of the major *avenidas* into gigantic open-ai bookshops every night. The new era had also alread opened its first pilgrimage sites: Amoreiras, a postmo ern, high-rise shopping center, offered everything a once, including two hundred stores, boutiques, cine mas, gaming arcades, restaurants, and bank branche. Lisbon families spent entire afternoons strolling alon endless walkways amid palms and fountains, sprin kled with music, looking at shop windows arraye with superfluous and mostly unaffordable items: Ita an designer lamps, French shoes, snappy auto acce sories, décor for trendy interiors. The European neigh bors, finally discovered after centuries of lookin seaward, presented their standard of consumerism After all, anyone who wants to develop a market mus first create needs.

It could be seen on the company signs in the spacious marble foyers: the "more dynamic" investors had long had their foot in the Portuguese door. And because today's world no longer tolerates seclusion the giant, high-tech market leaders had placed an enormous information center in the middle of the city. There, every computer lover could be trained in each respective company's systems, and for the amaze screens in the gymnasium-sized lobby, on which all the television channels in Western Europe could be viewed simultaneously around the clock. Back then, in 1987 in Lisbon, I thought, "This is about what it would look like in our country, if ..."

Originally published in *Constructiv* (East Berlin), no. 5, October 1990

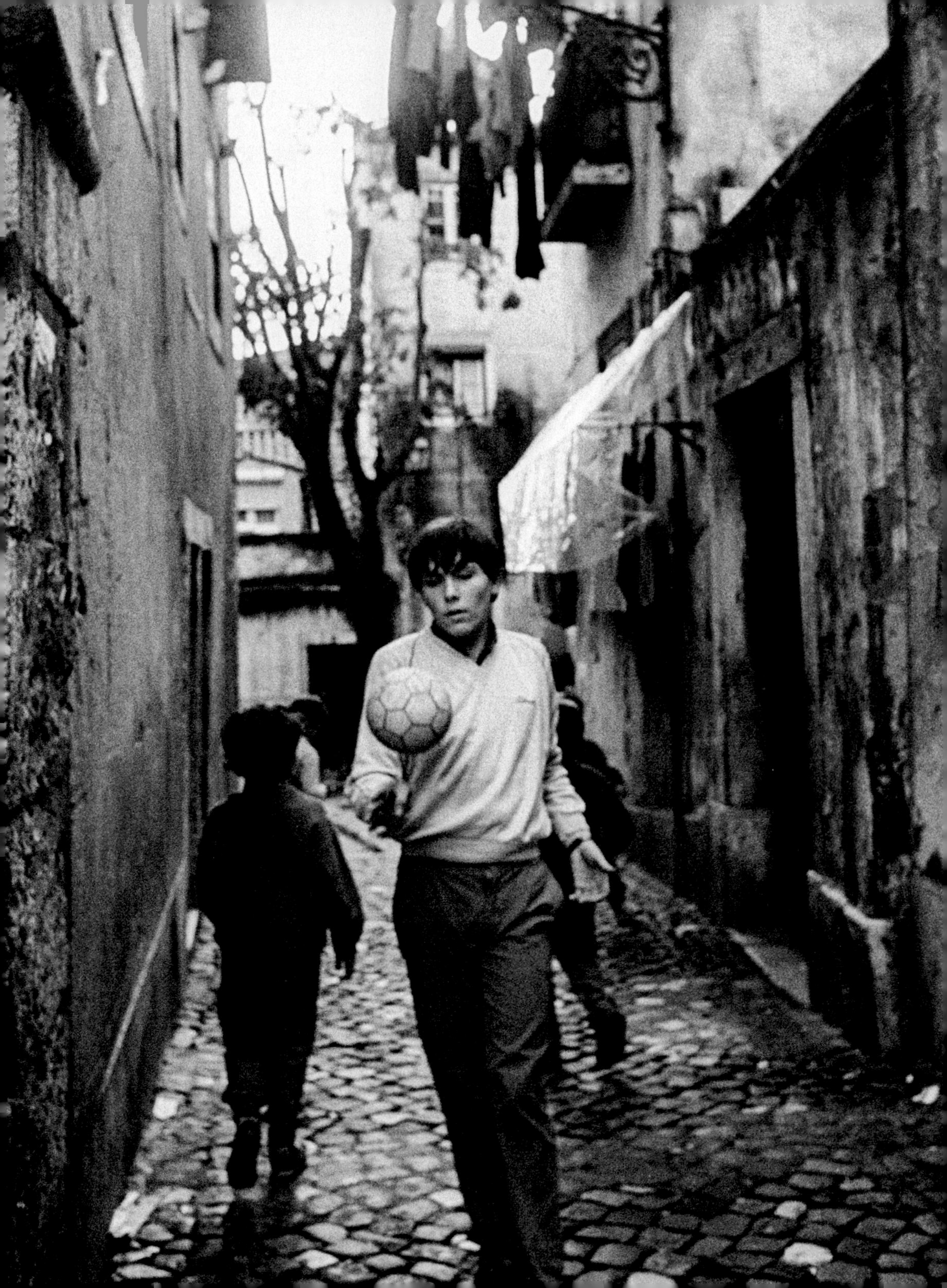

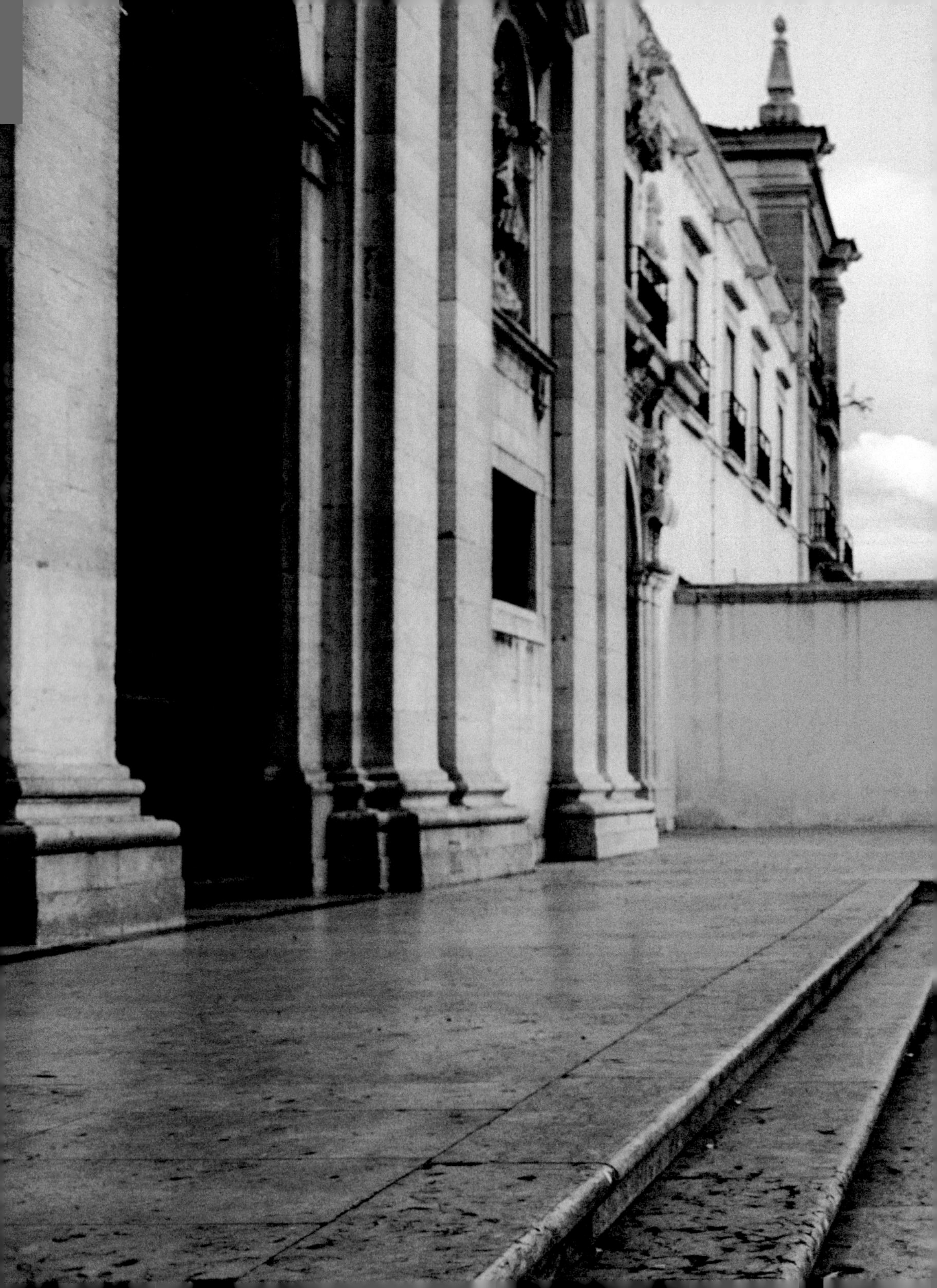

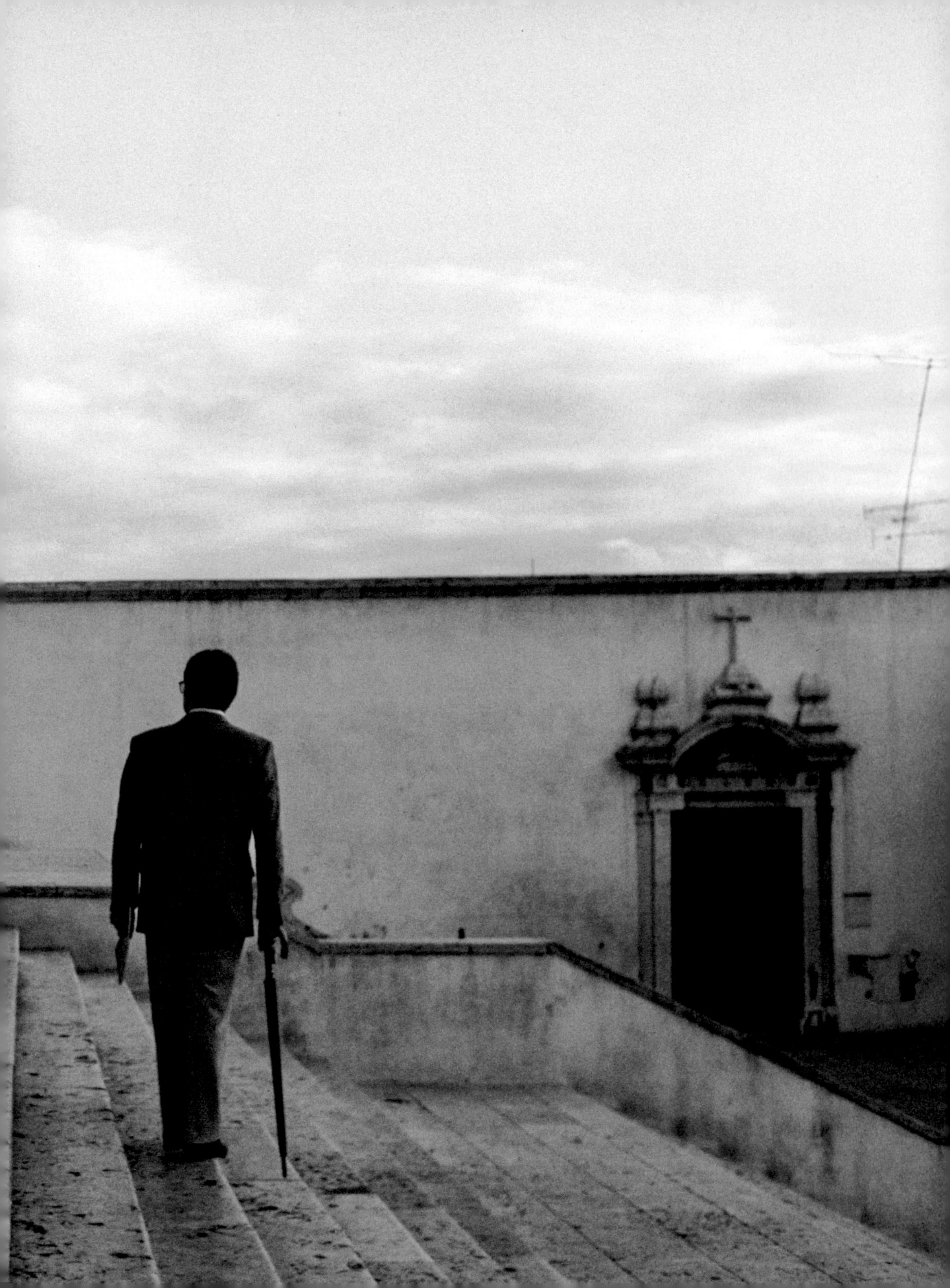

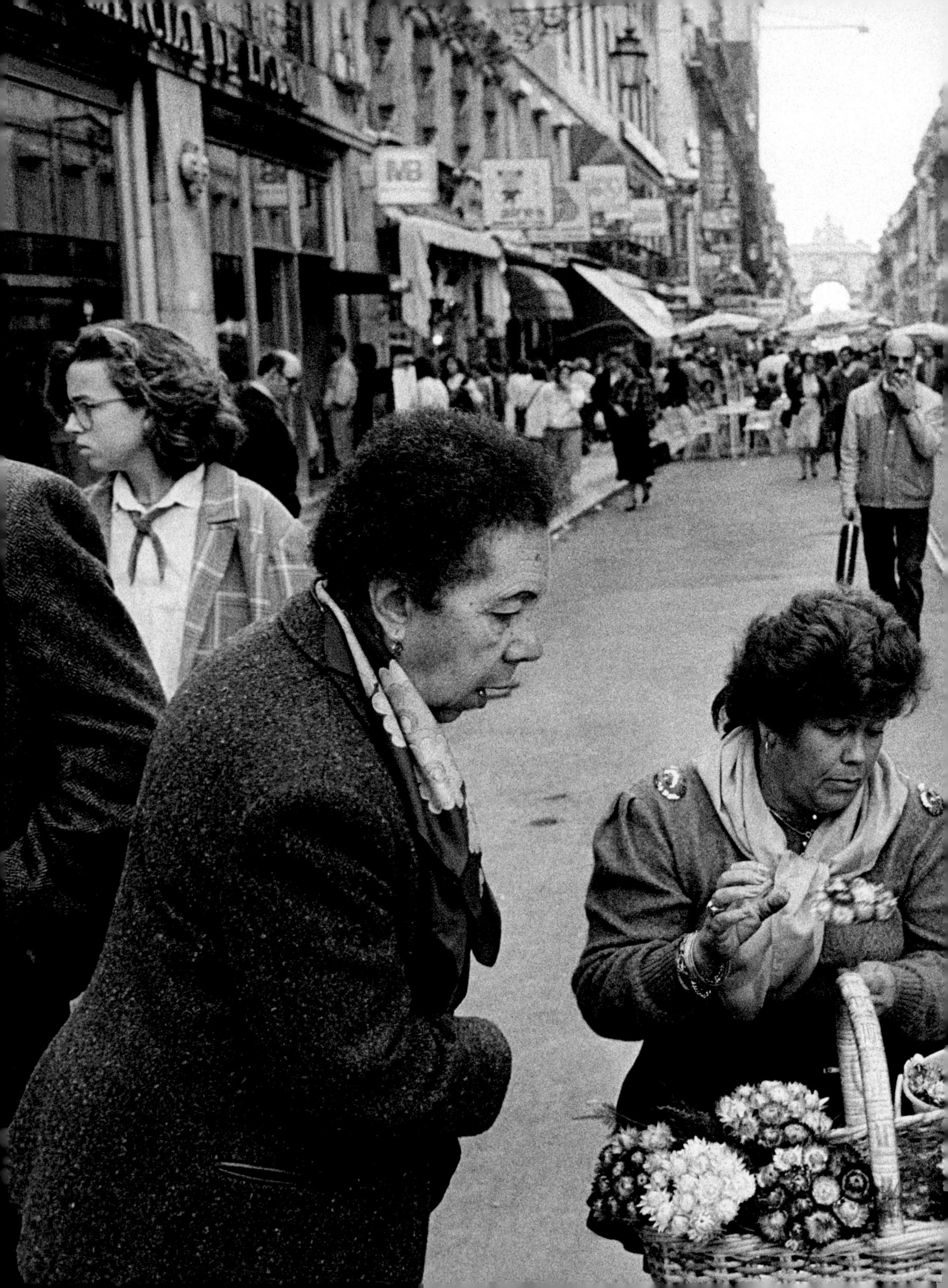

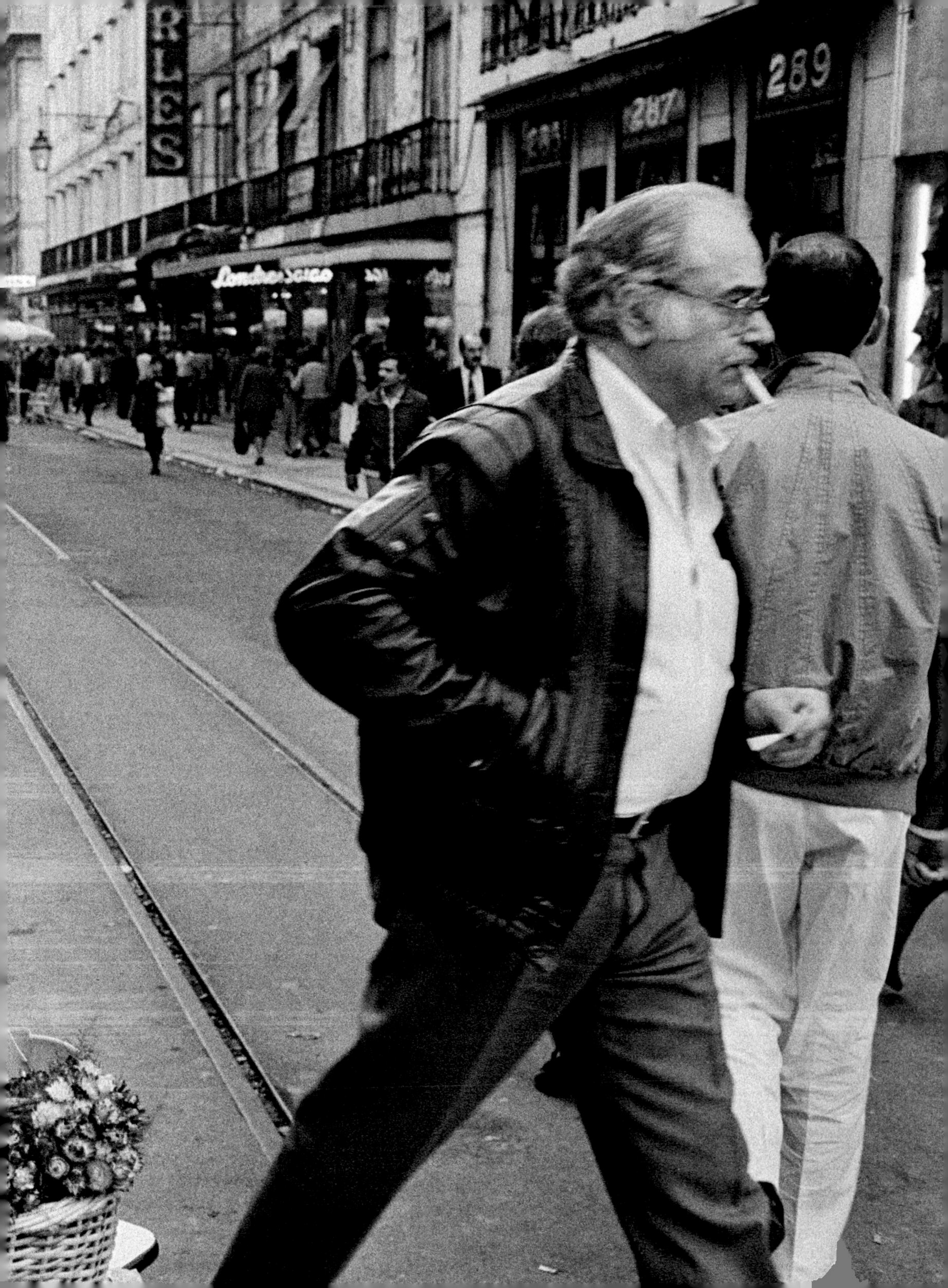
RLES
289
287

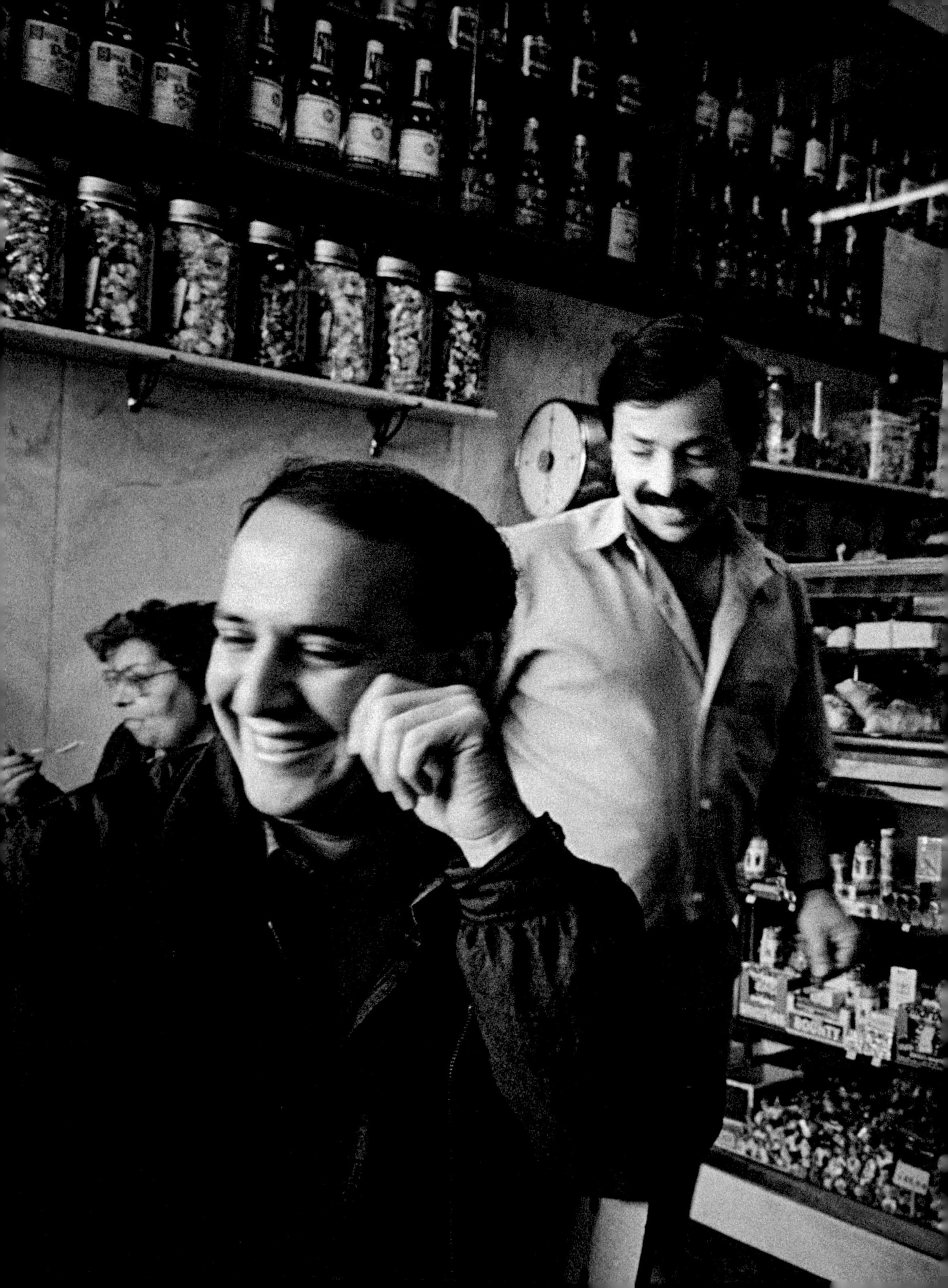

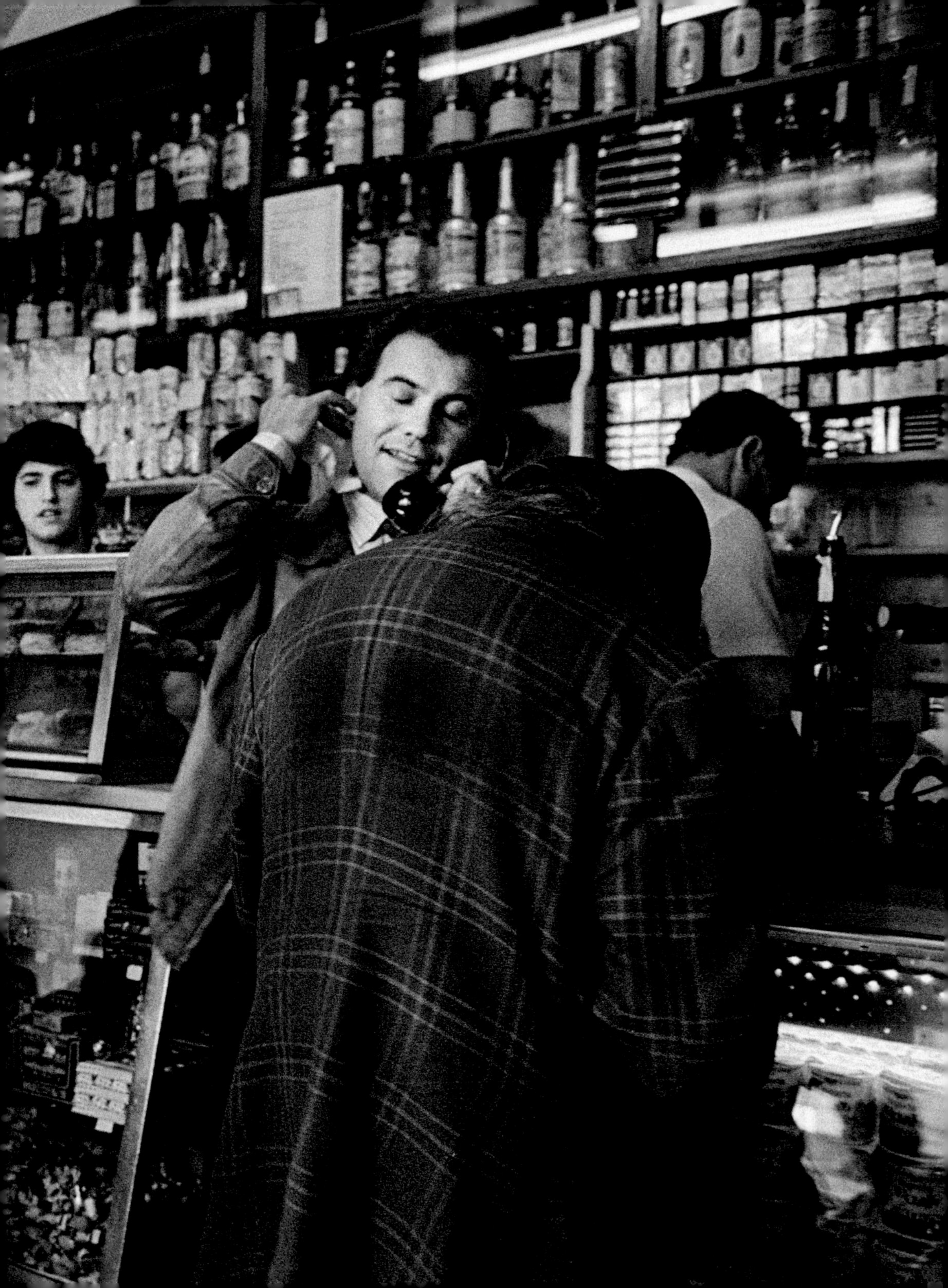

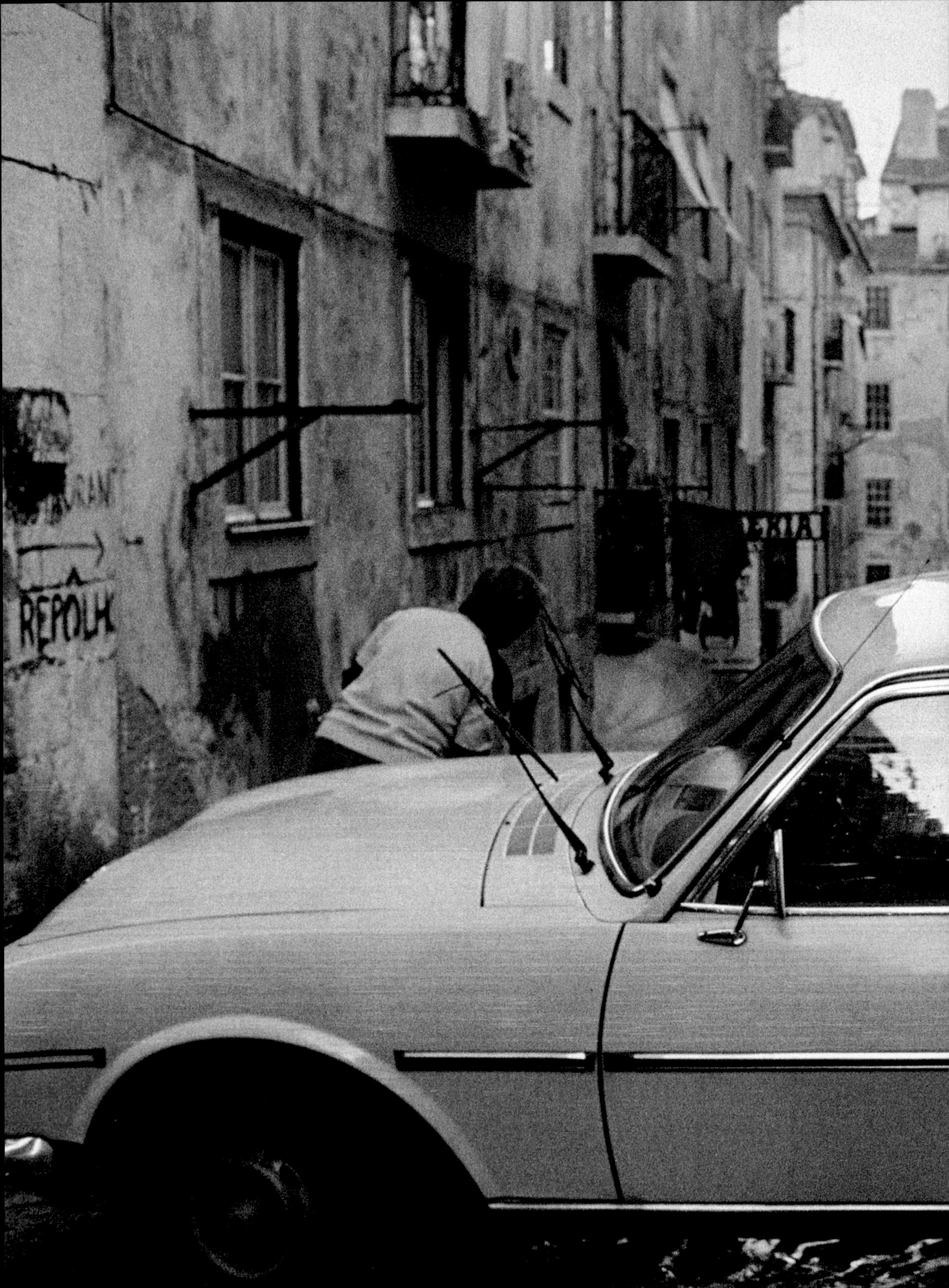
REPOLH

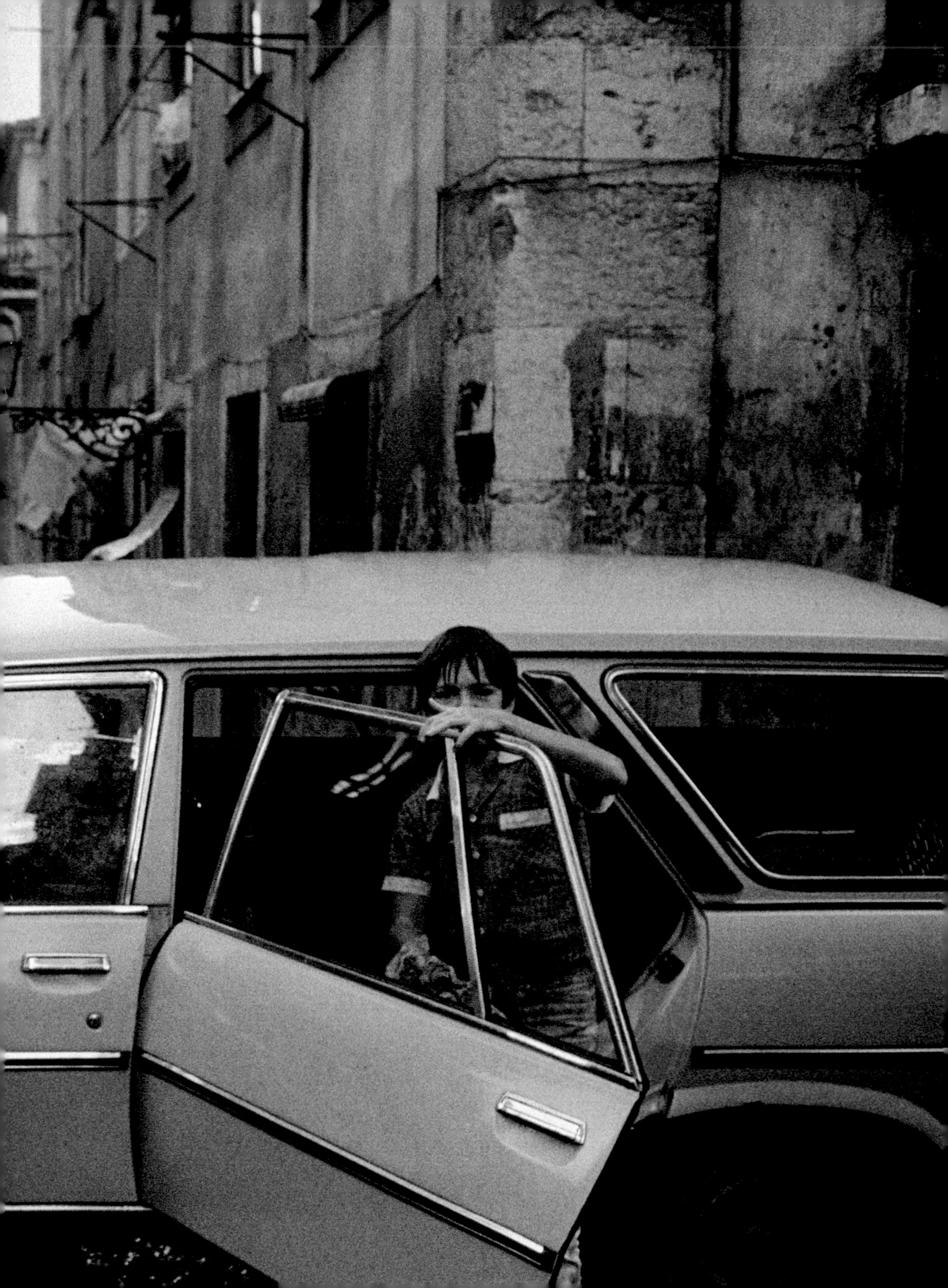

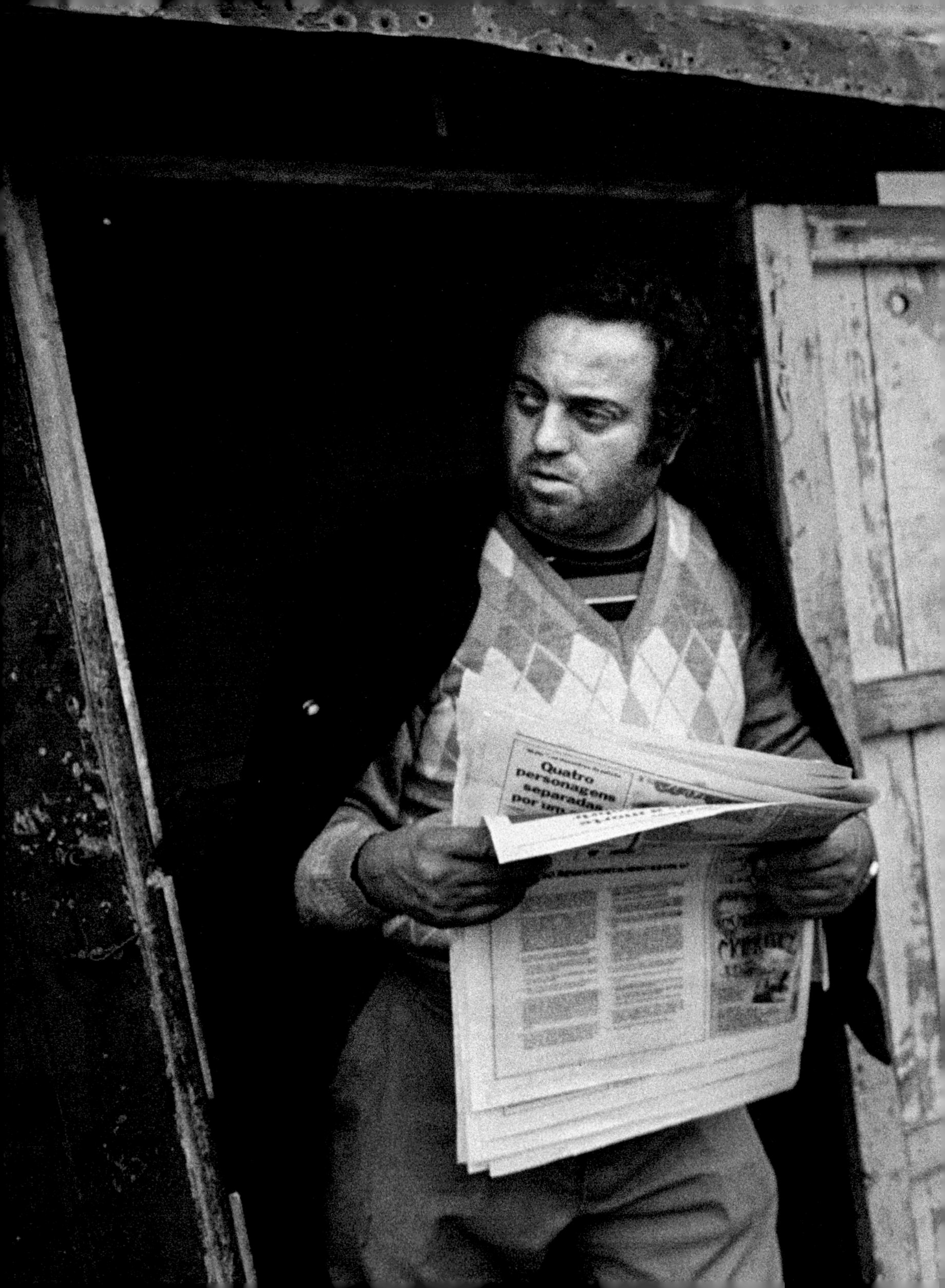
Quatro
personagens
separadas

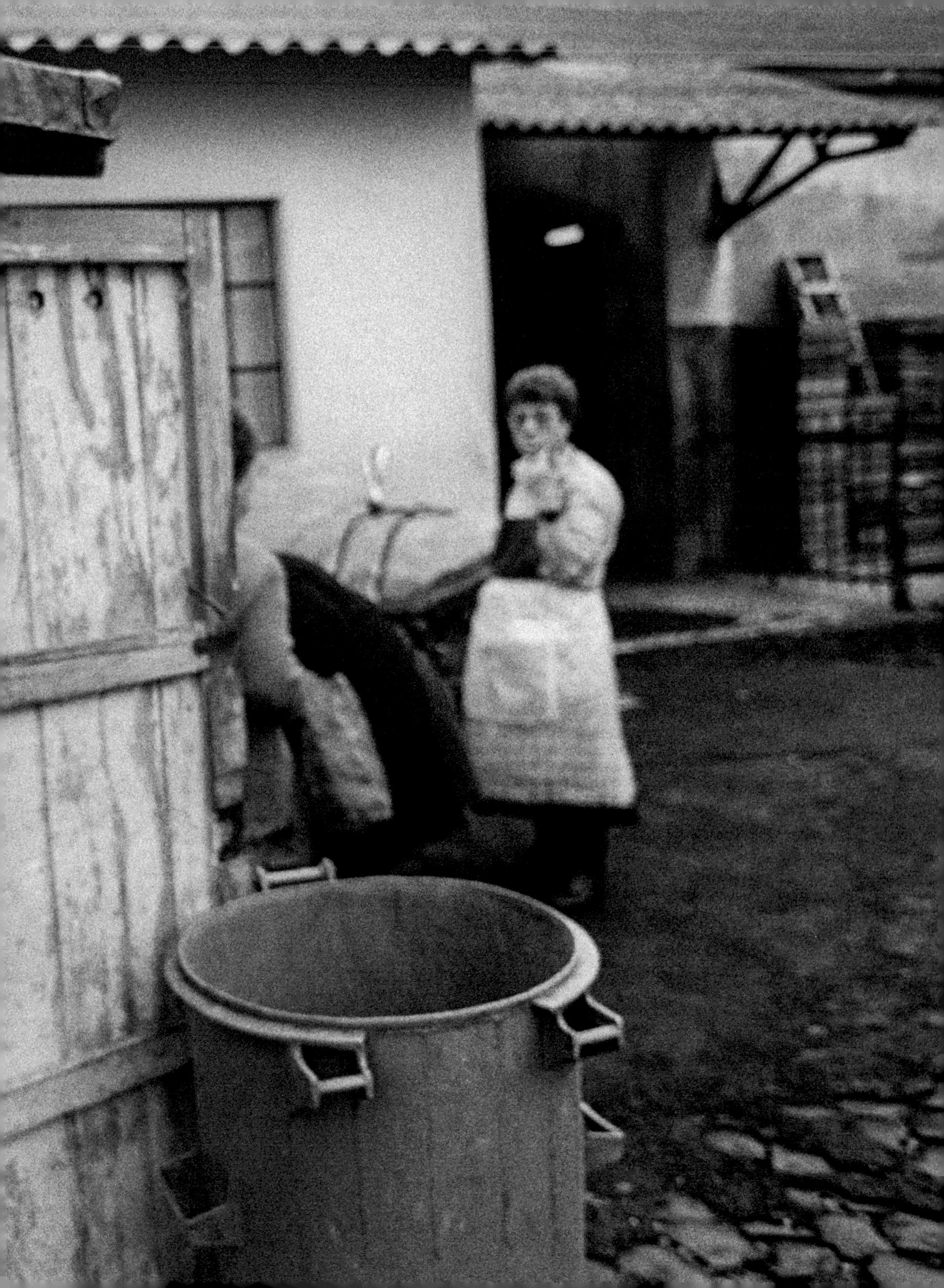

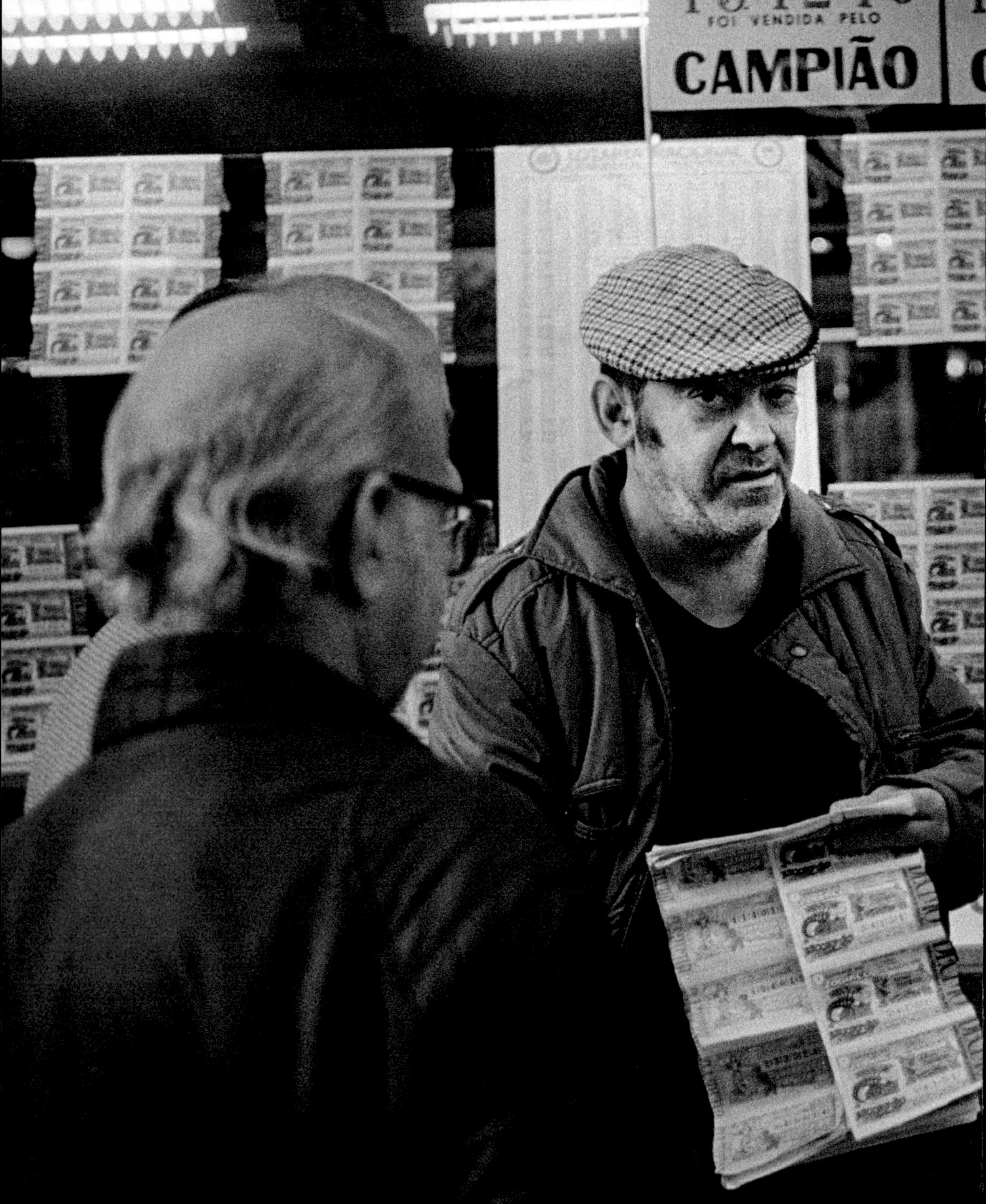
FOI VENDIDA PELO
CAMPIÃO

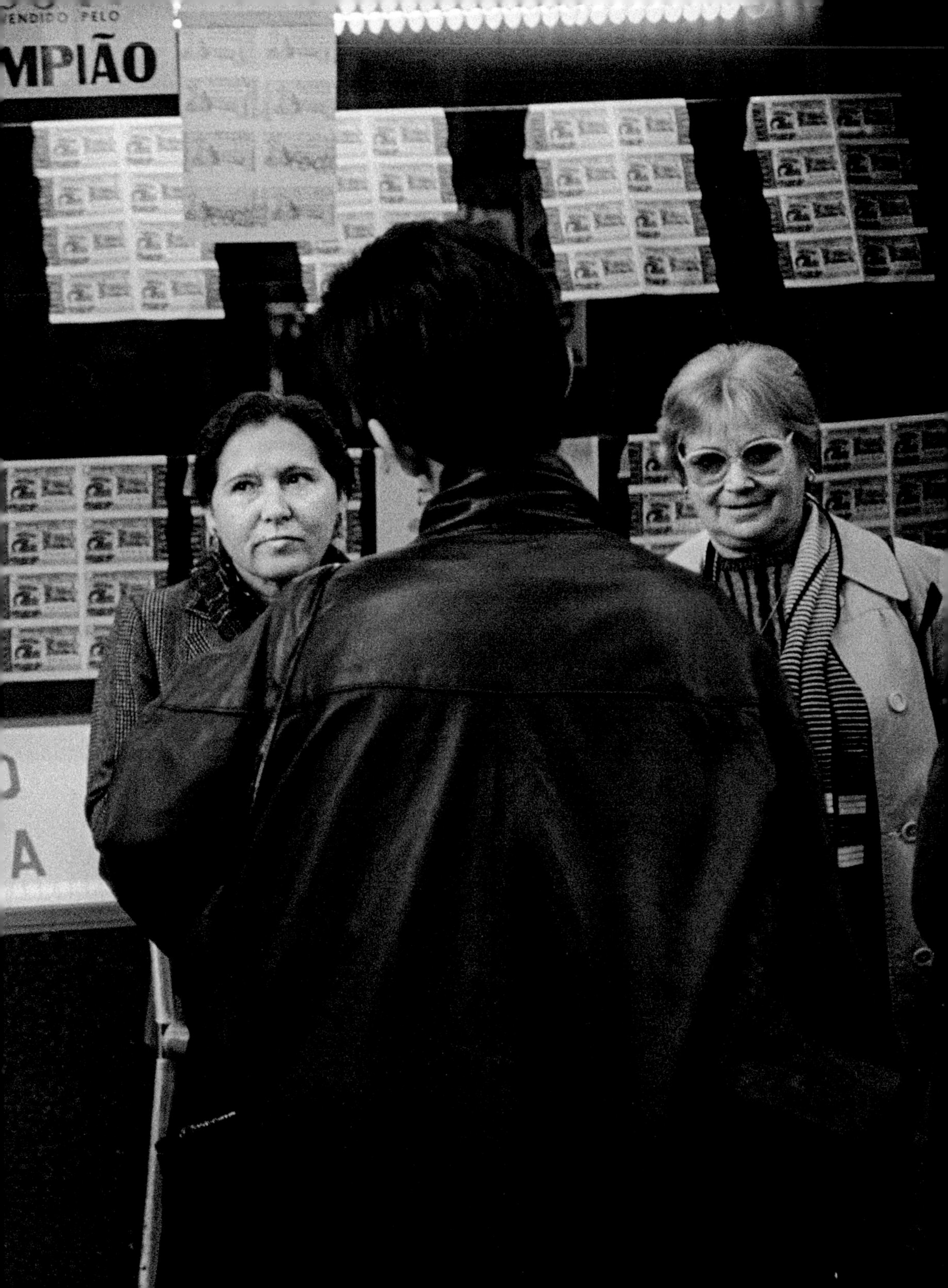
ENDIDO PELO
MPIÃO

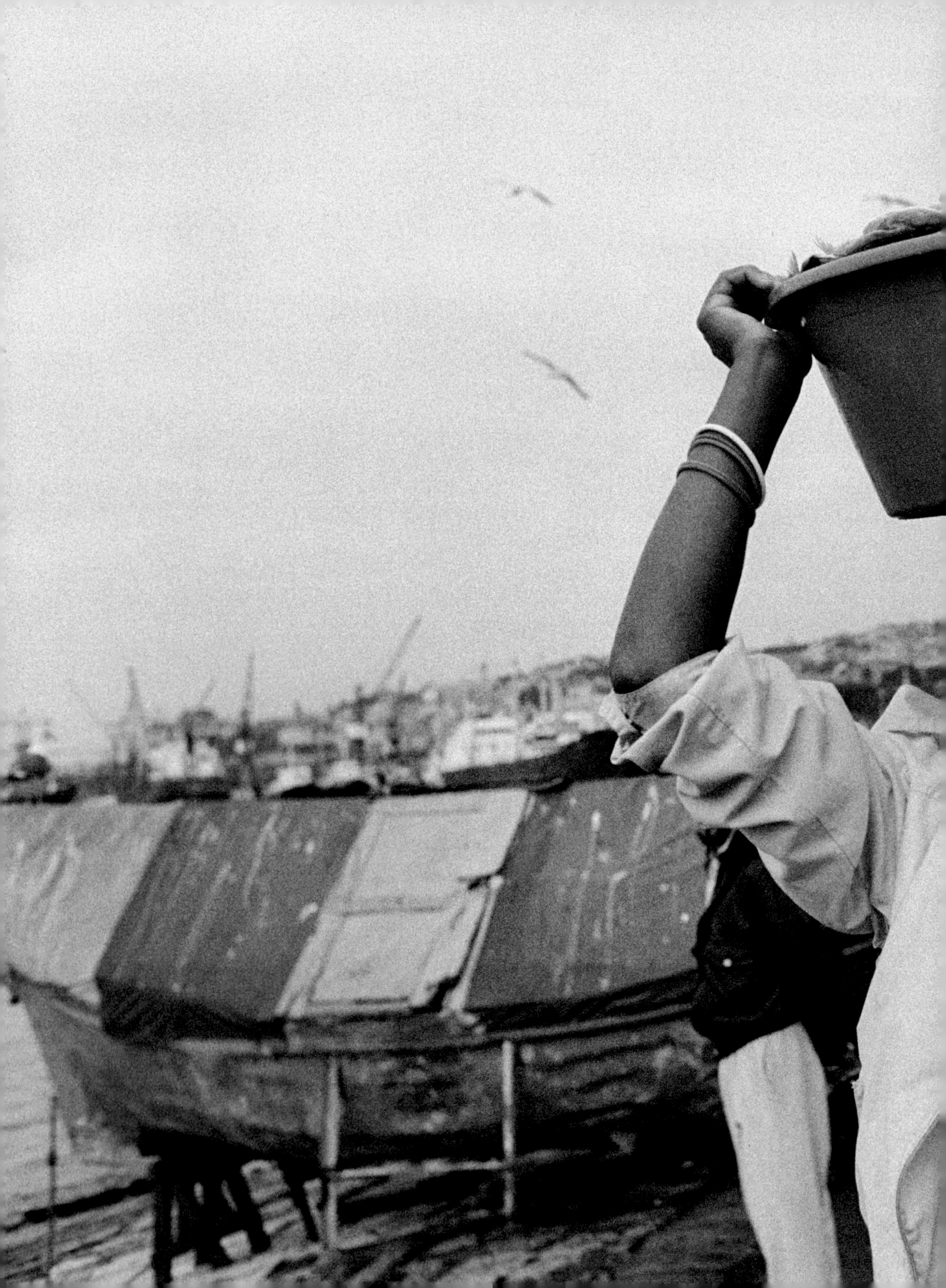

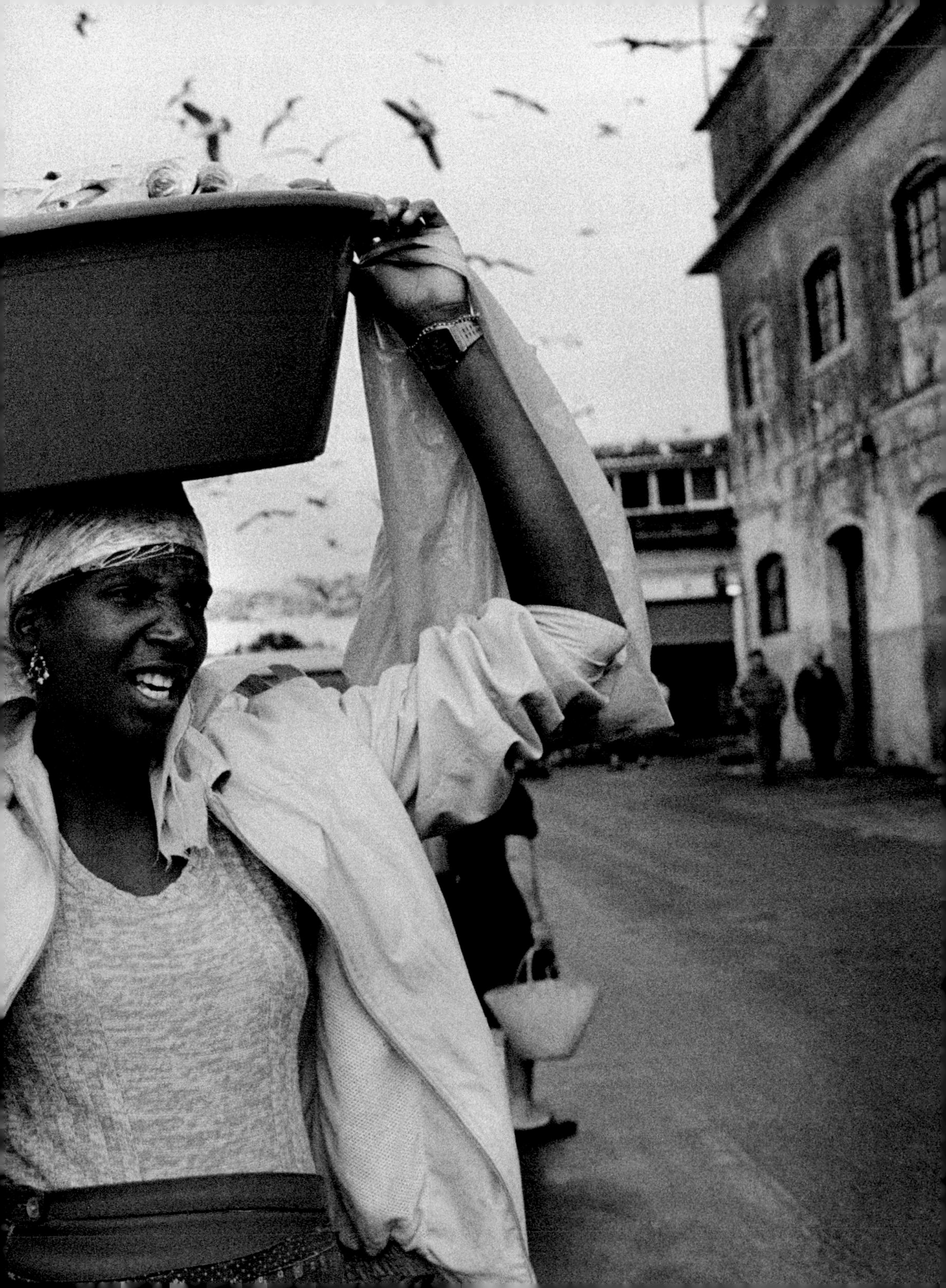

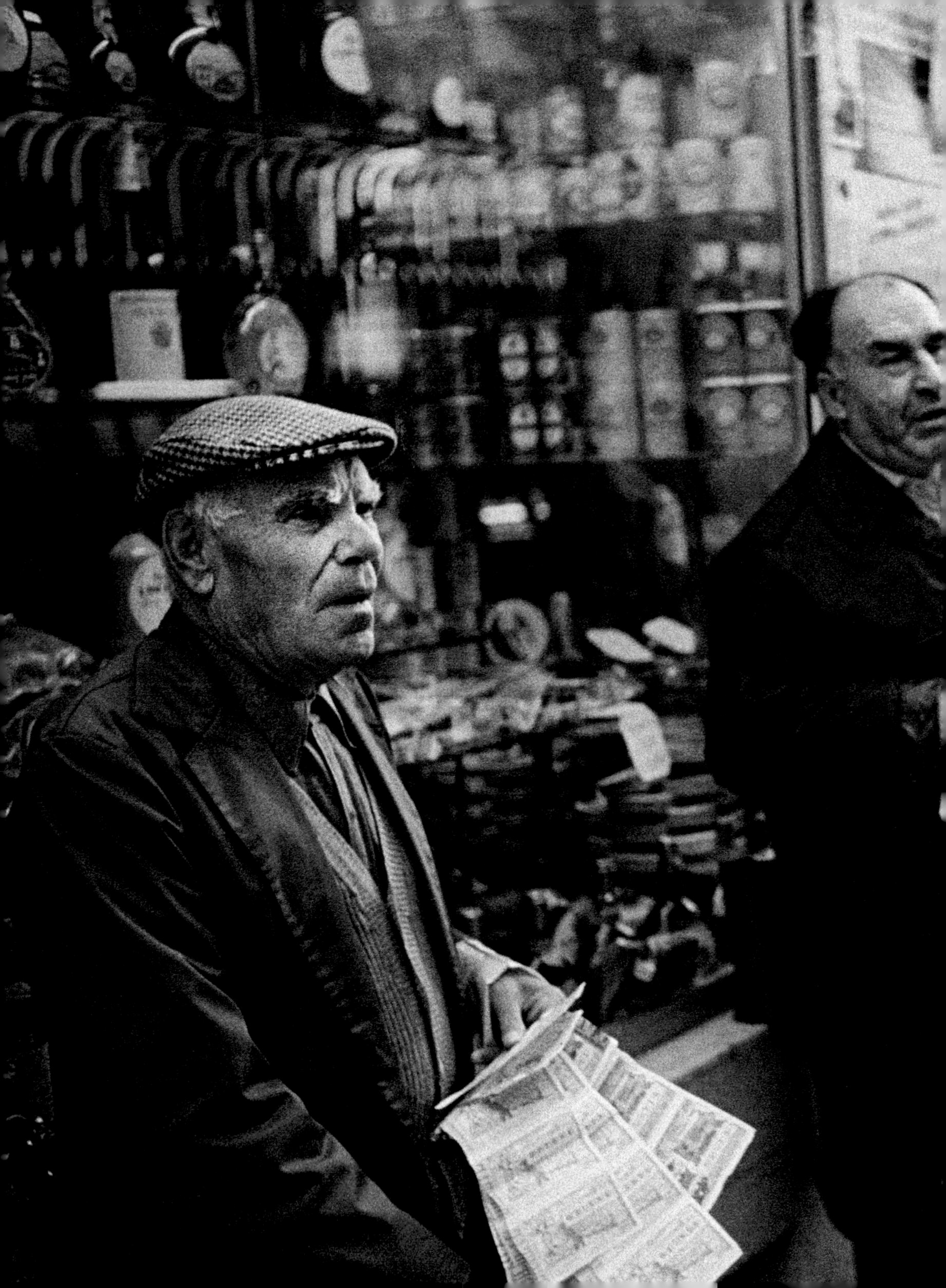

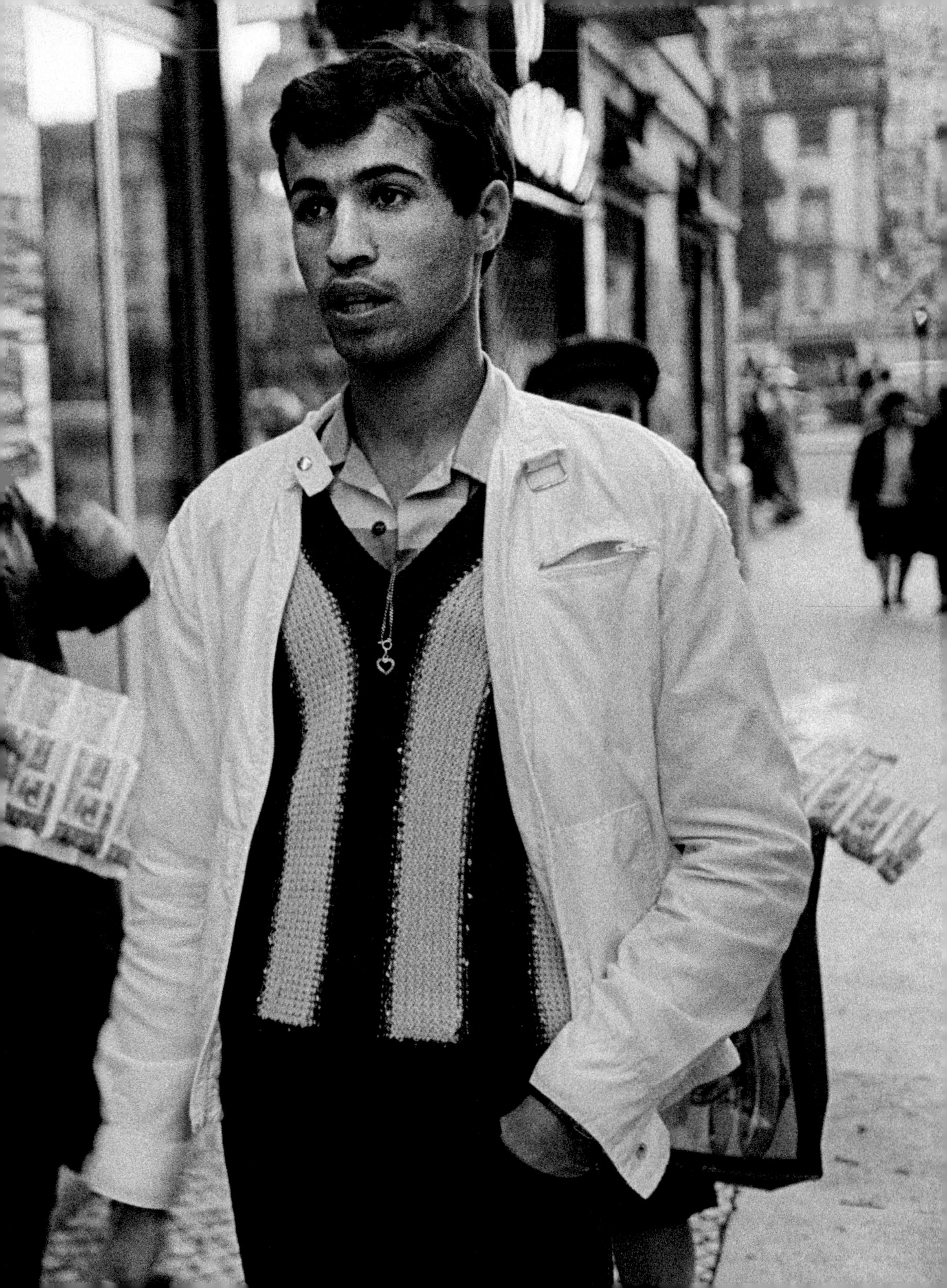

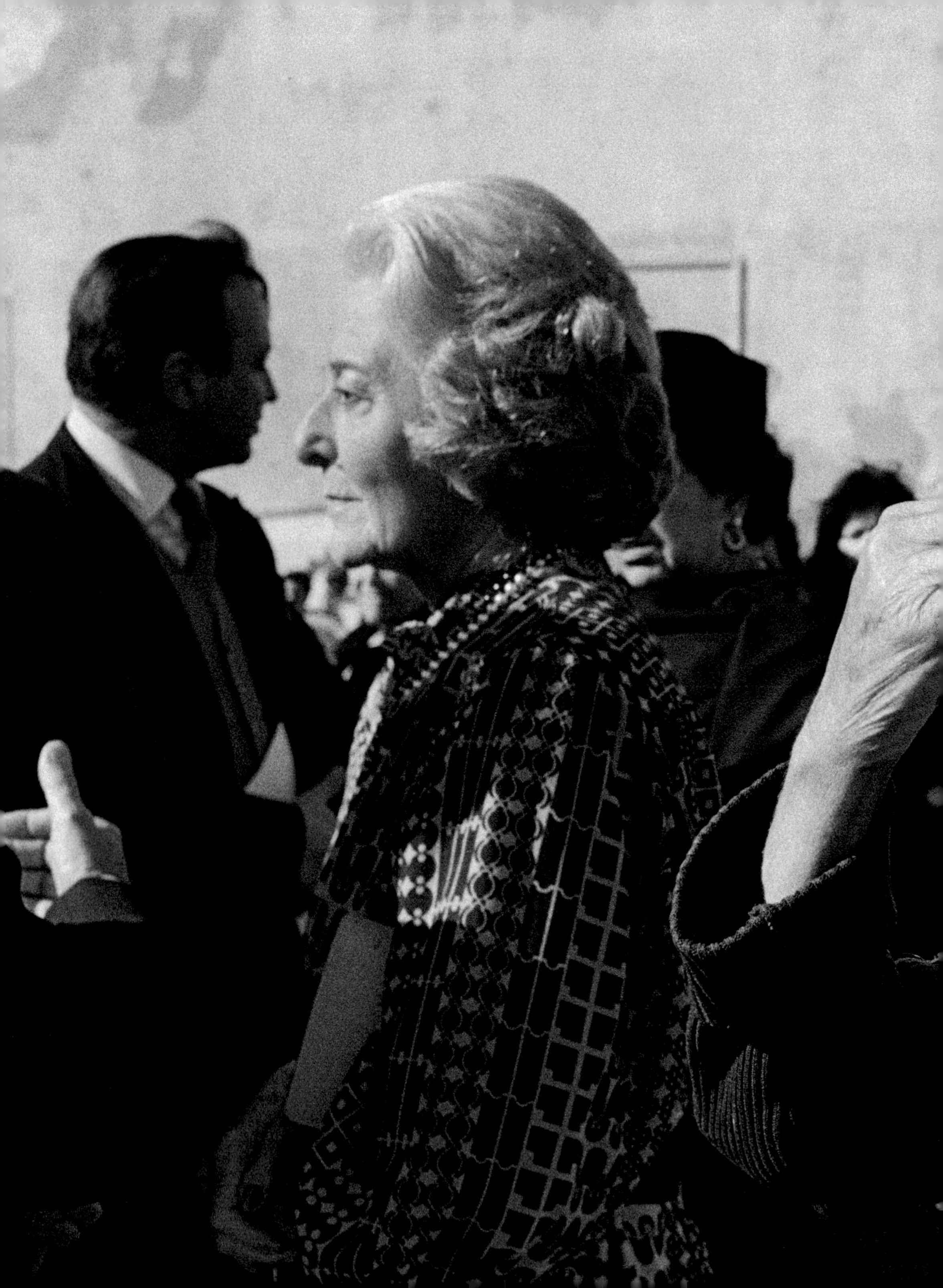

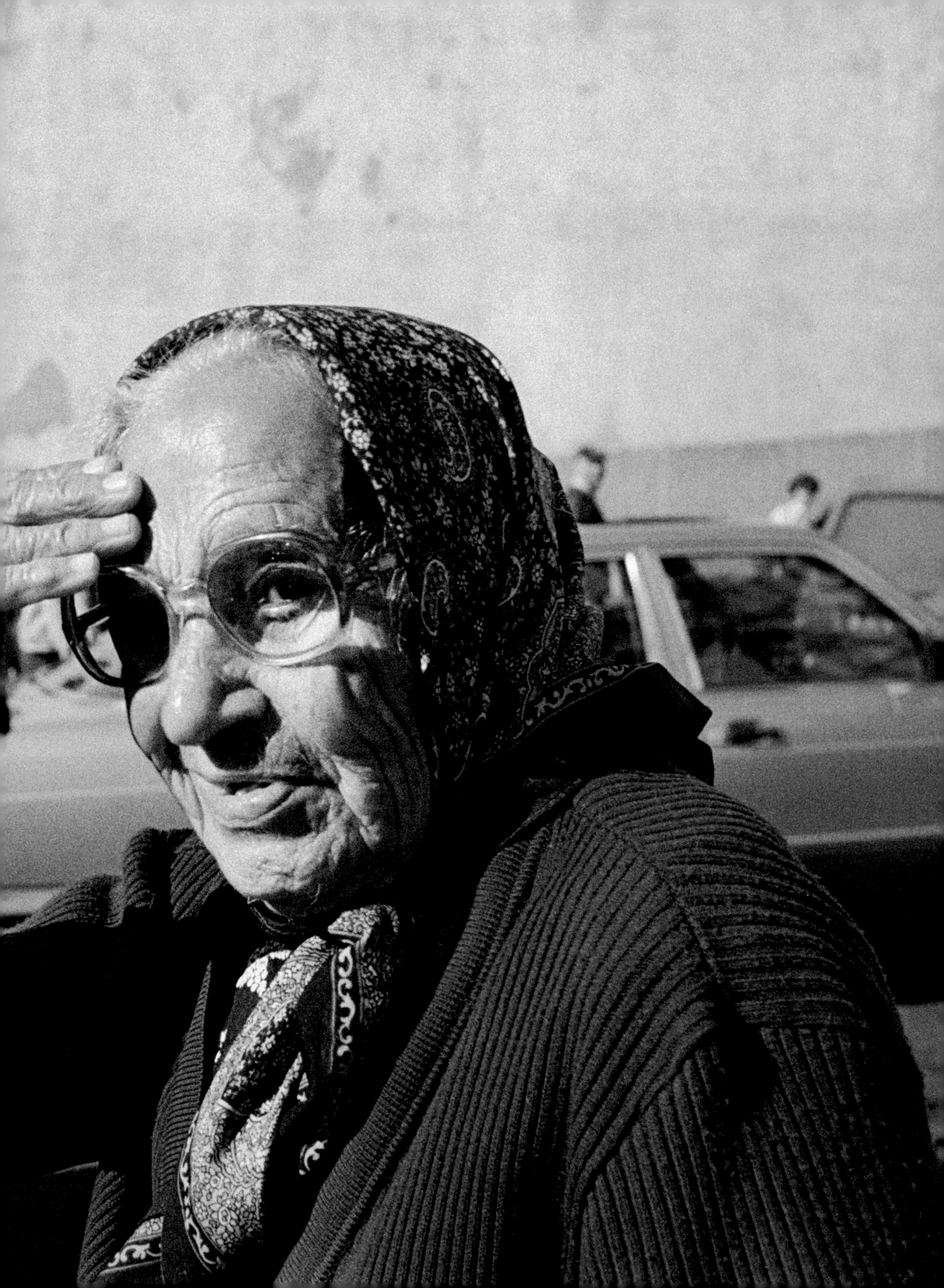

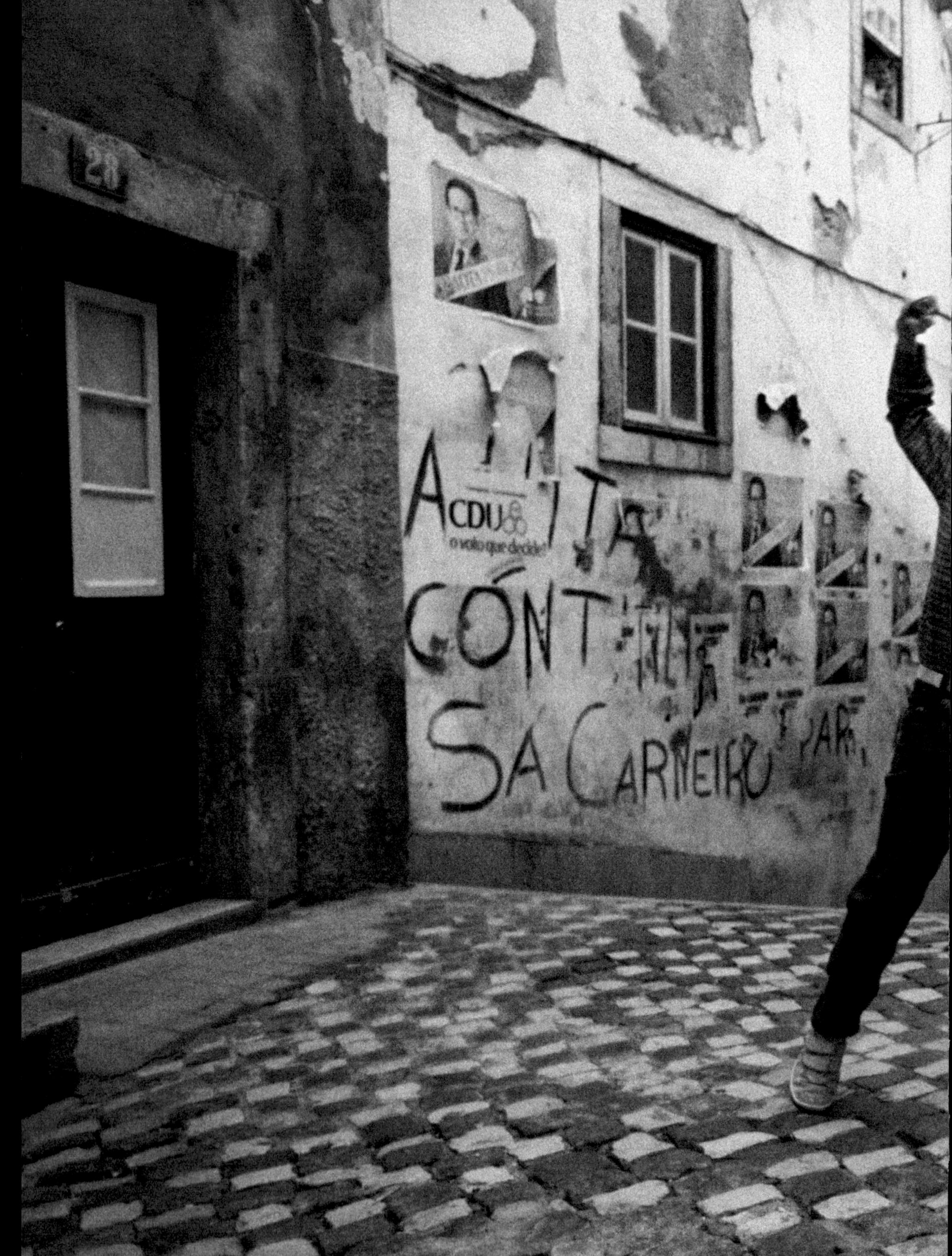
CDU
o voto que decide
SA CARNEIRO

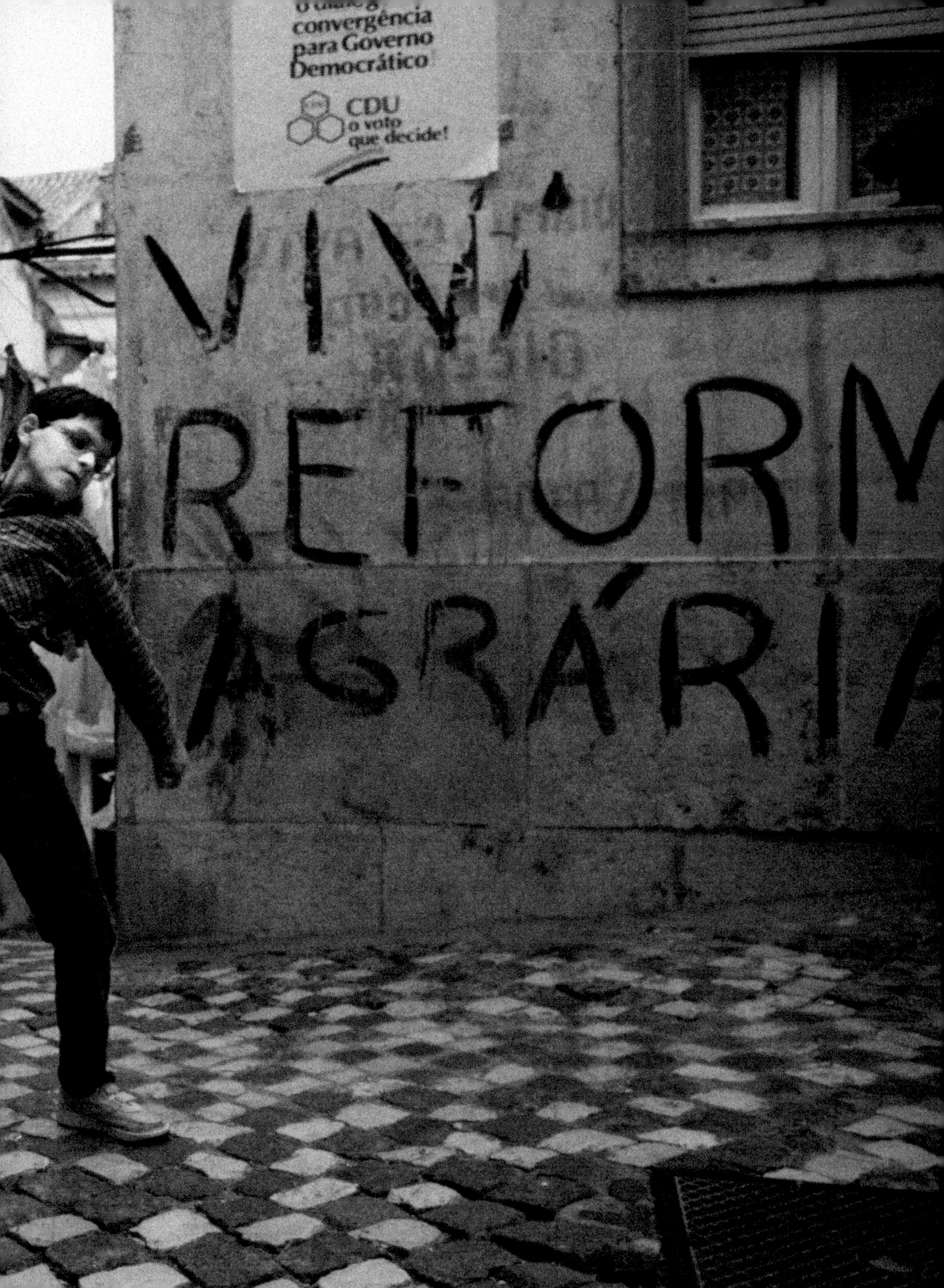
convergência
para Governo
Democrático
CDU
o voto
que decide!
VIVA
REFORM
AGRÁRIA

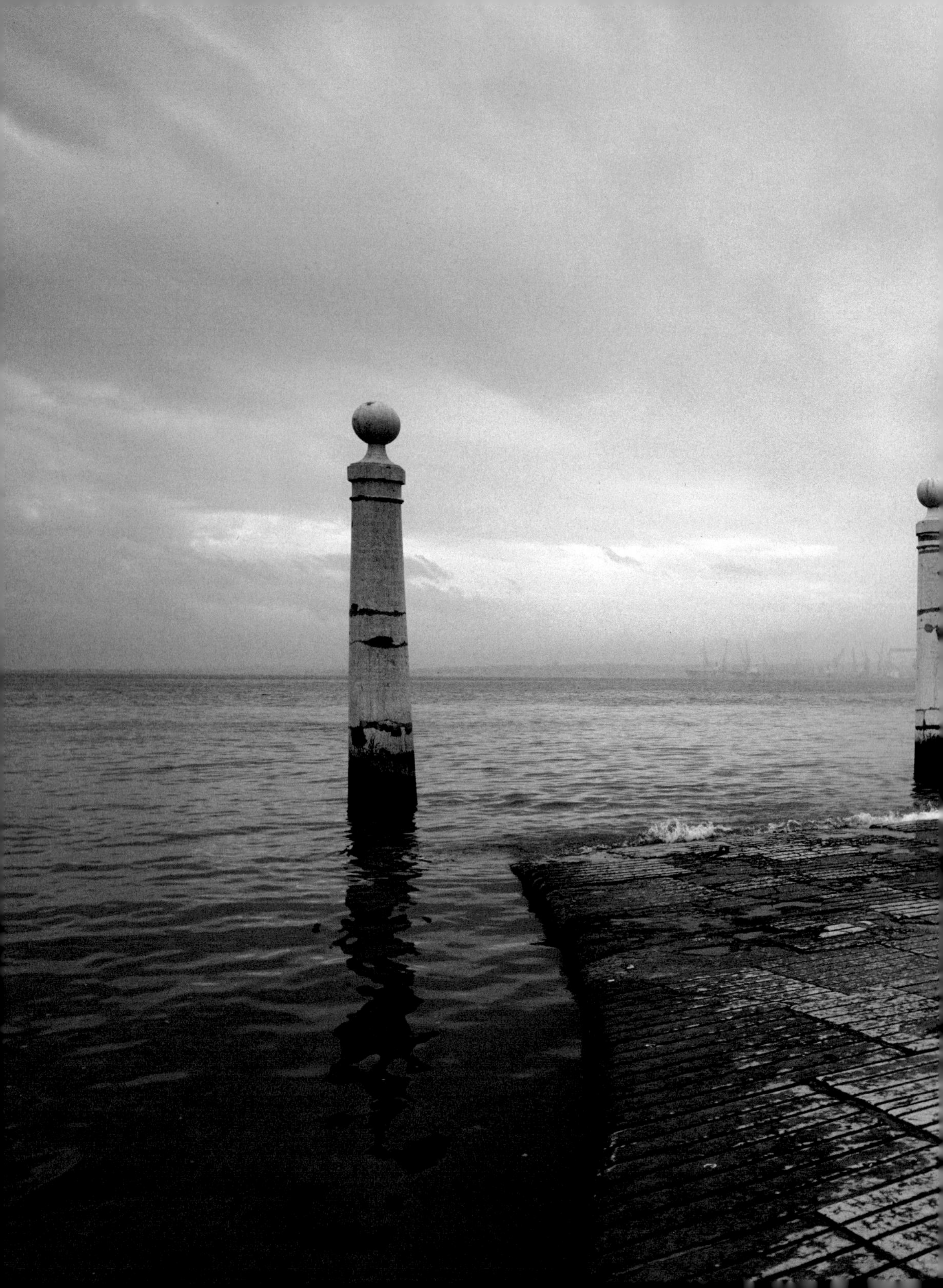

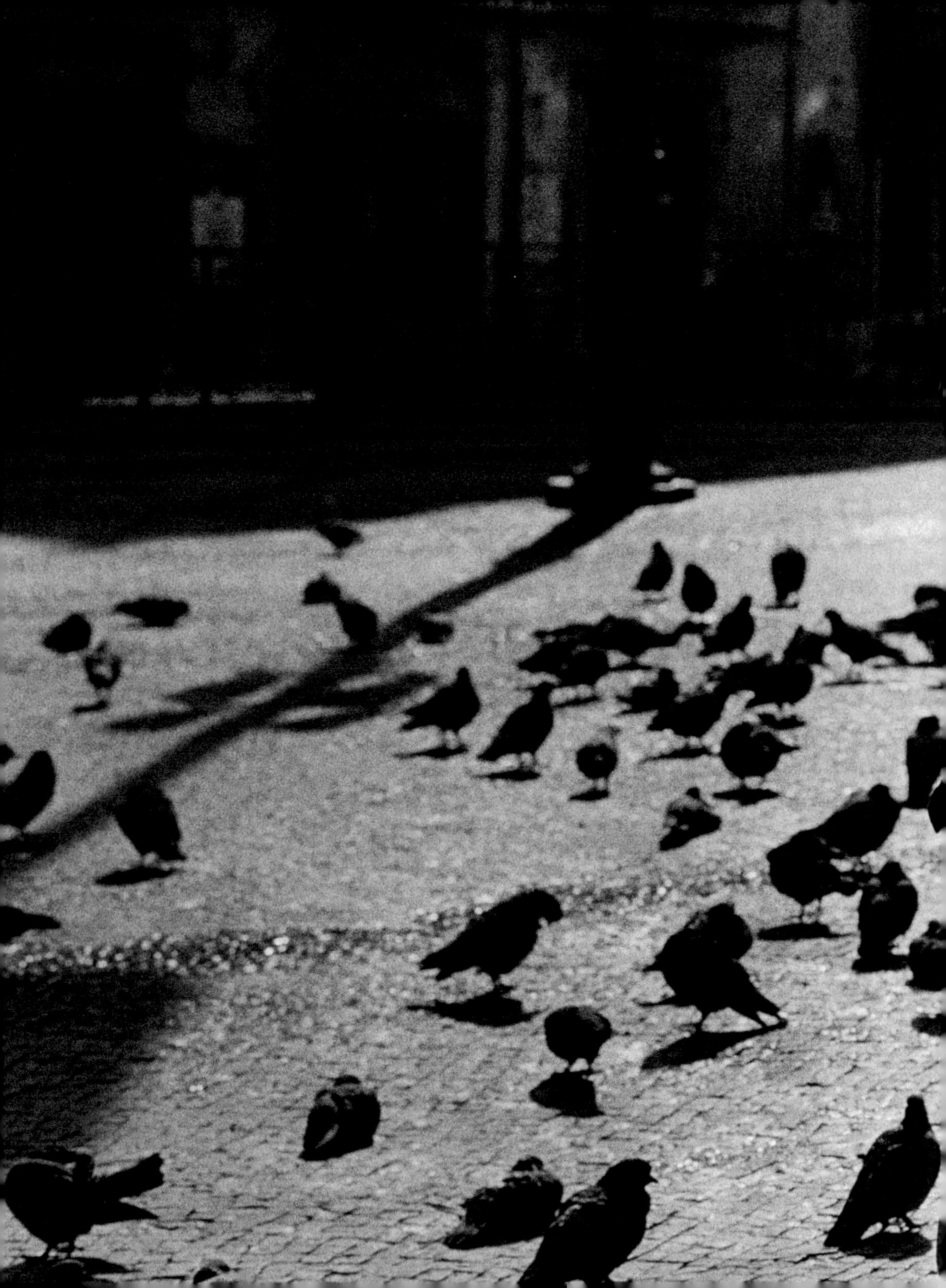

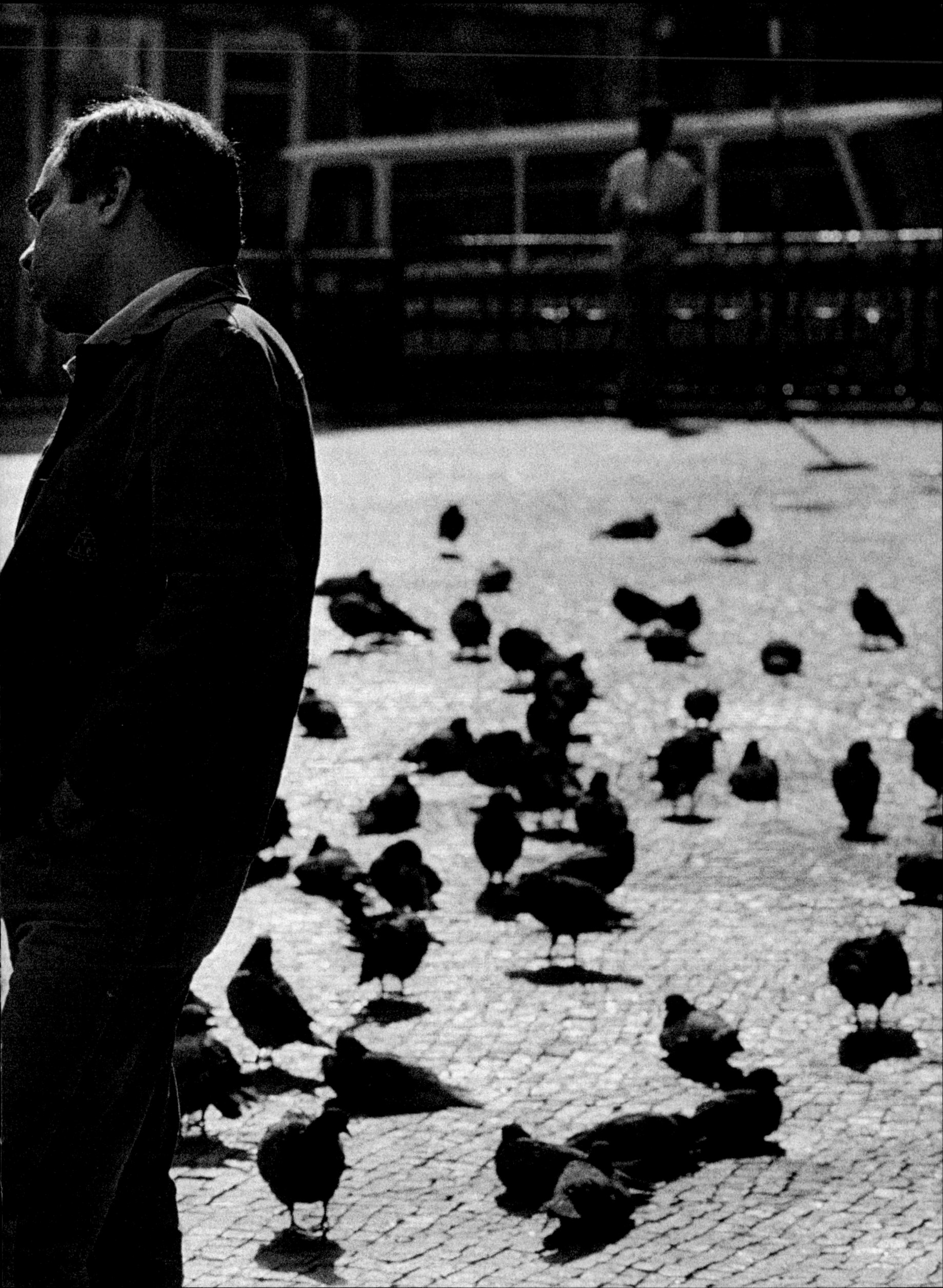

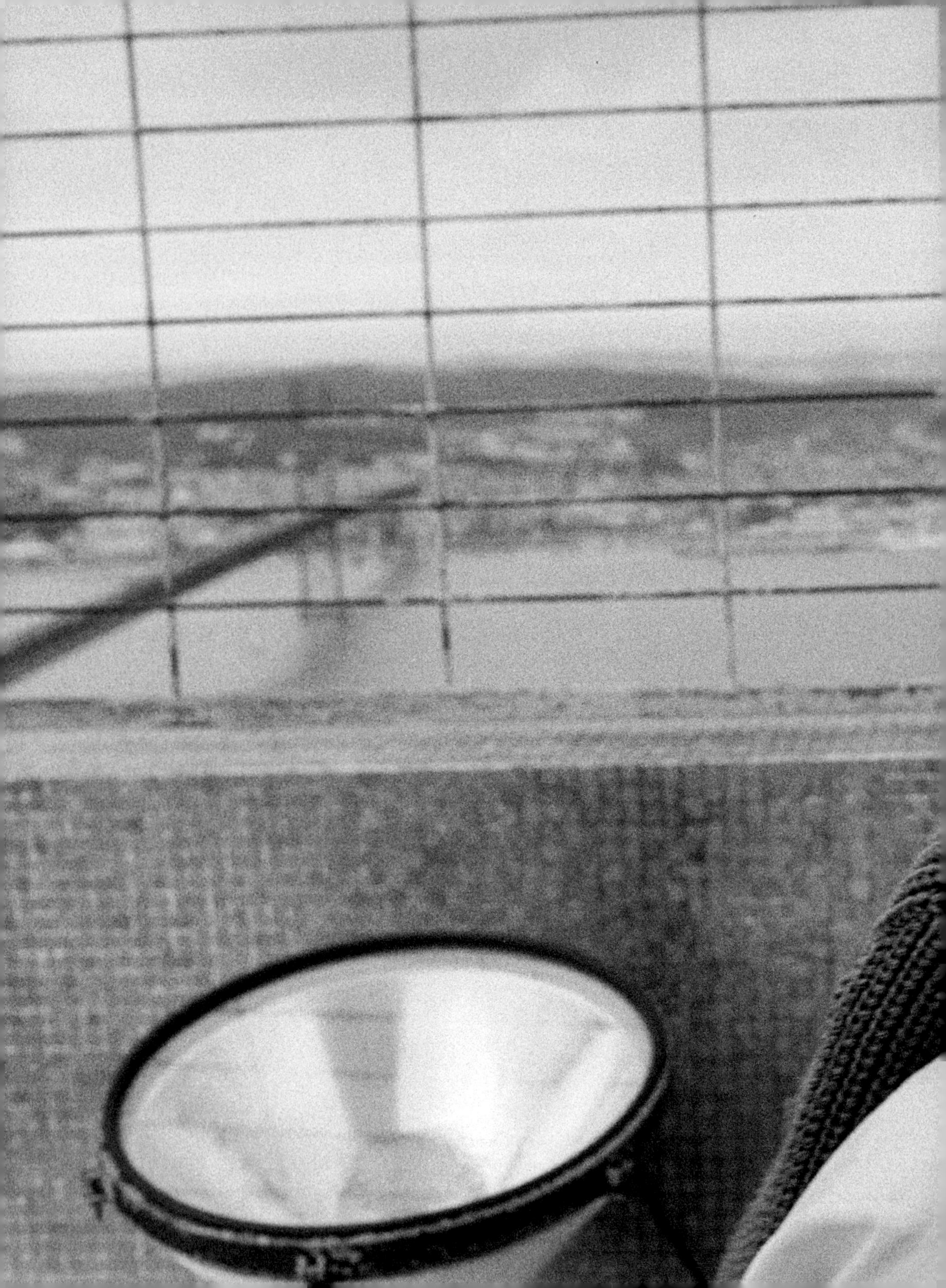

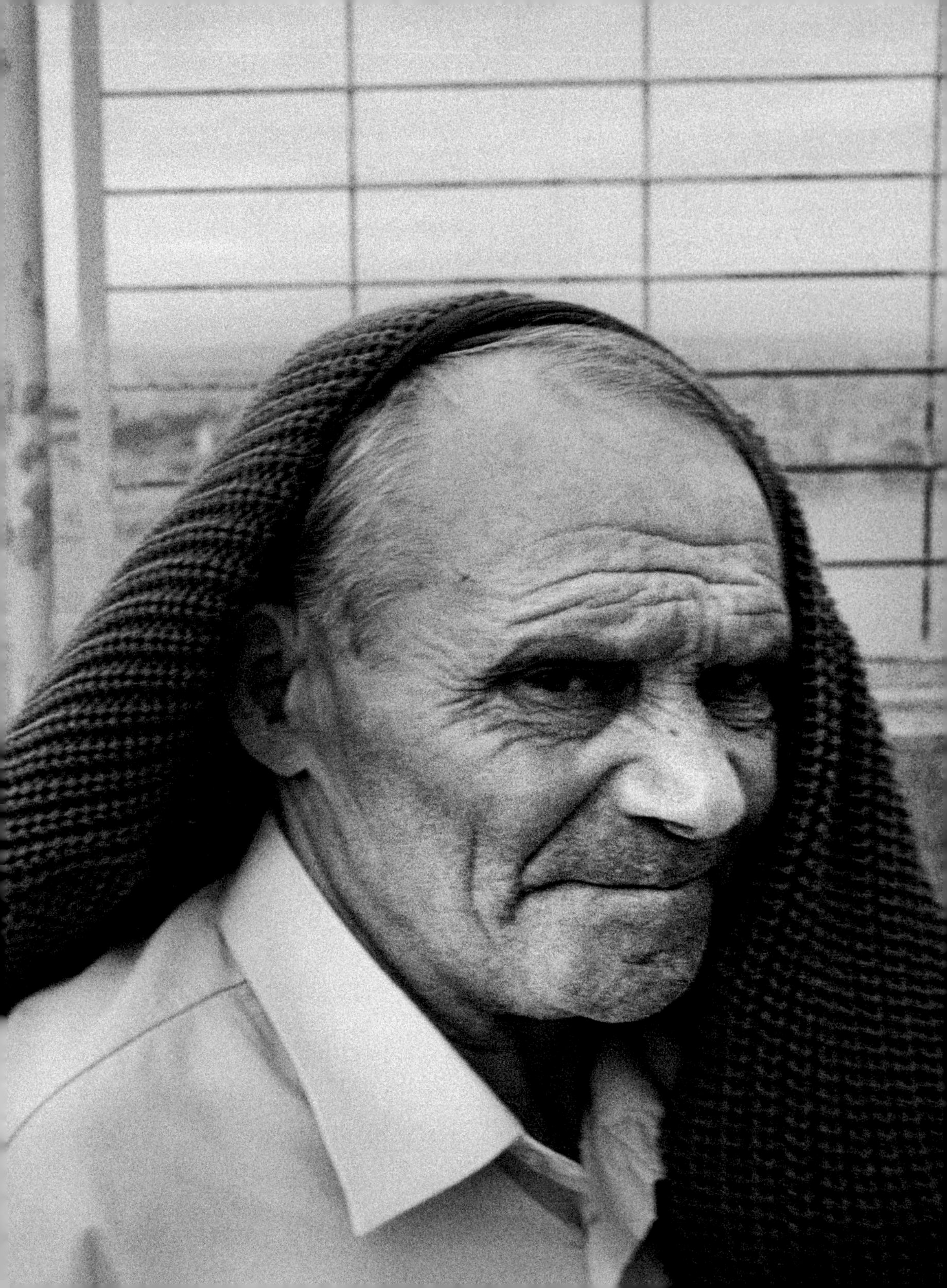

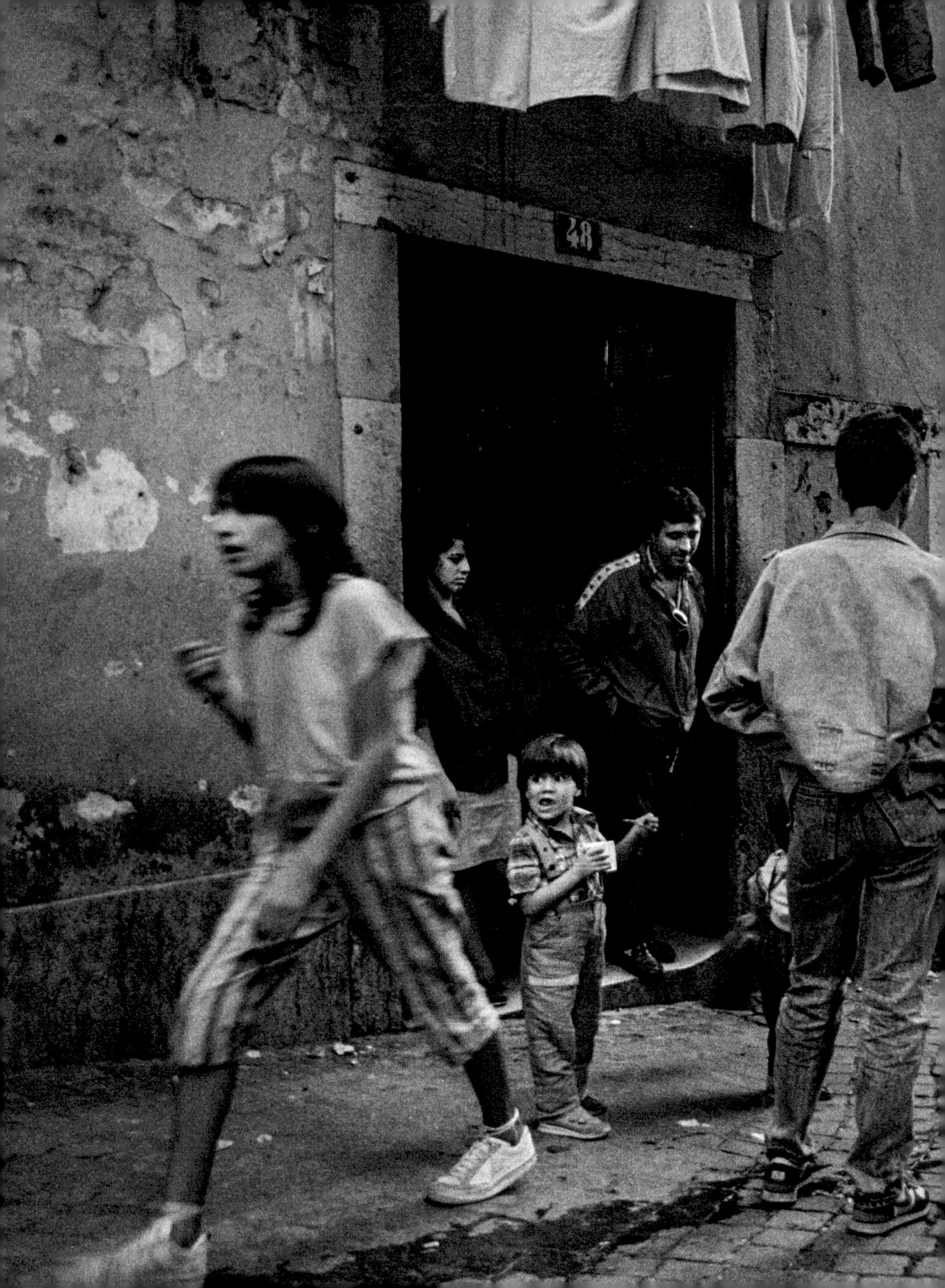
48

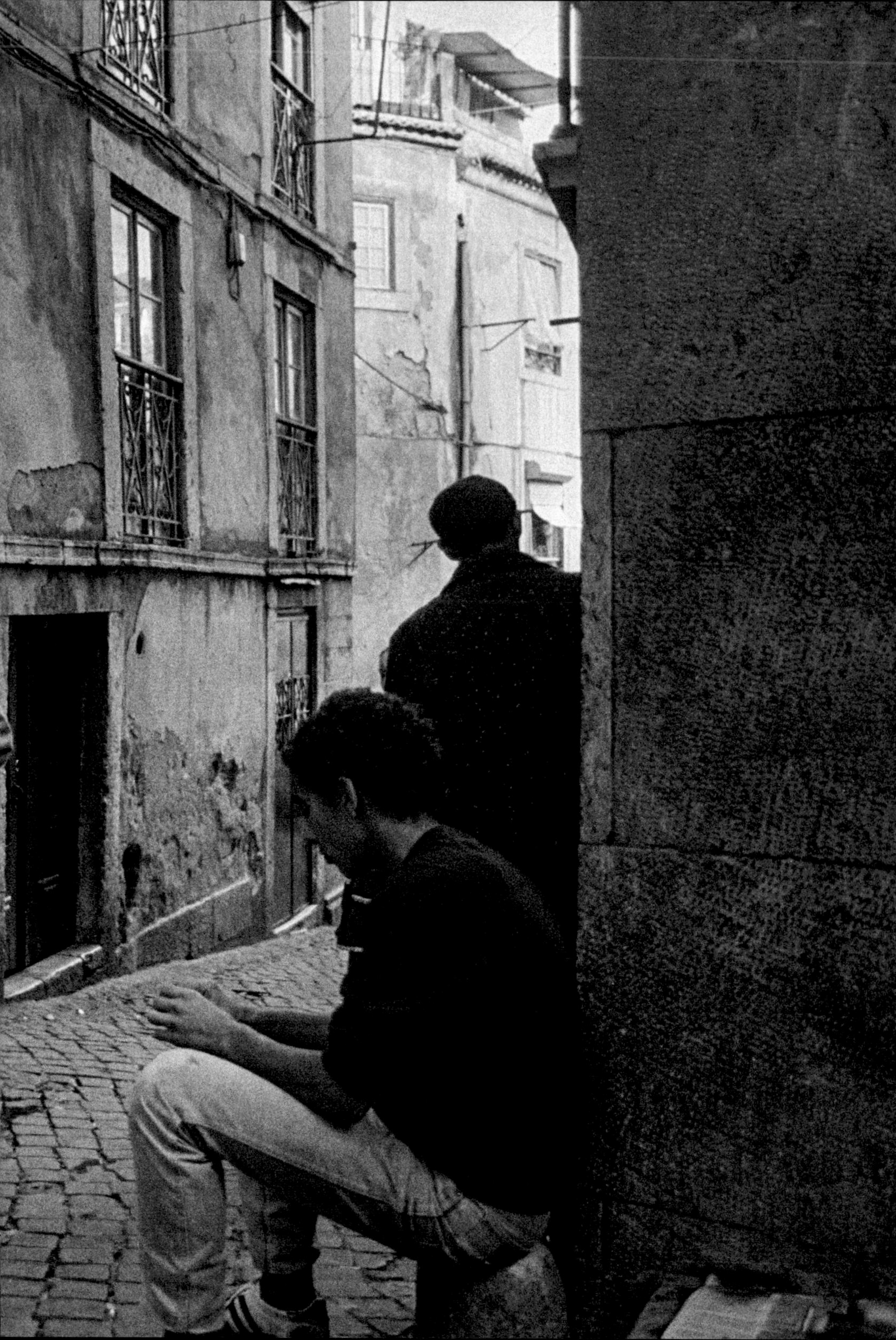

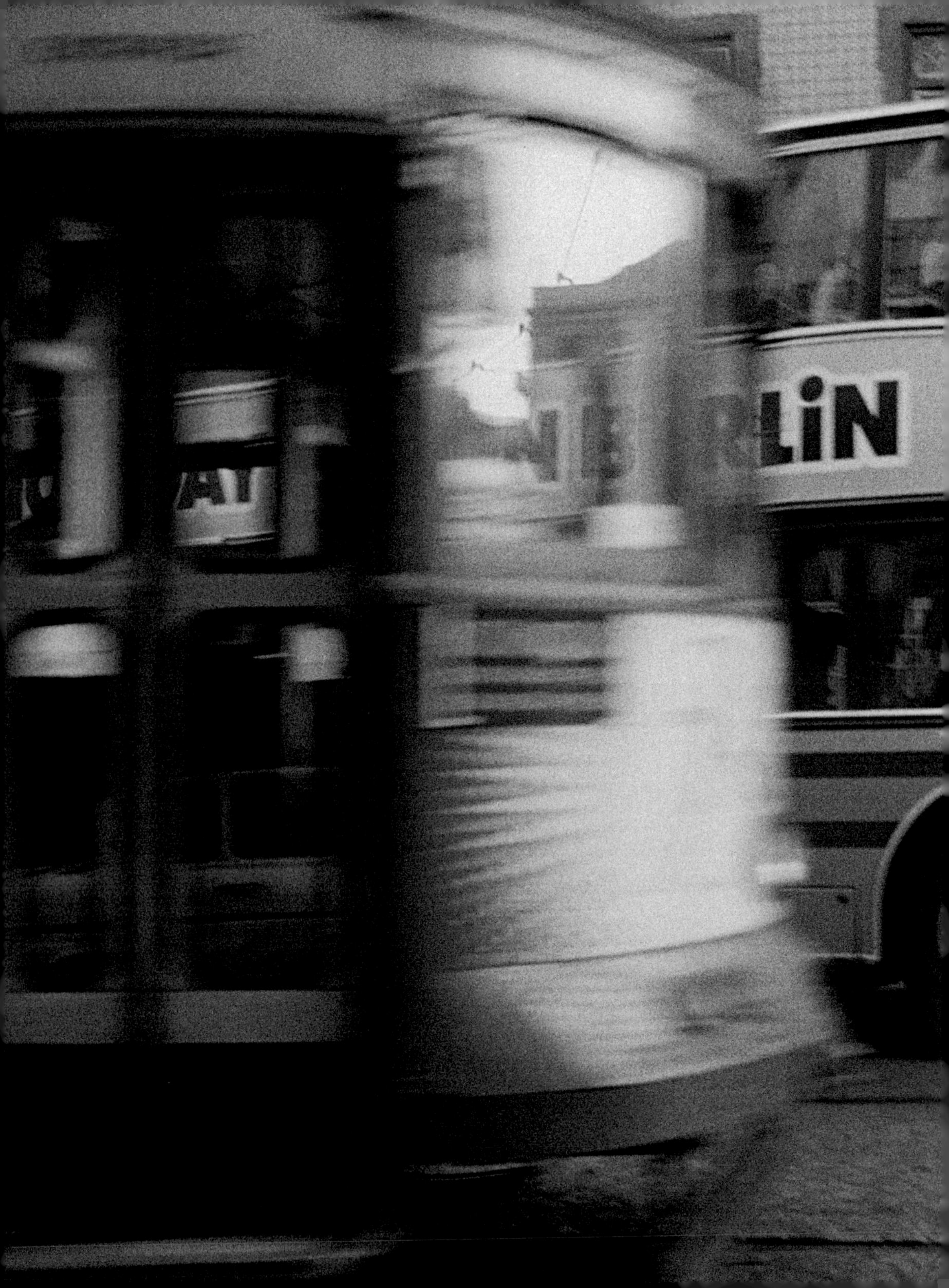
AT
LIN

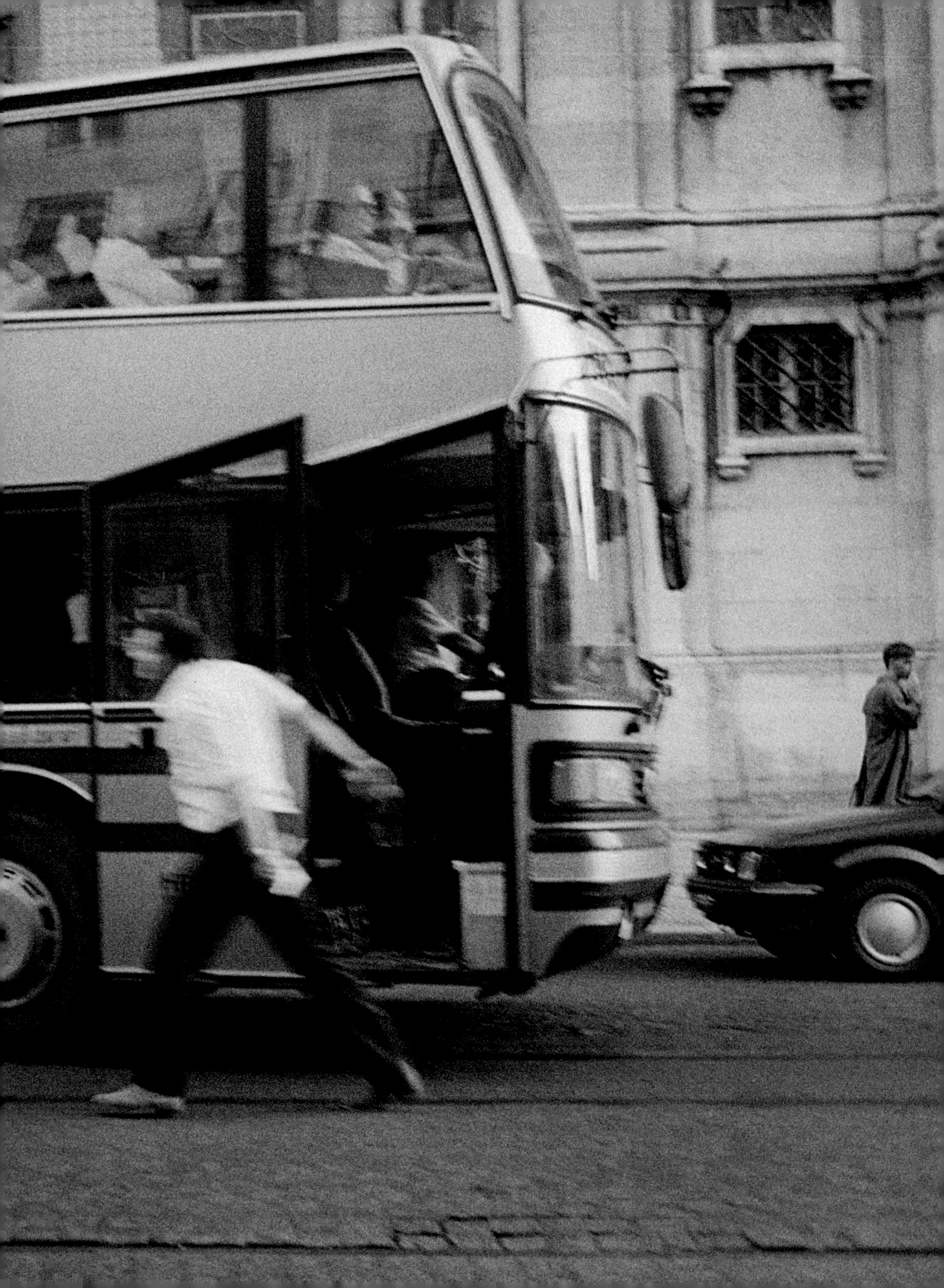

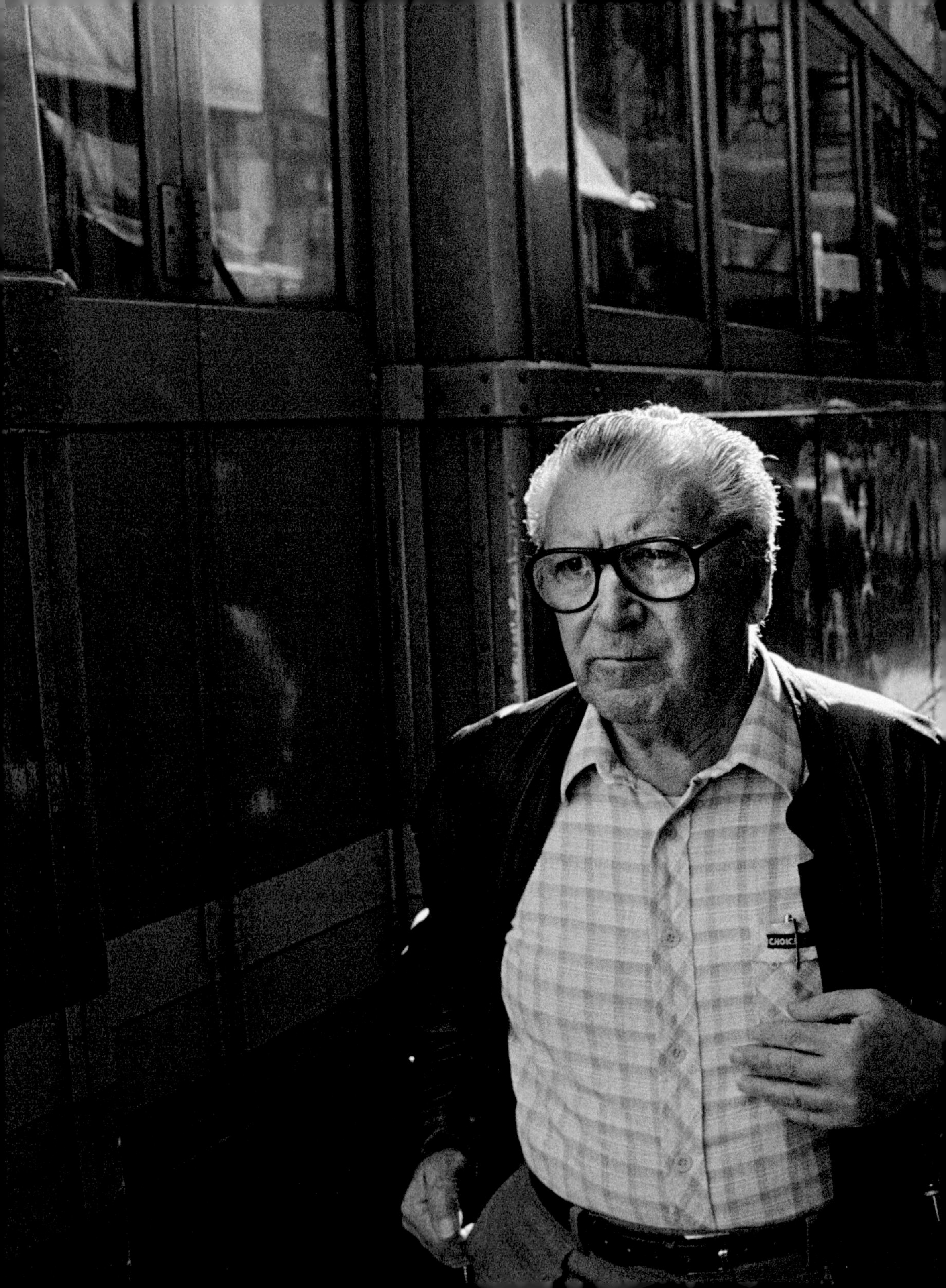

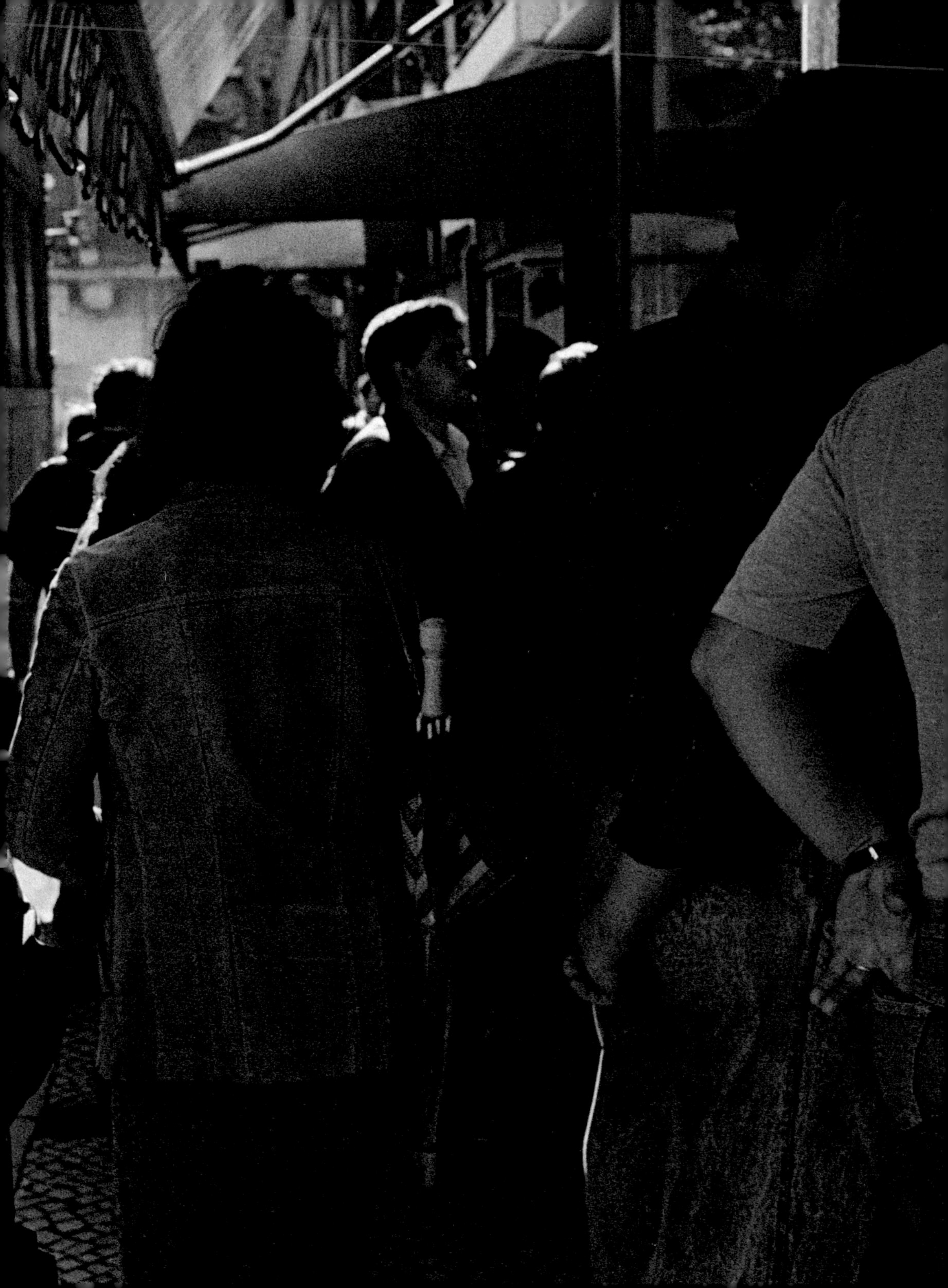

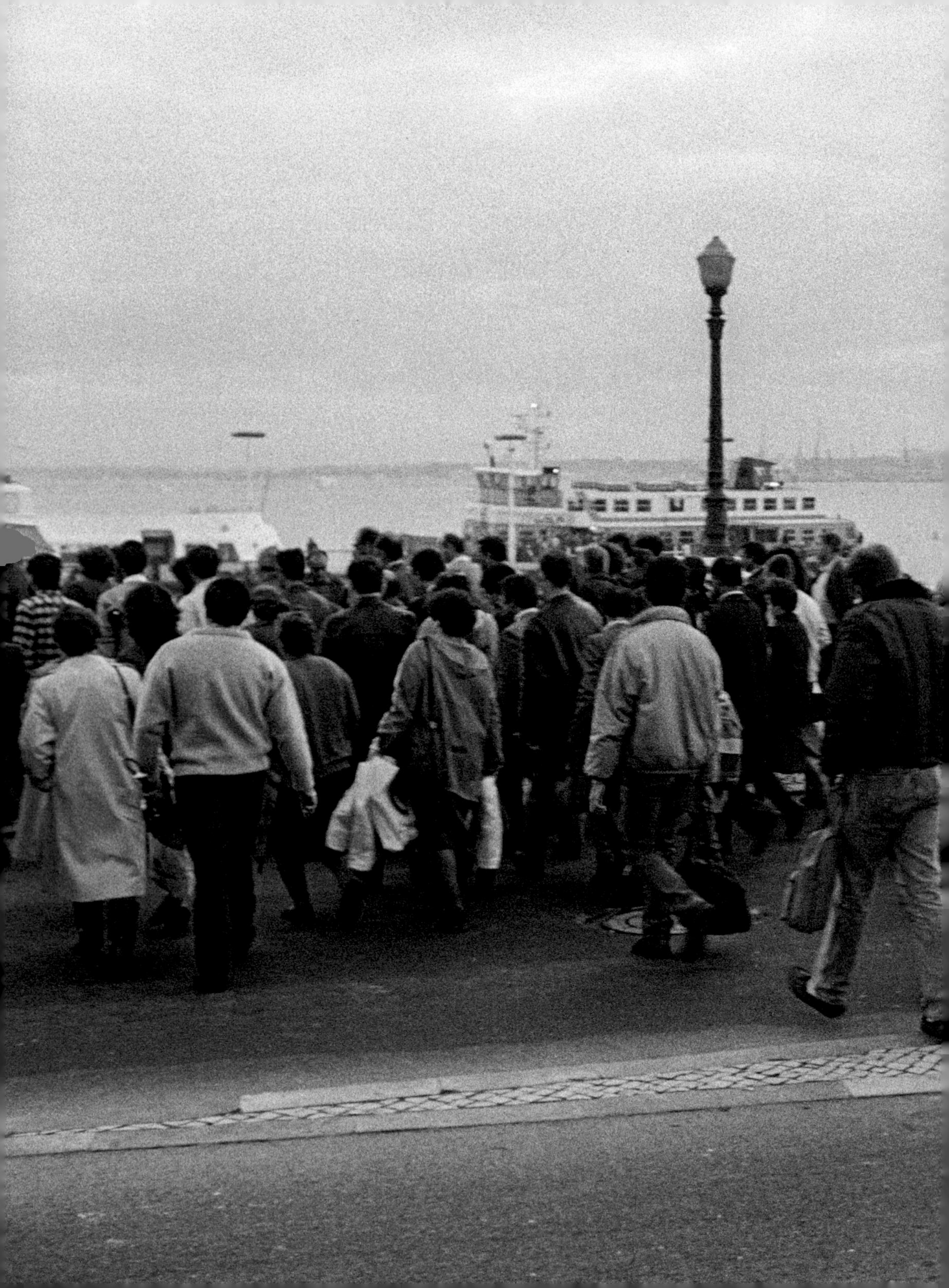

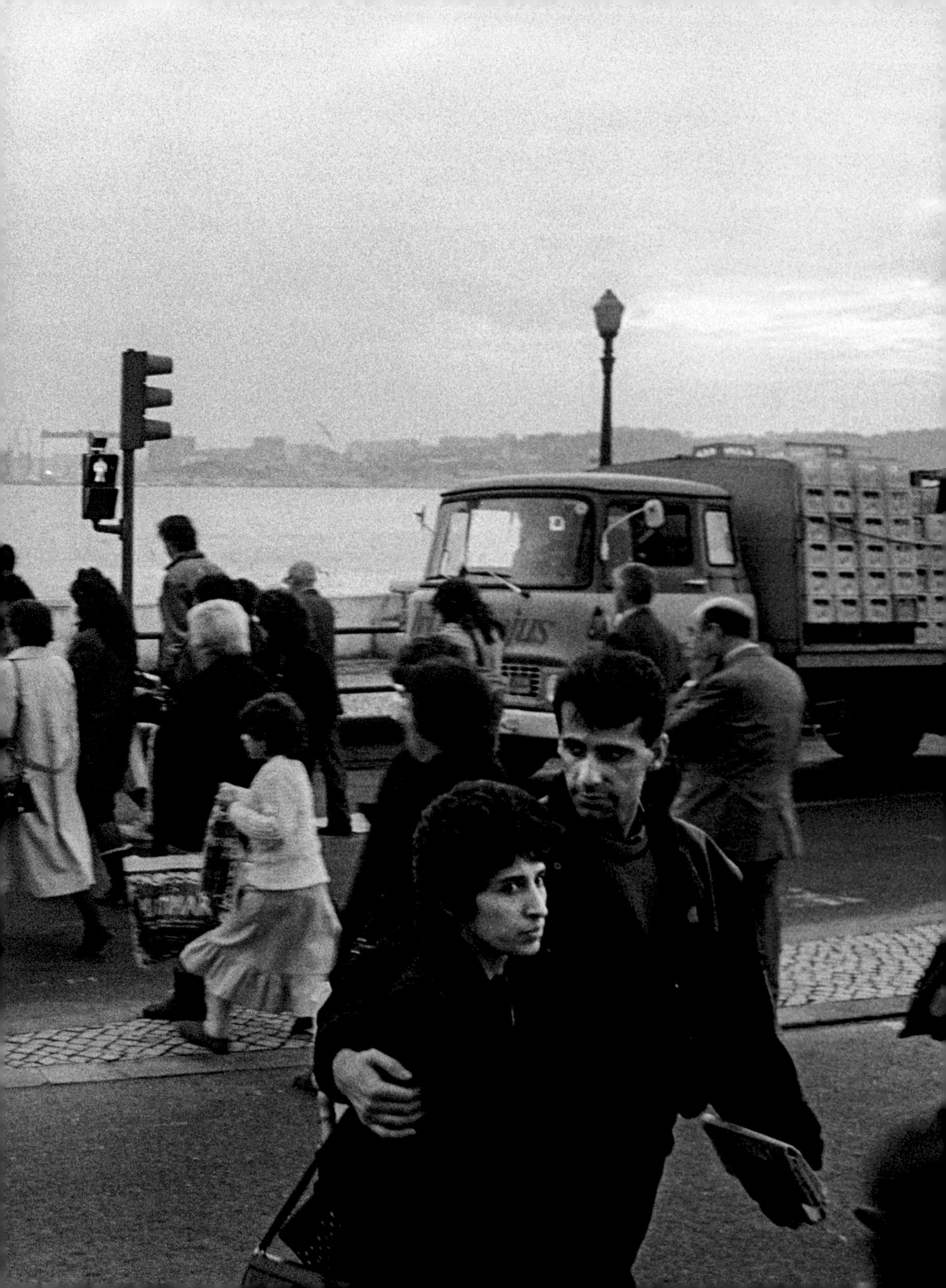

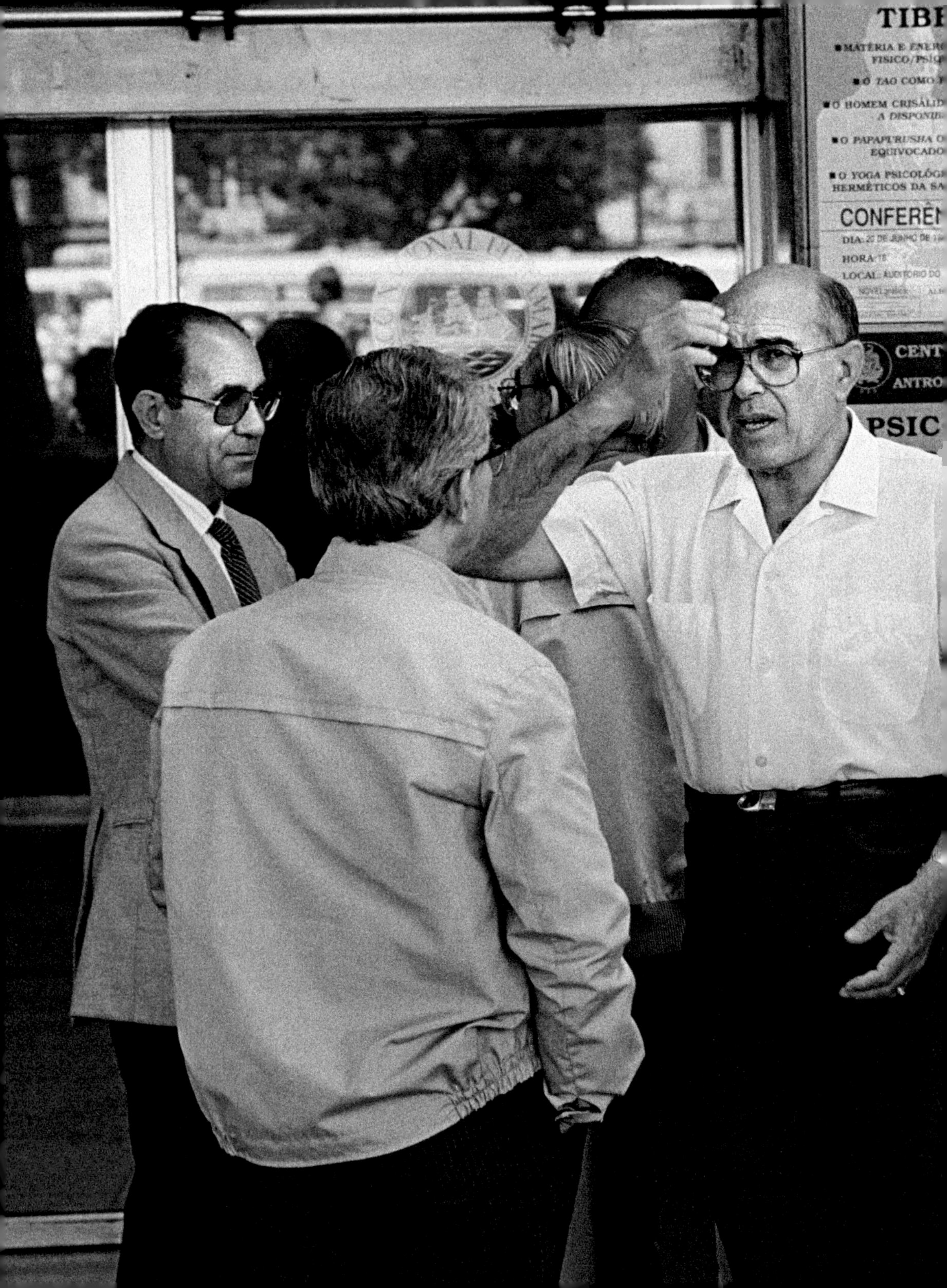

TIBI
■ MATÉRIA E ENER
FISICO/PSIQ
■ O TAO COMO
■ O HOMEM CRISÁLID
A DISPONIB
■ O PAPAPURUSHA O
EQUIVOCADO
■ O YOGA PSICOLÓG
HERMÉTICOS DA SA
CONFERÊN
DIA:
HORA:
LOCAL:
CENT
ANTRO
PSIC

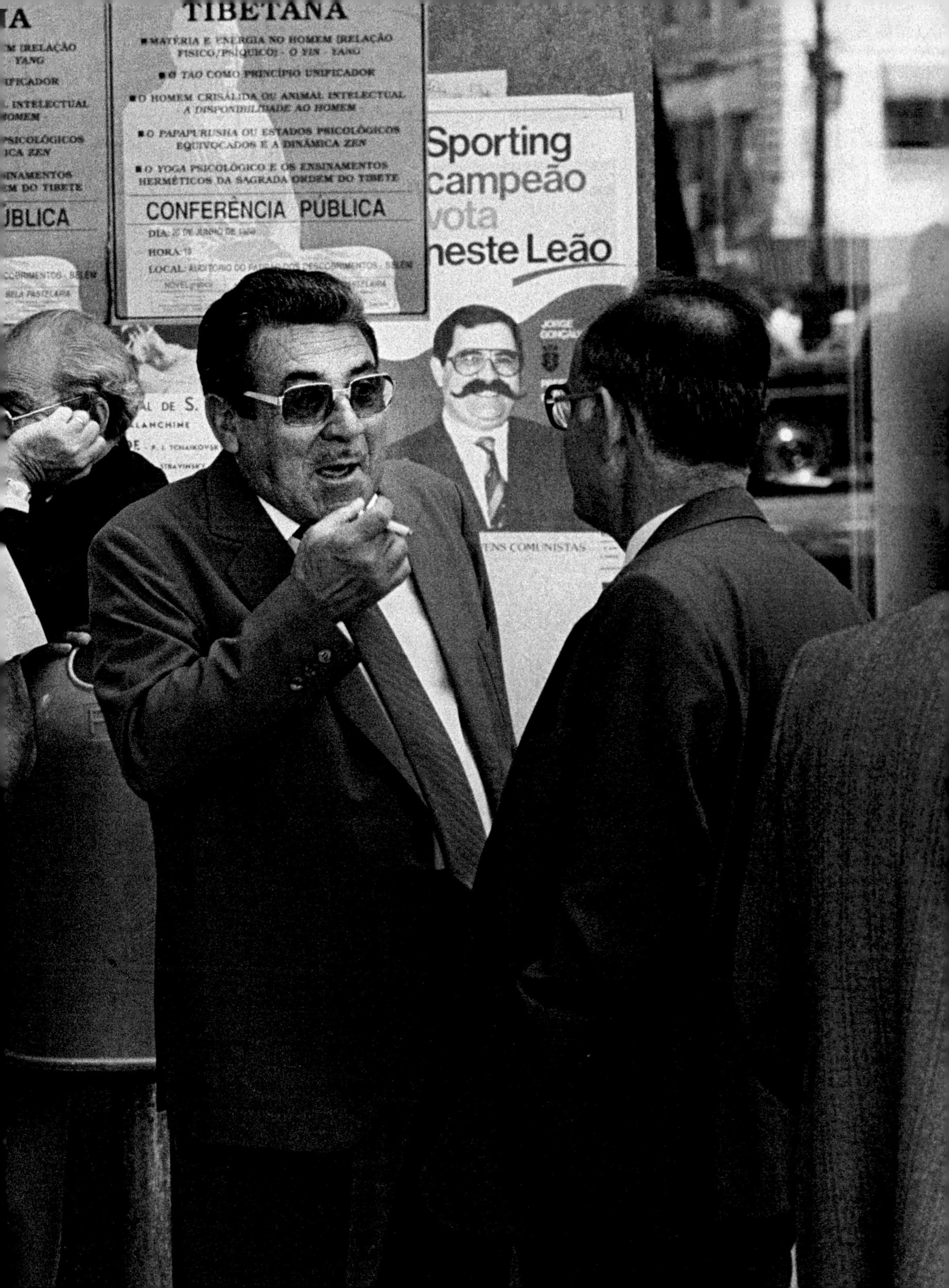
TIBETANA
MATÉRIA E ENERGIA NO HOMEM (RELAÇÃO FÍSICO/PSÍQUICO) - O YIN - YANG
O TAO COMO PRINCÍPIO UNIFICADOR
O HOMEM CRISÁLIDA OU ANIMAL INTELECTUAL A DISPONIBILIDADE AO HOMEM
O PAPAPURUSHA OU ESTADOS PSICOLÓGICOS EQUIVOCADOS E A DINÂMICA ZEN
O YOGA PSICOLÓGICO E OS ENSINAMENTOS HERMÉTICOS DA SAGRADA ORDEM DO TIBETE
CONFERÊNCIA PÚBLICA
DIA:
HORA:
LOCAL:
Sporting
campeão
vota
heste Leão

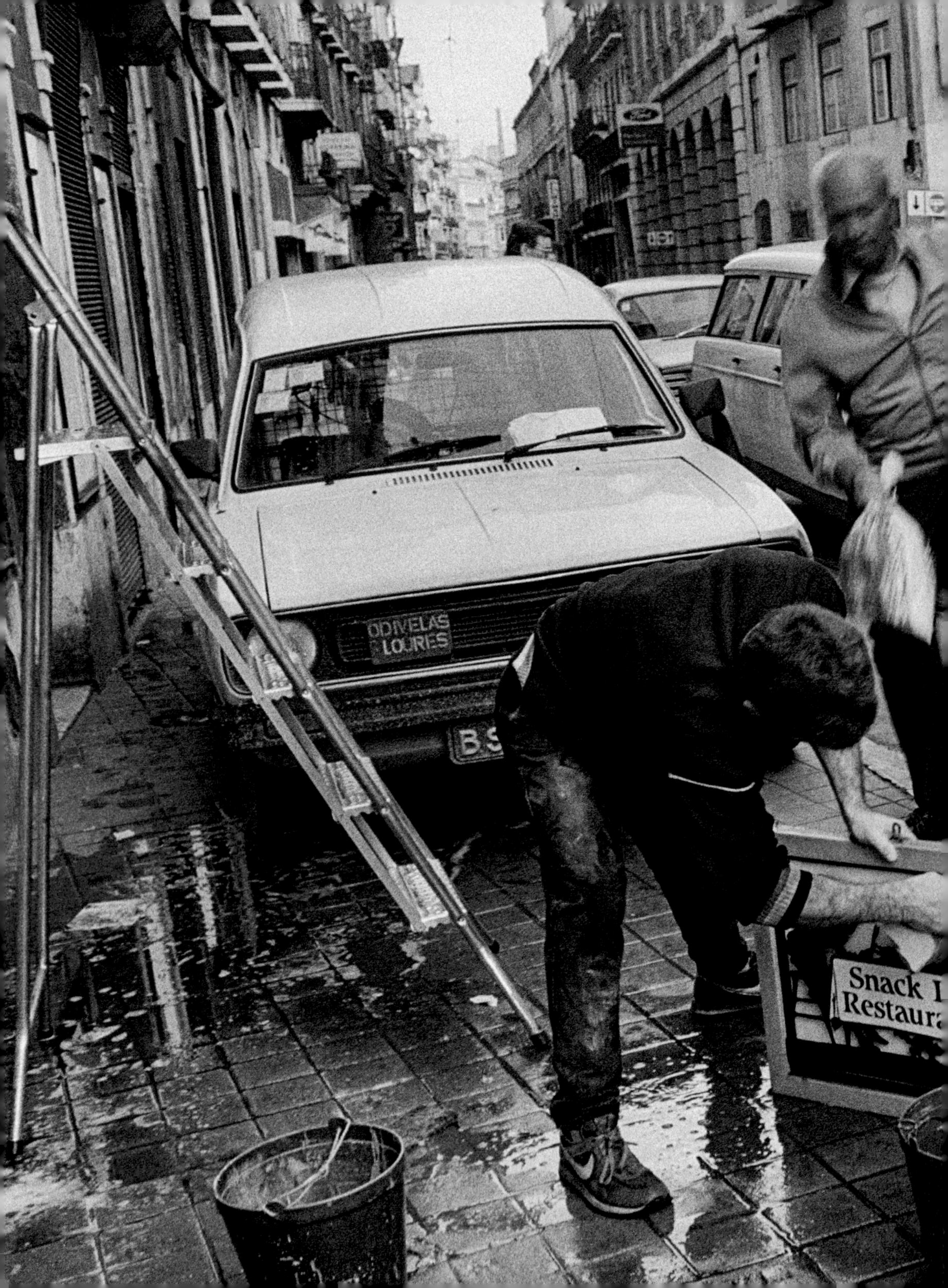
ODIVELAS
LOURES
Snack
Restaura

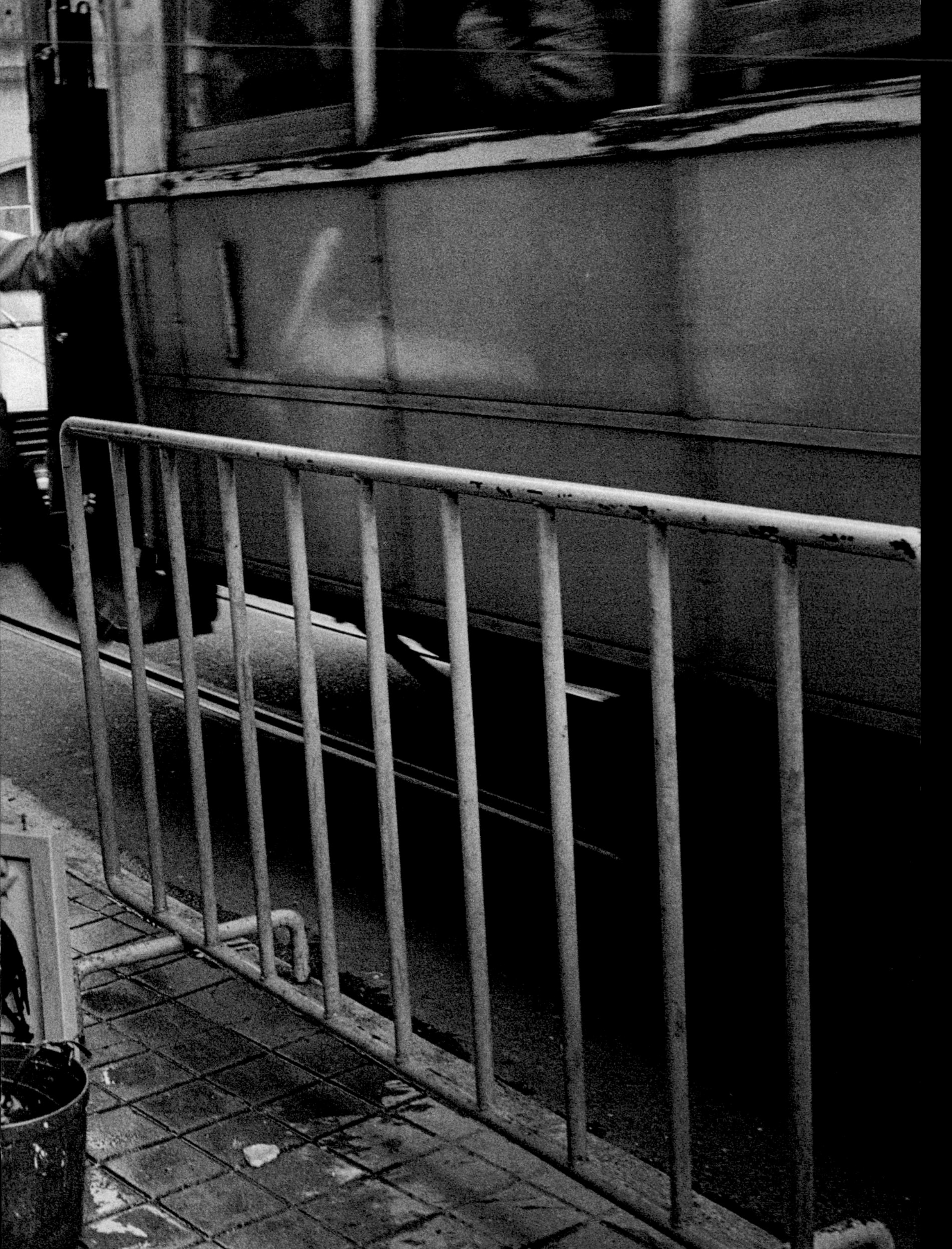

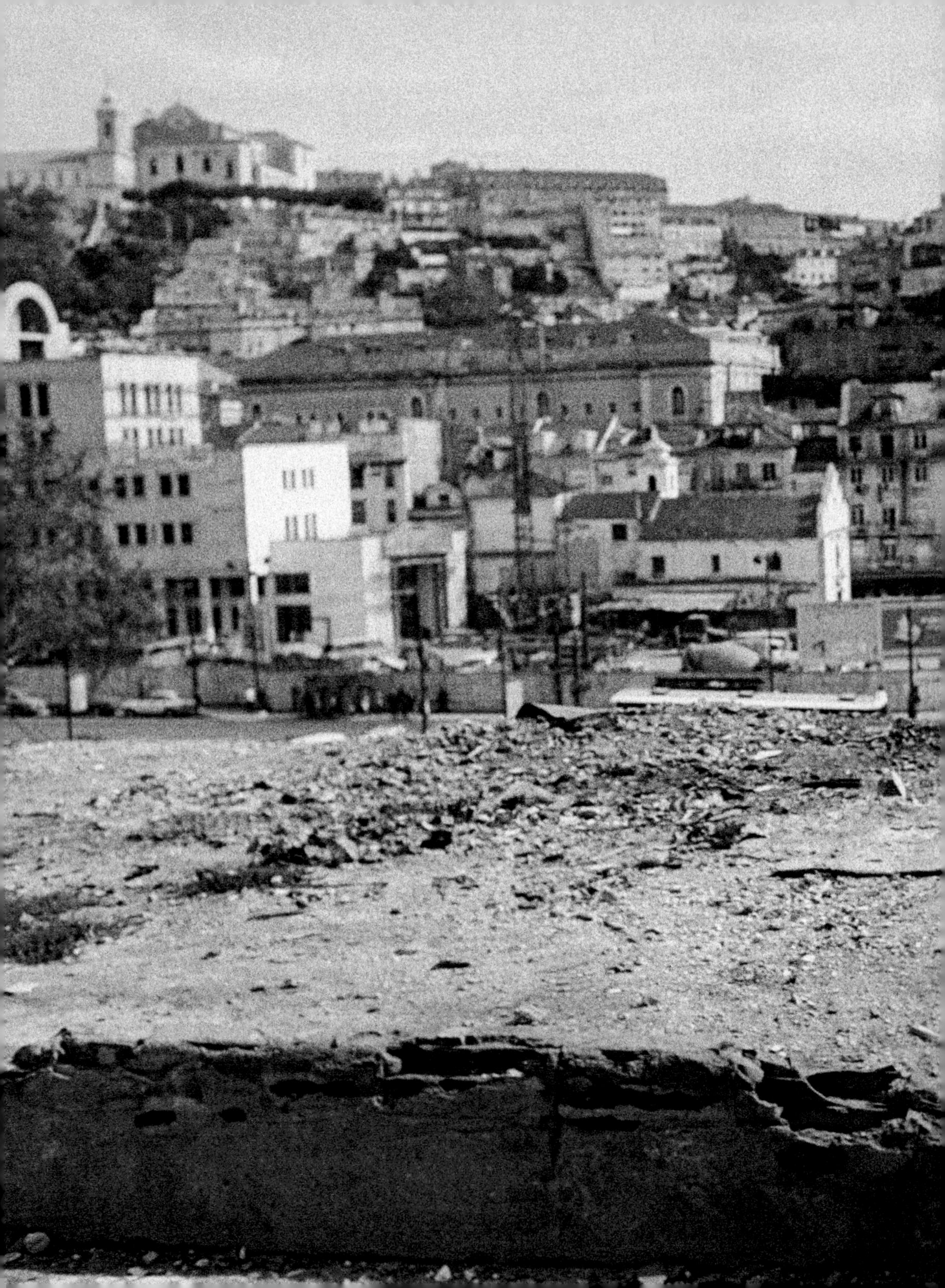

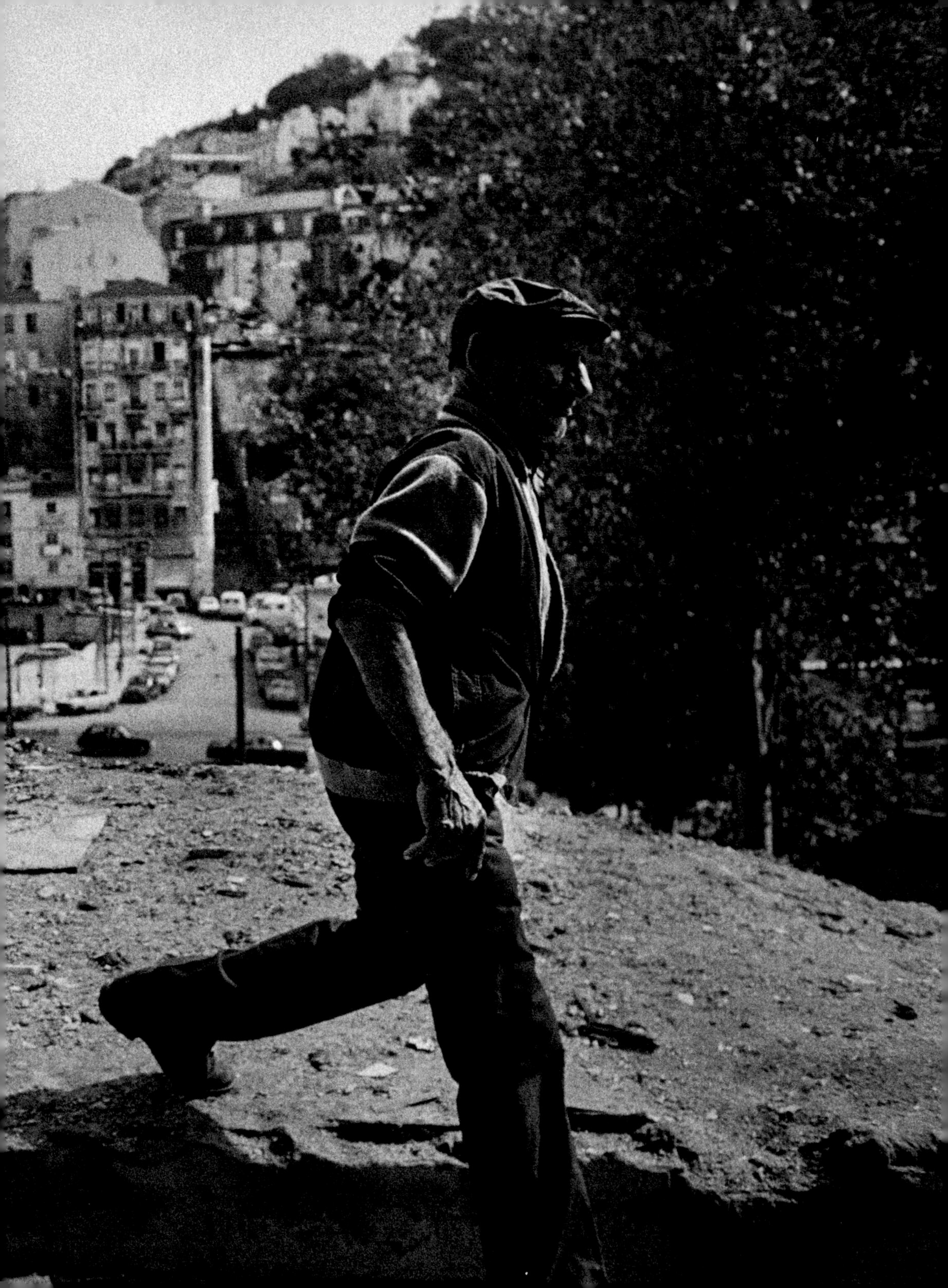

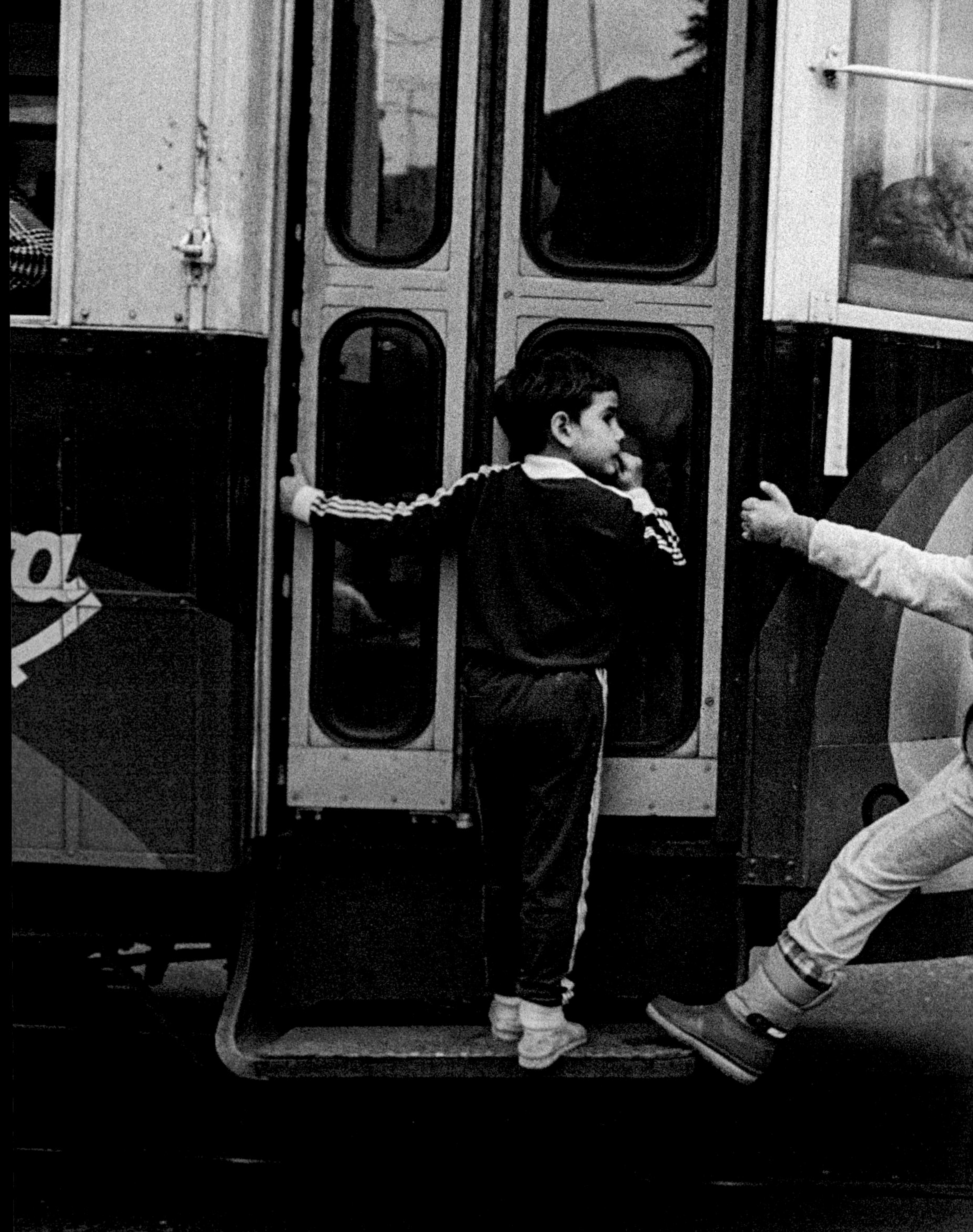

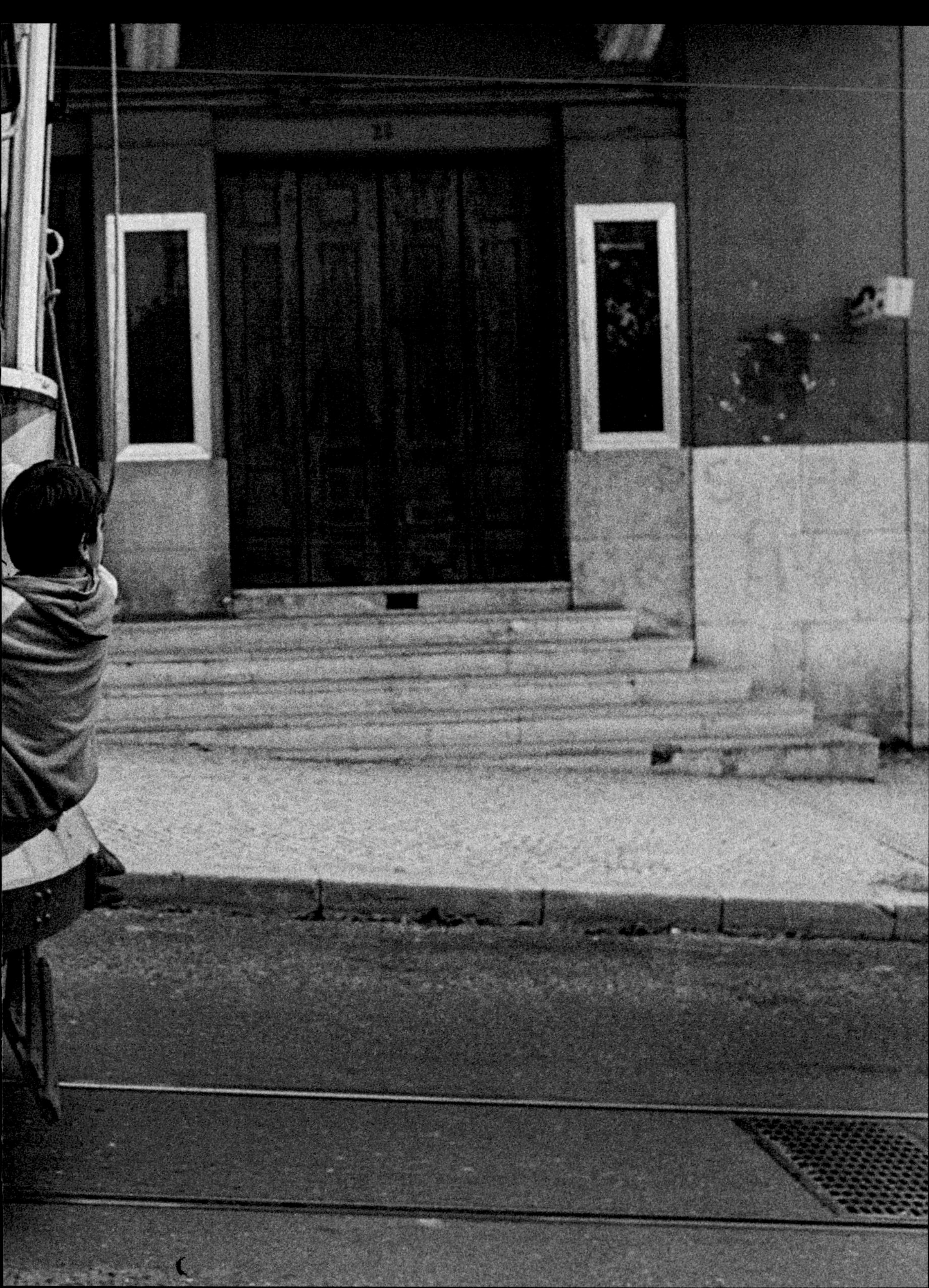

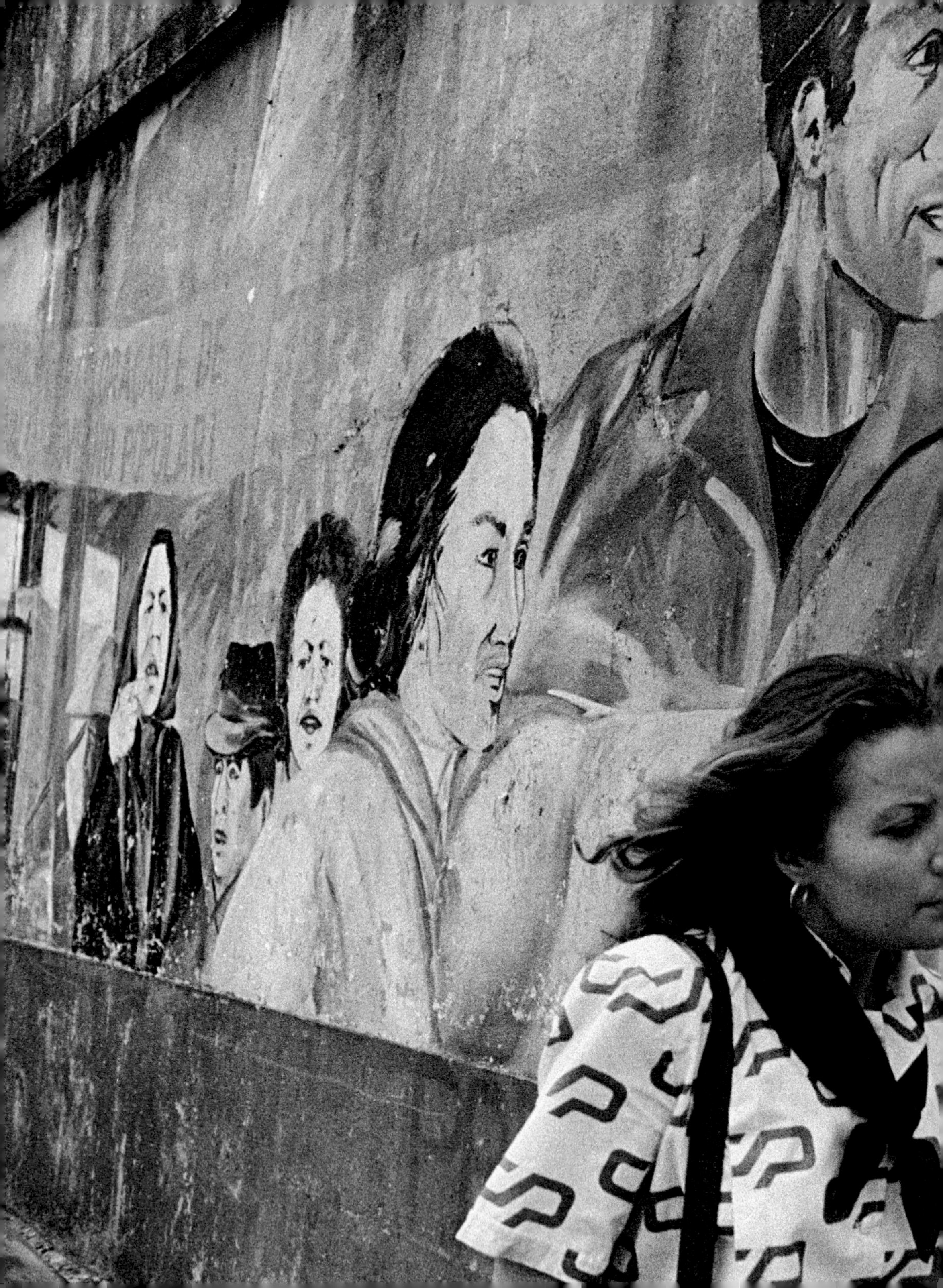

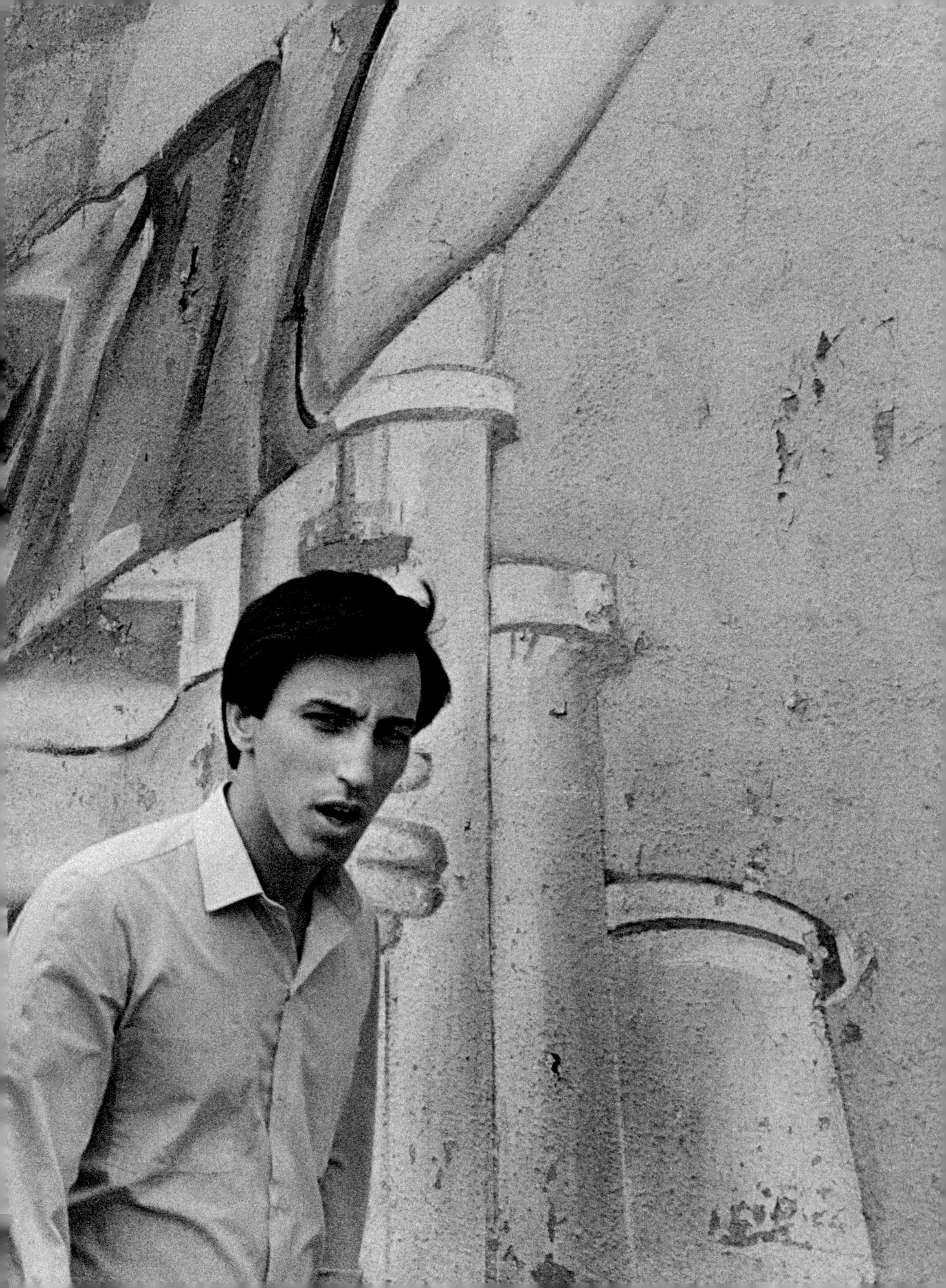

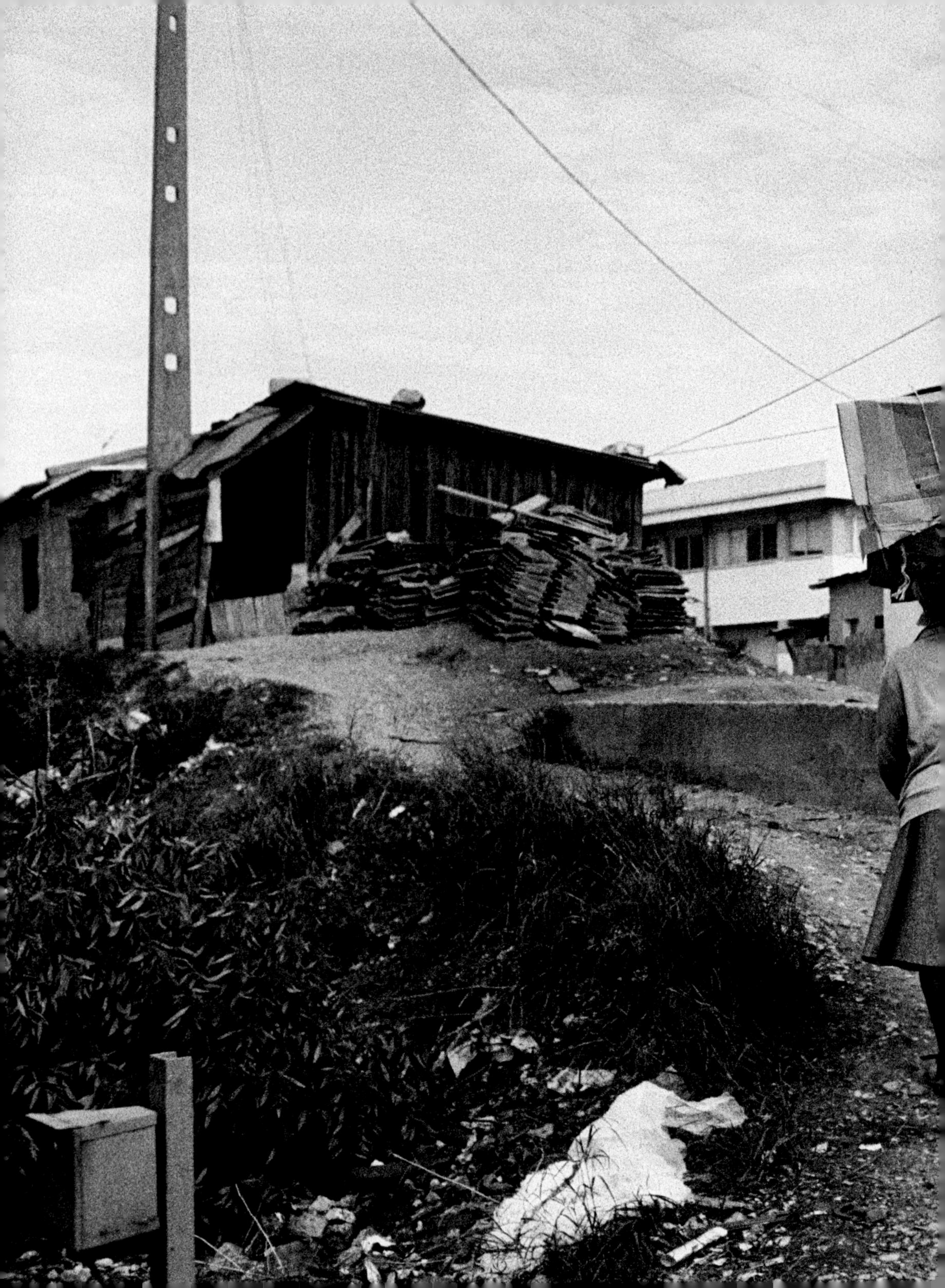

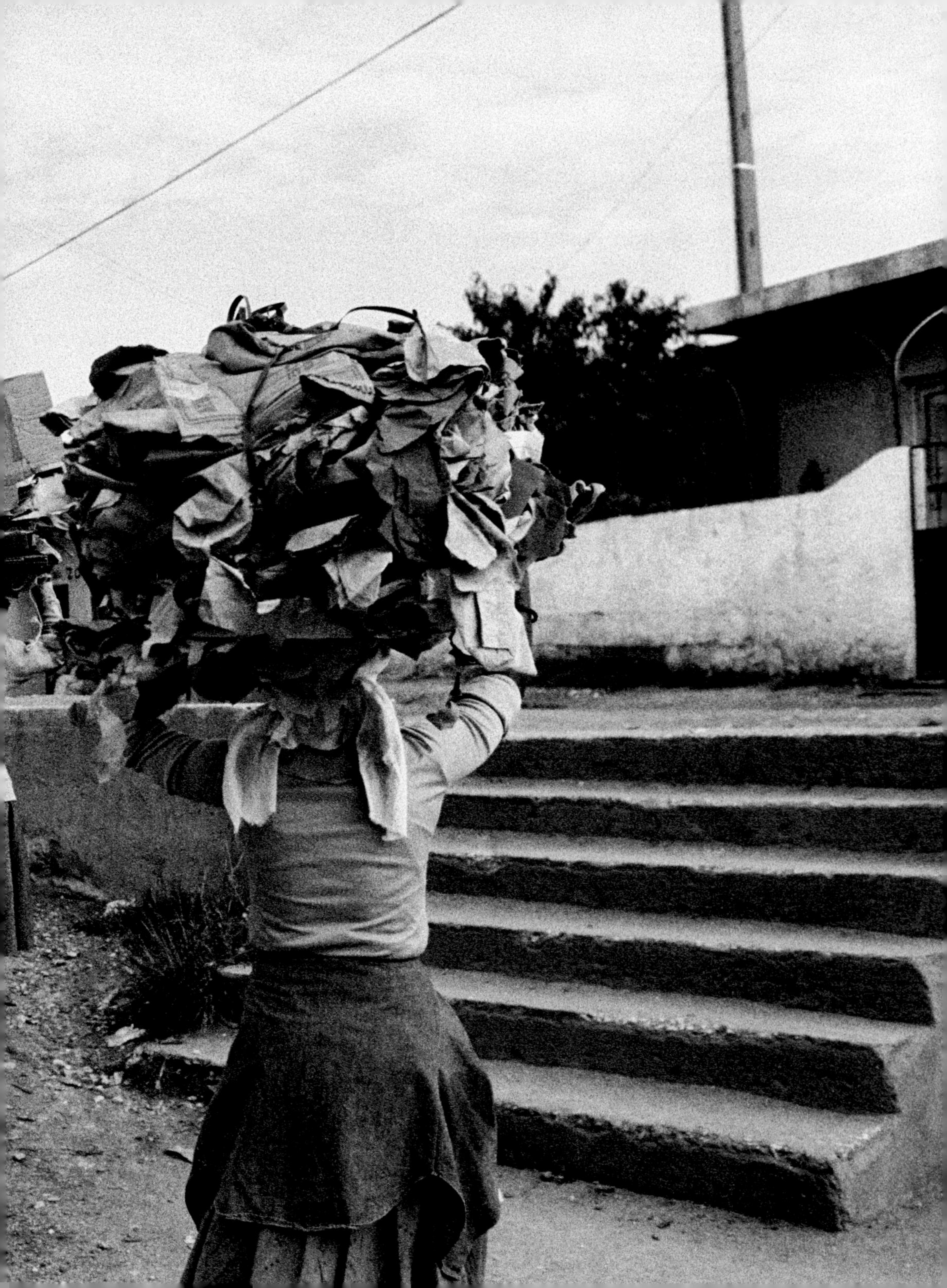

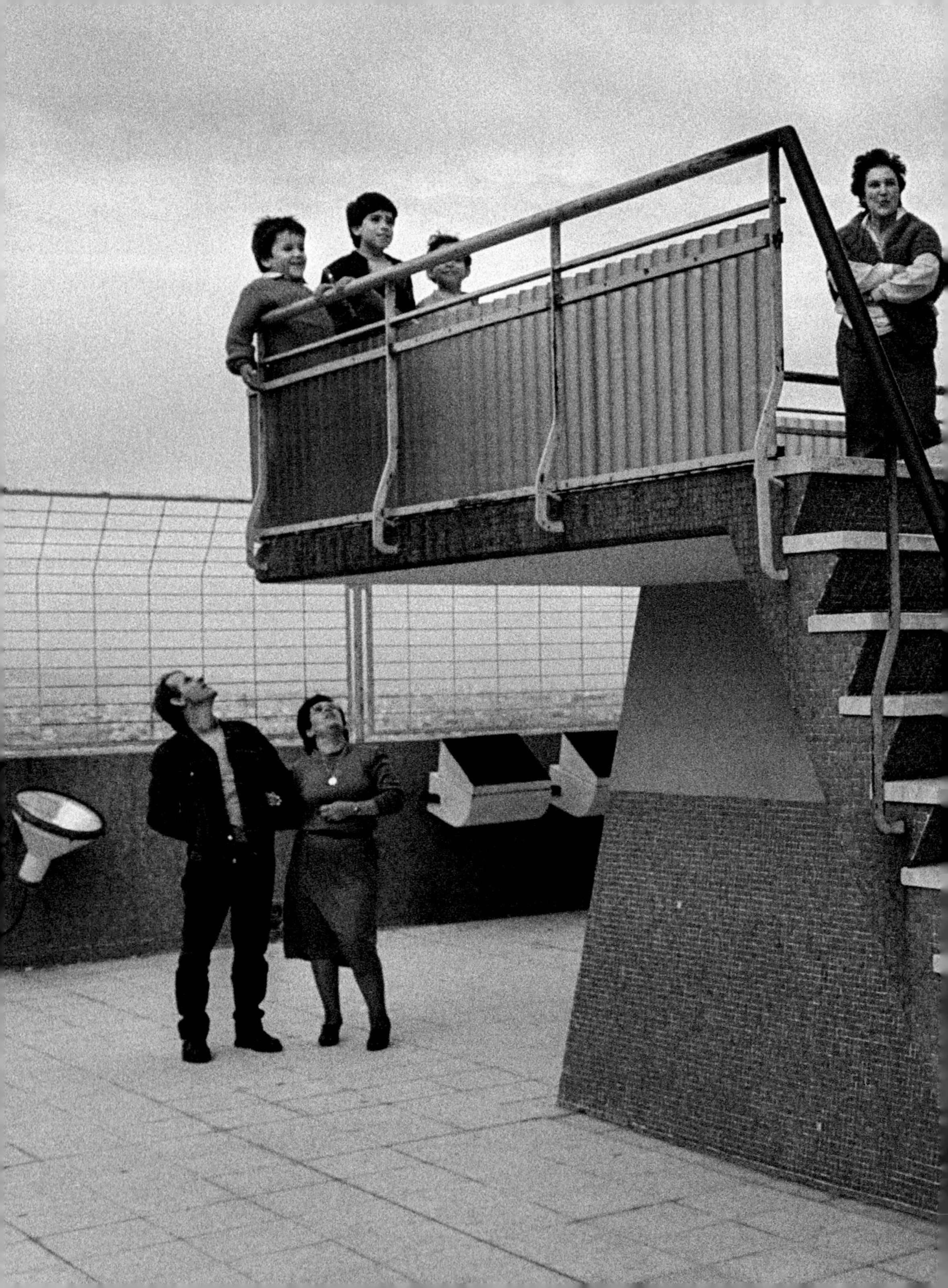

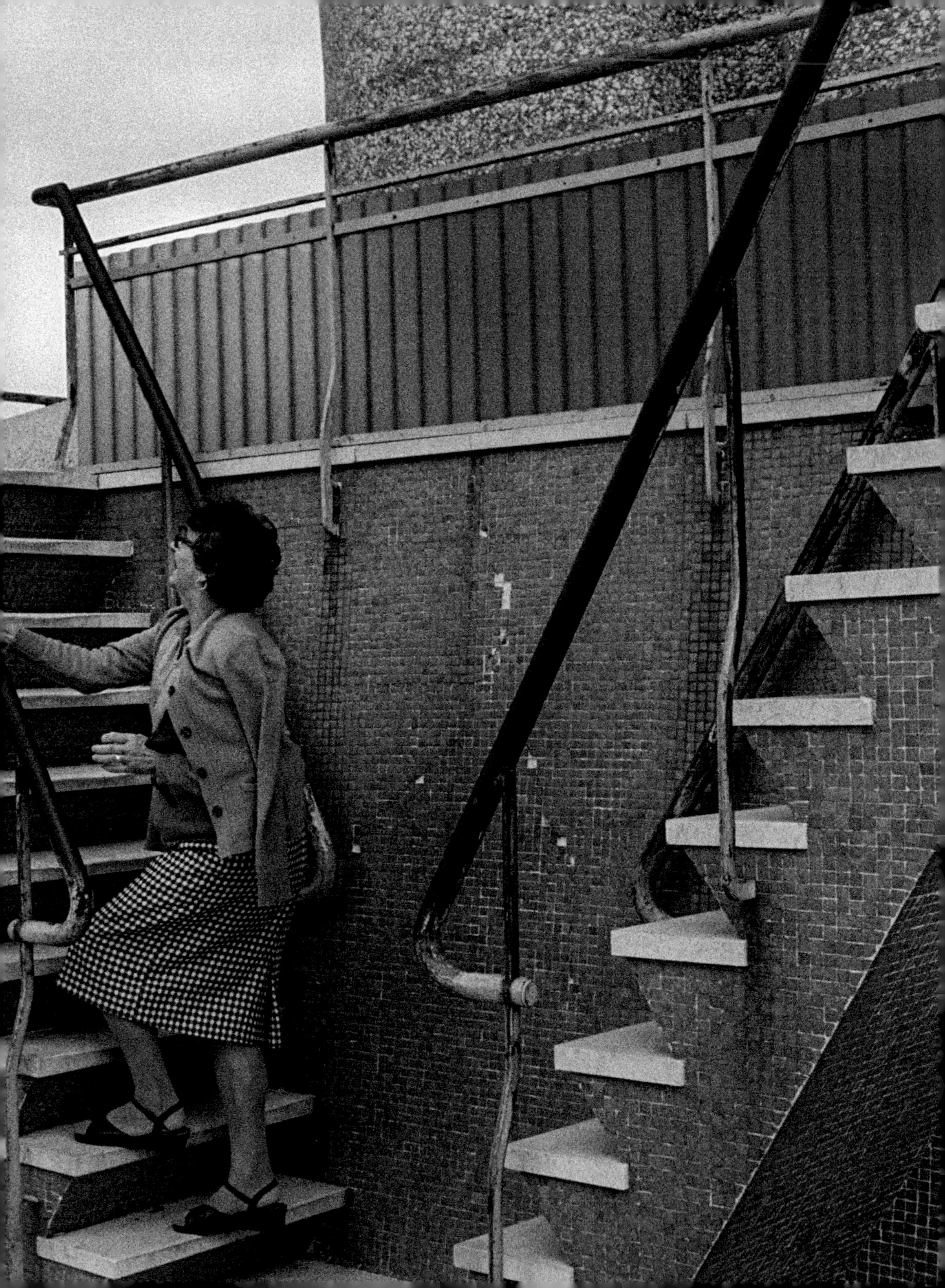

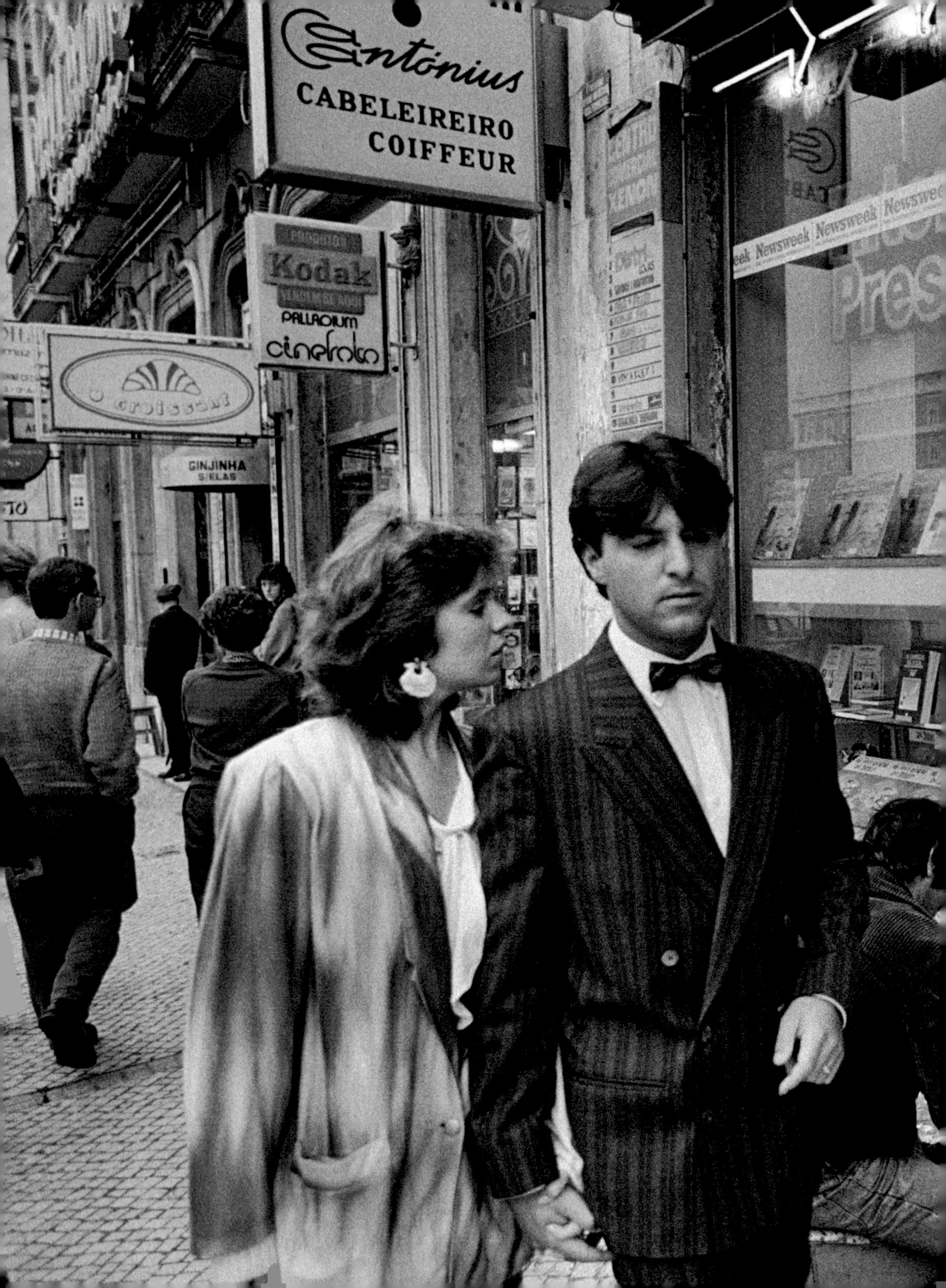
Antónius
CABELEIREIRO
COIFFEUR
Kodak
PALLADIUM
cinefoto
GINJINHA
Newsweek

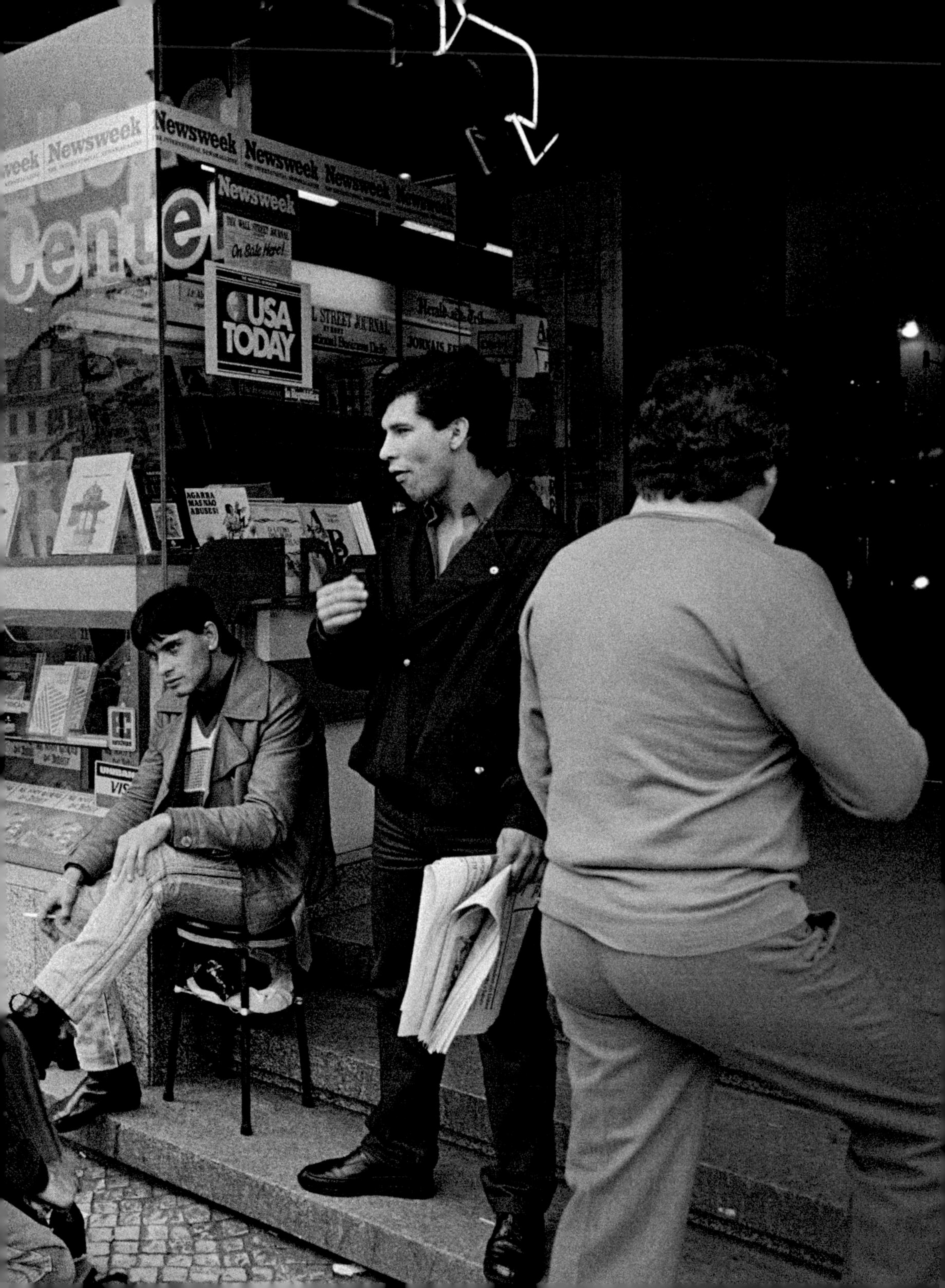
Newsweek
Newsweek
Newsweek
Newsweek
Newsweek
Newsweek
On Sale Here!
USA TODAY

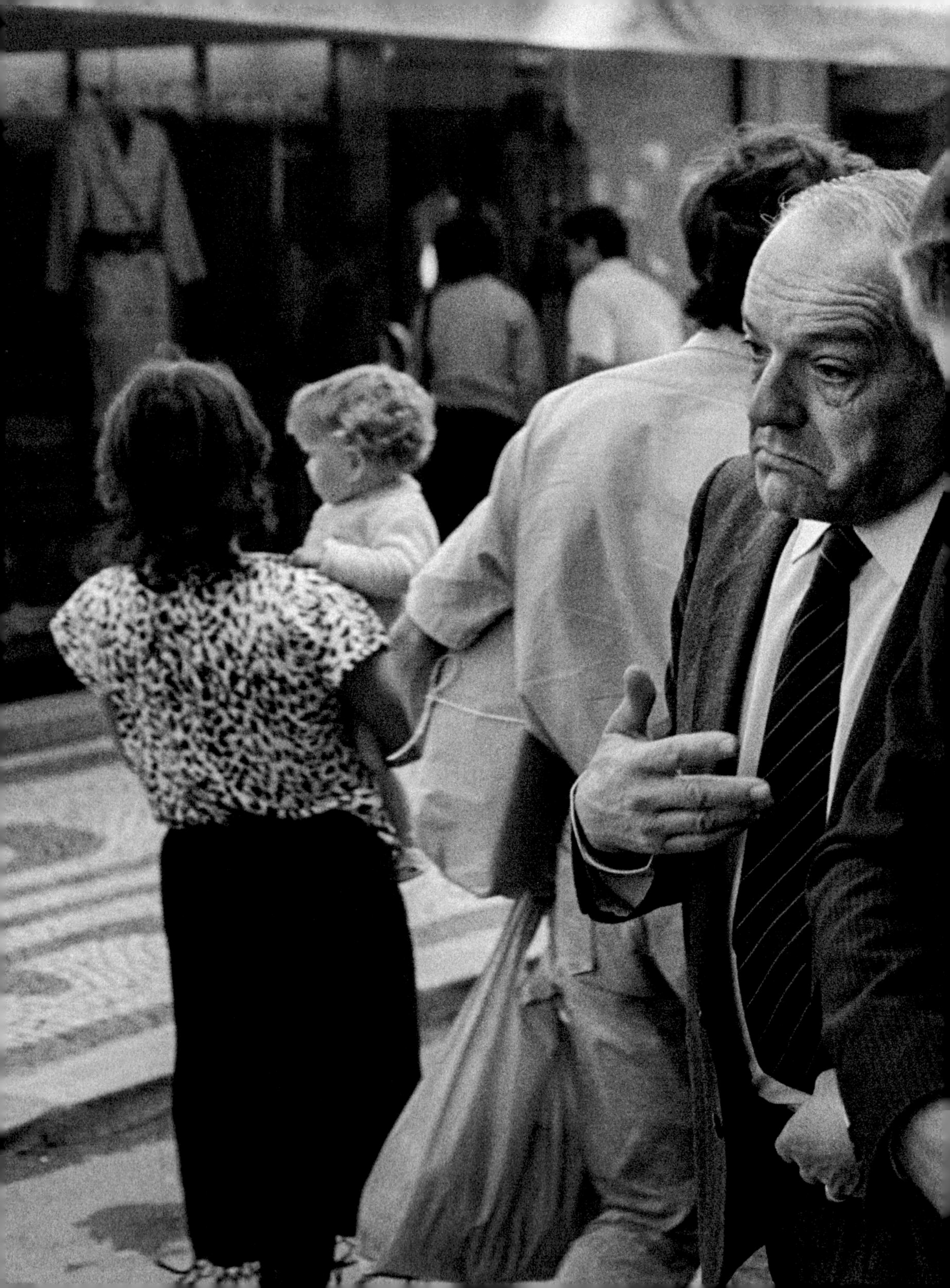

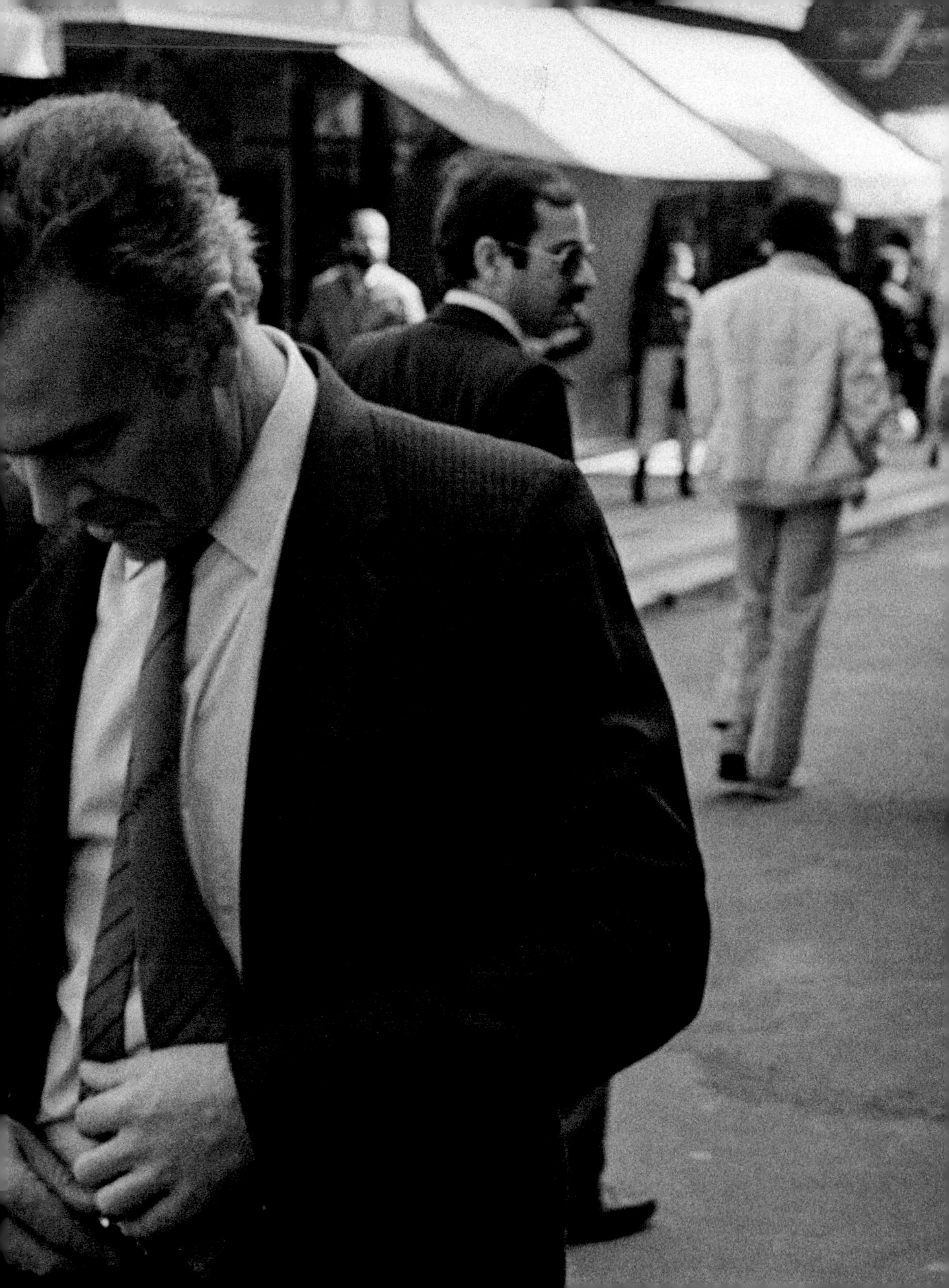

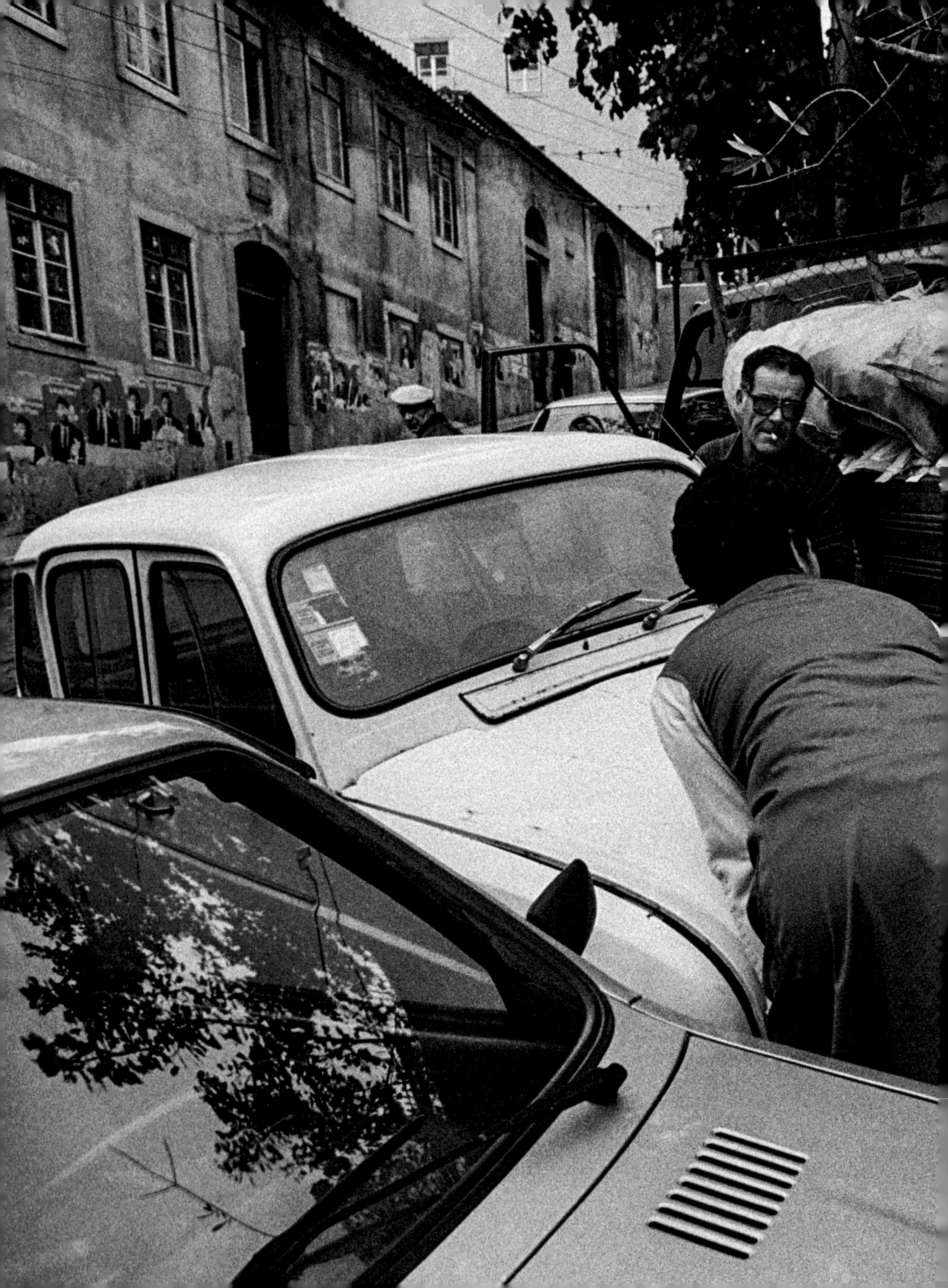

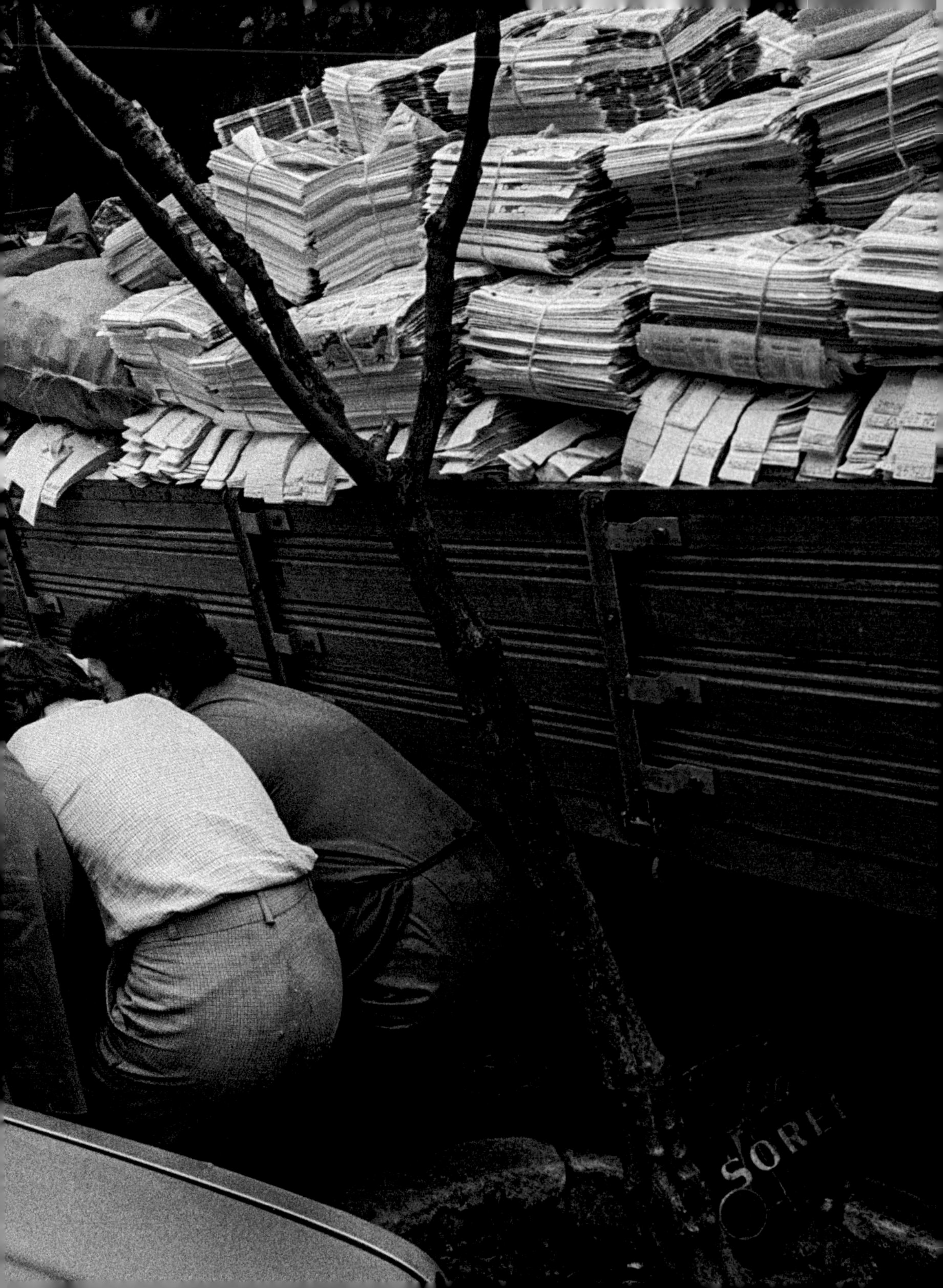
SORE

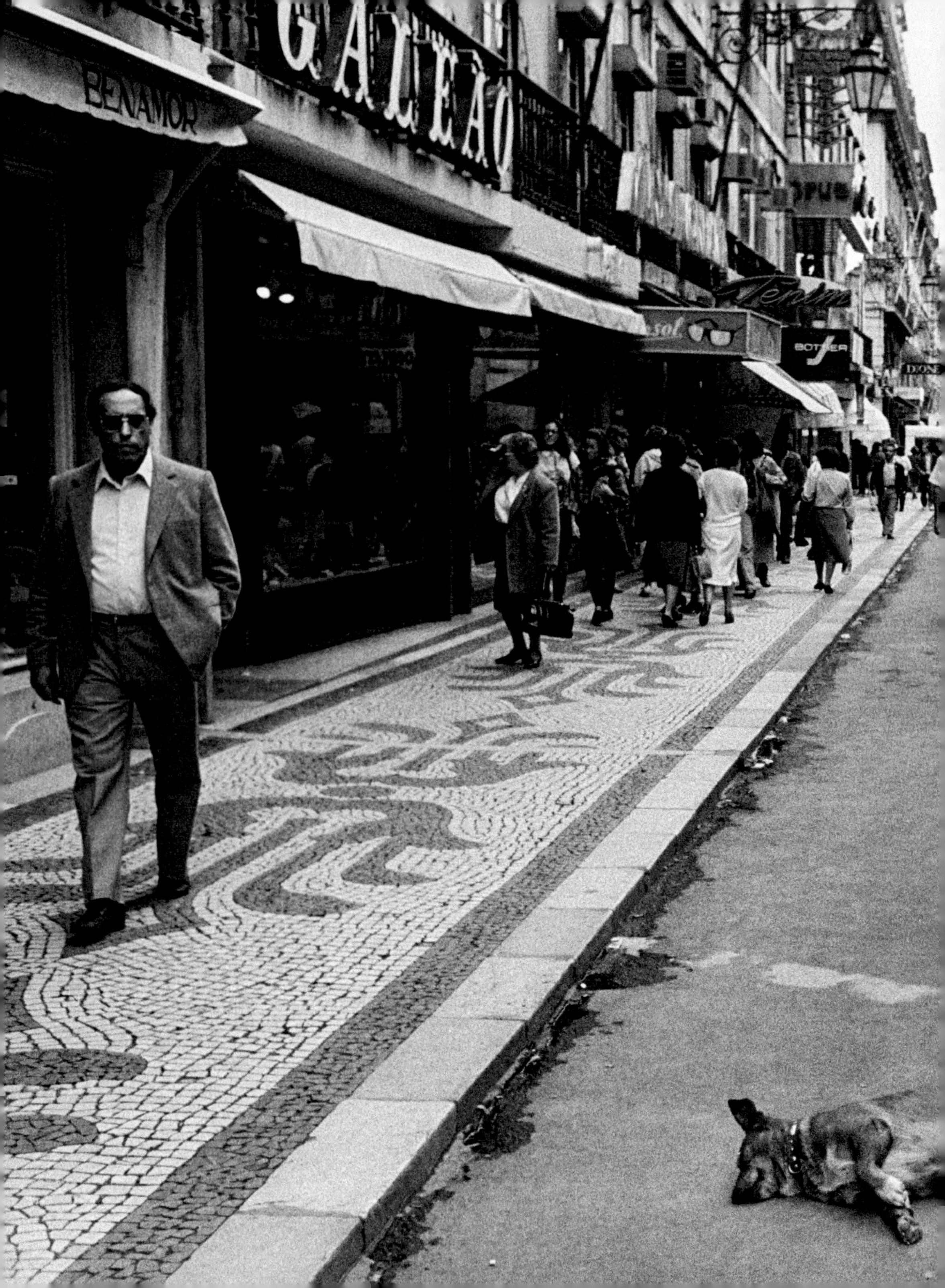
BENAMOR

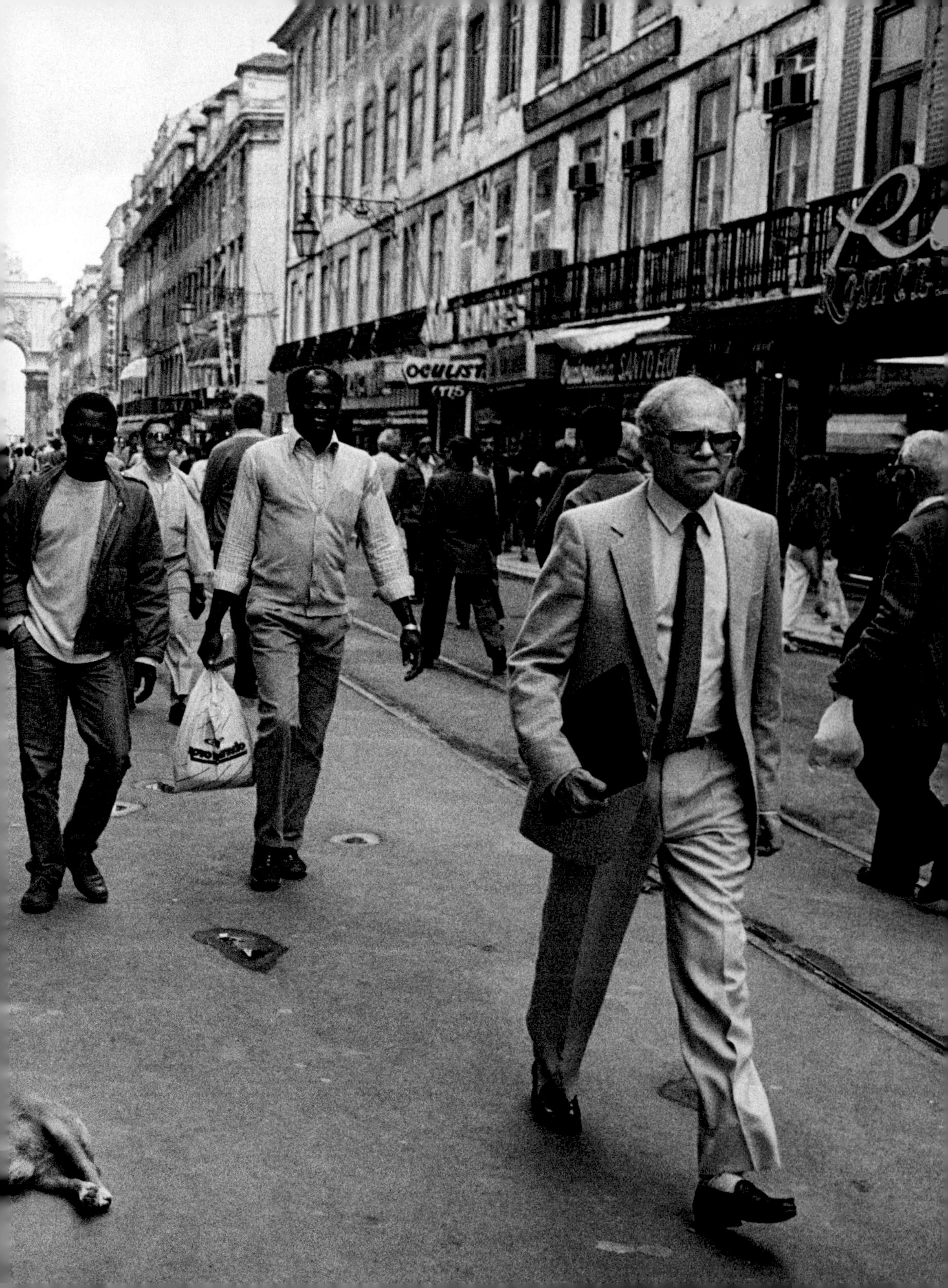
OCULIST.
SANTO ELOI

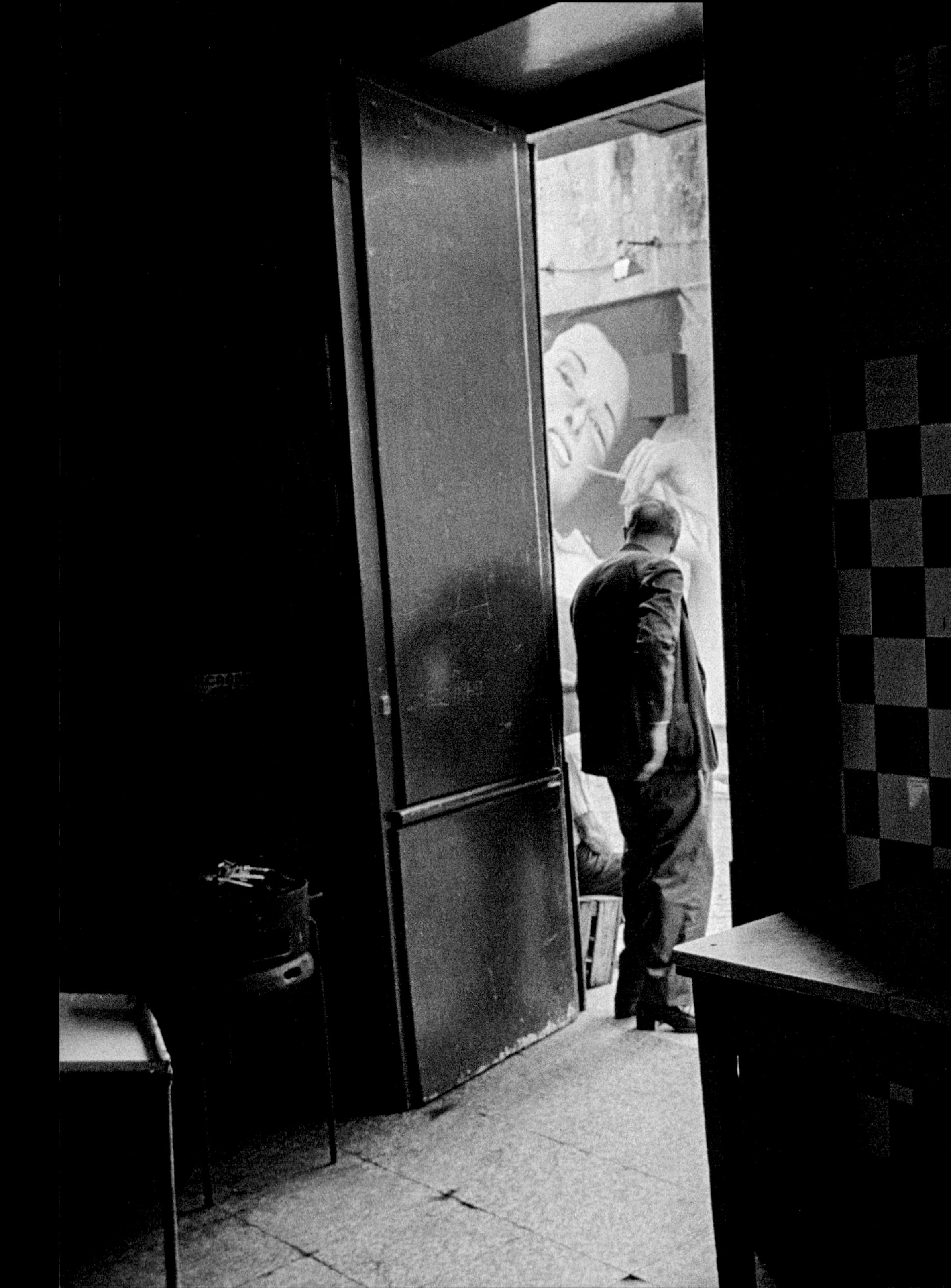

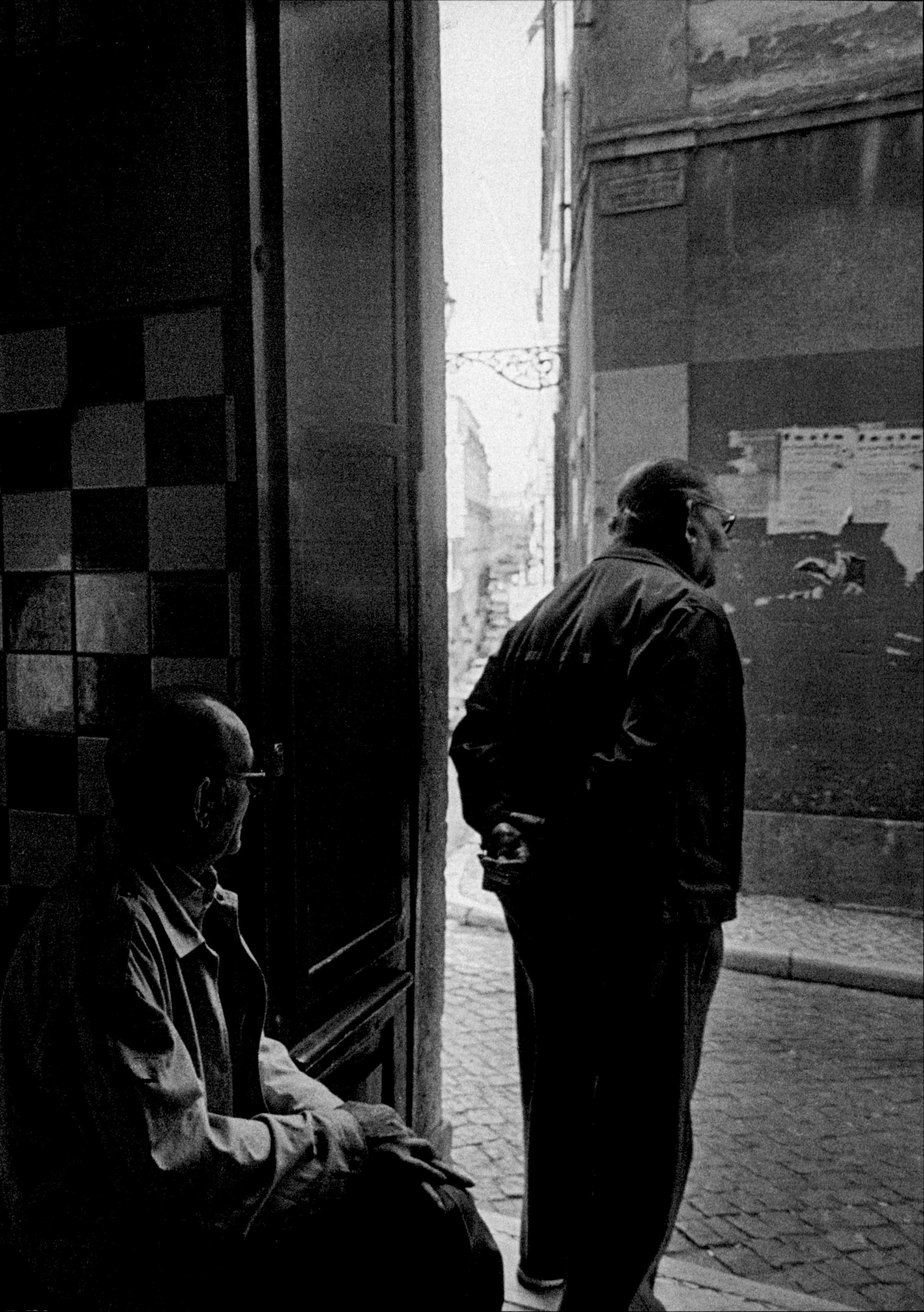

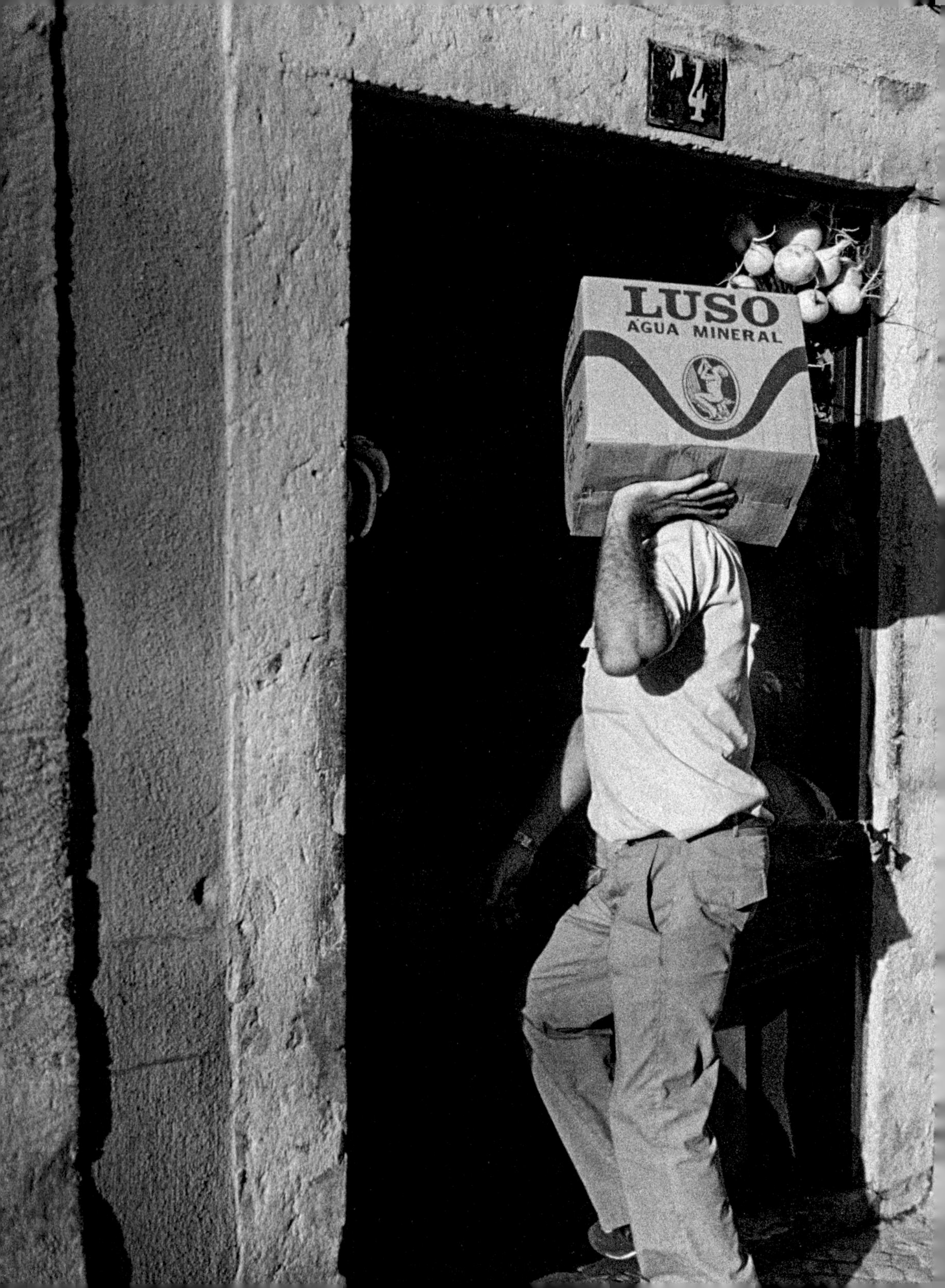
LUSO
ÁGUA MINERAL

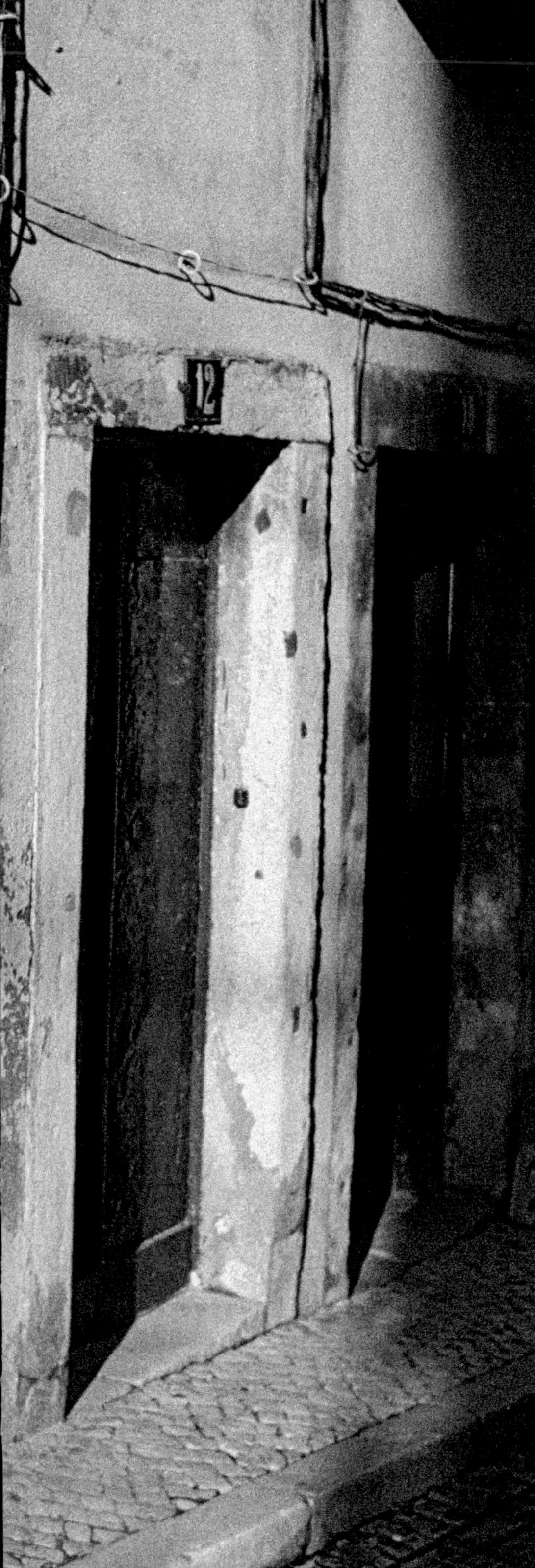
12

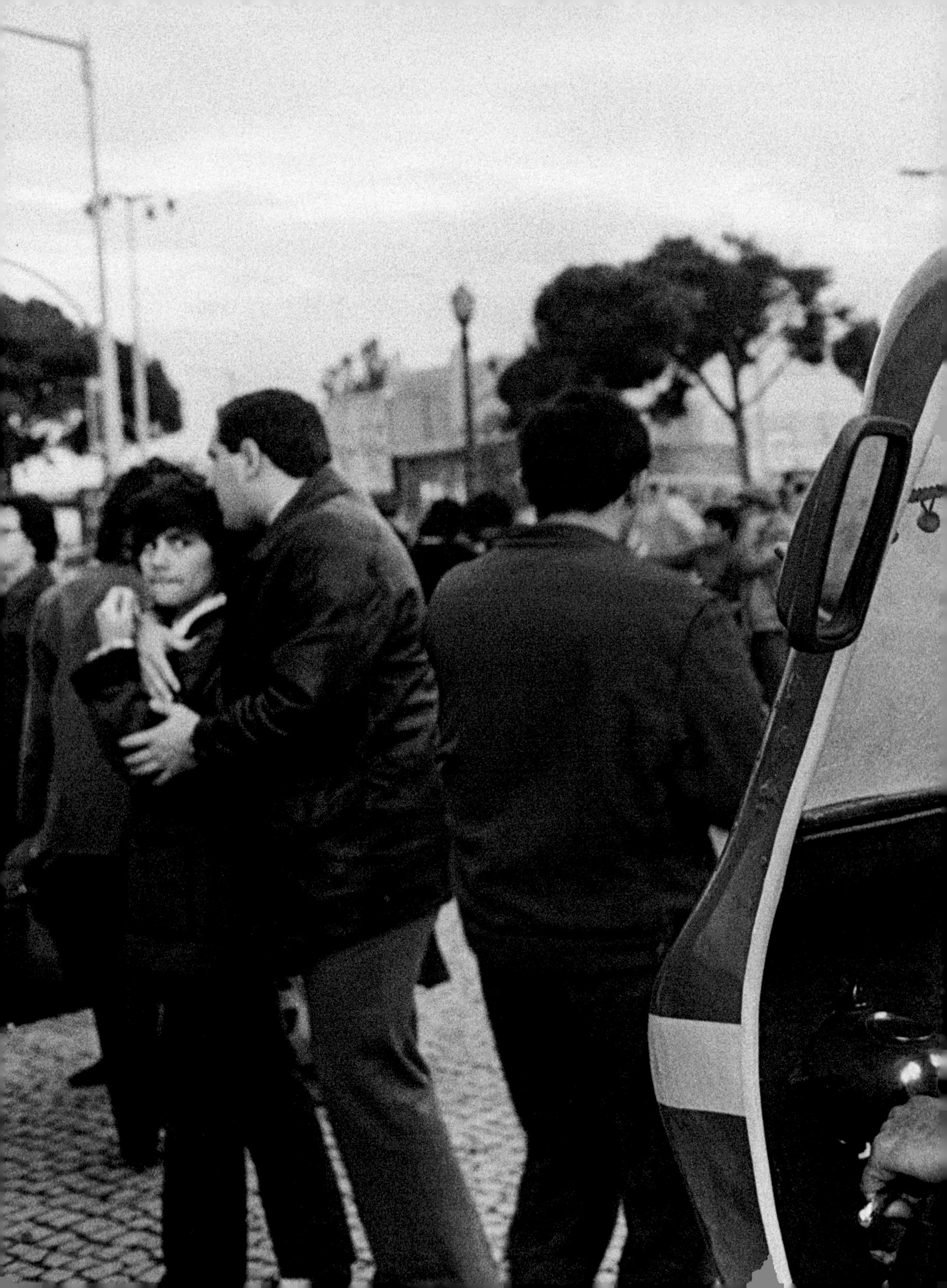

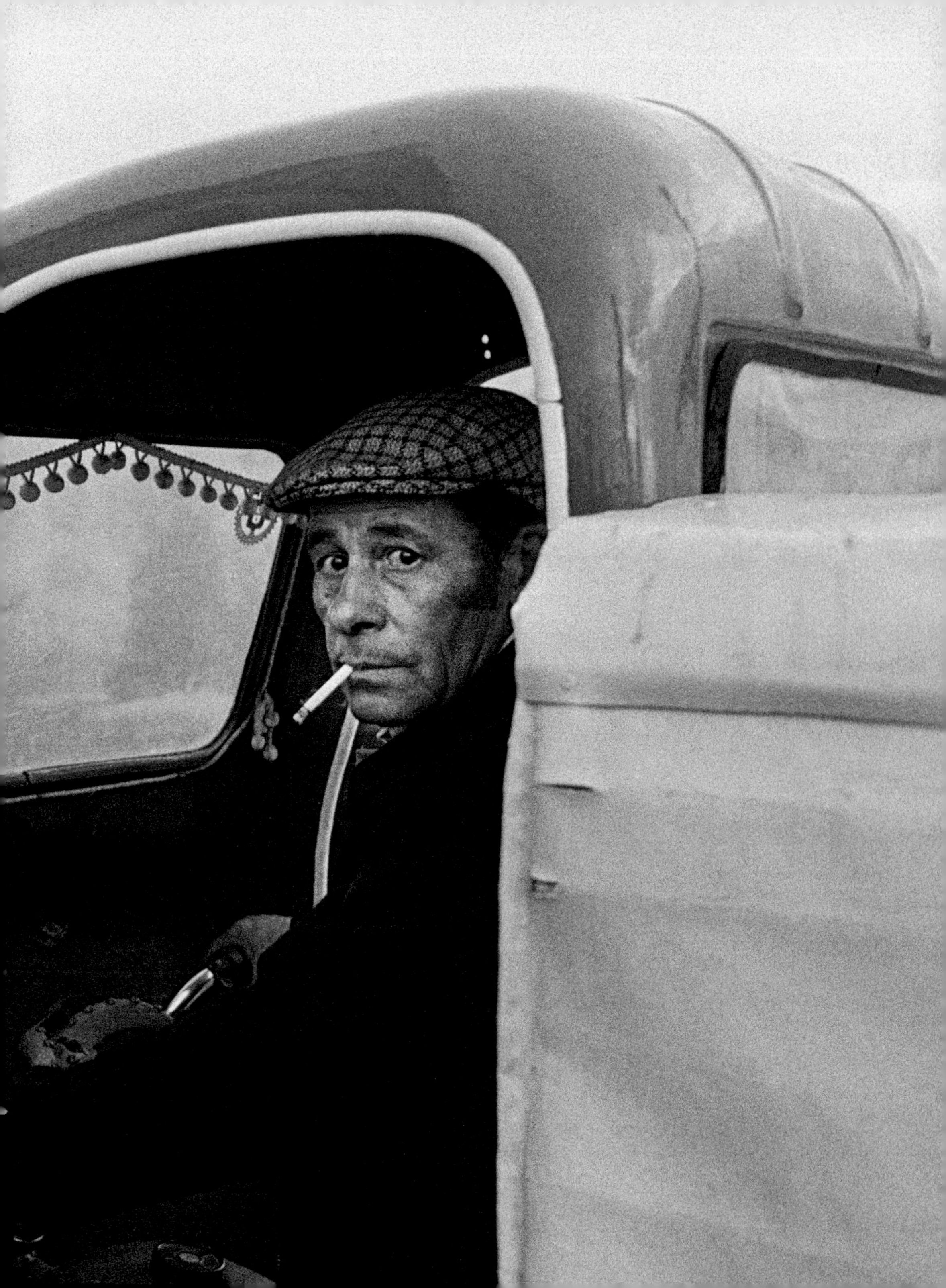

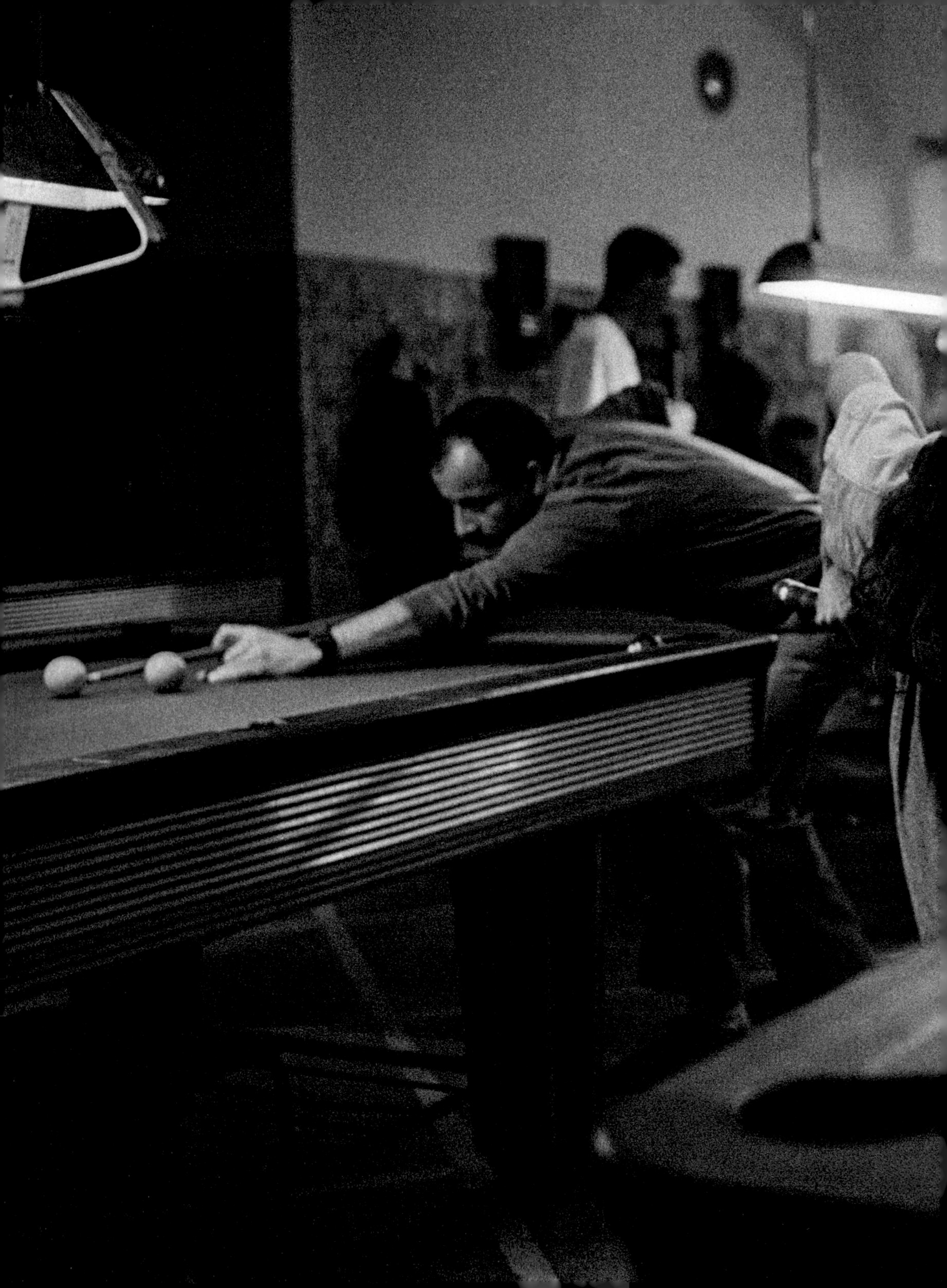

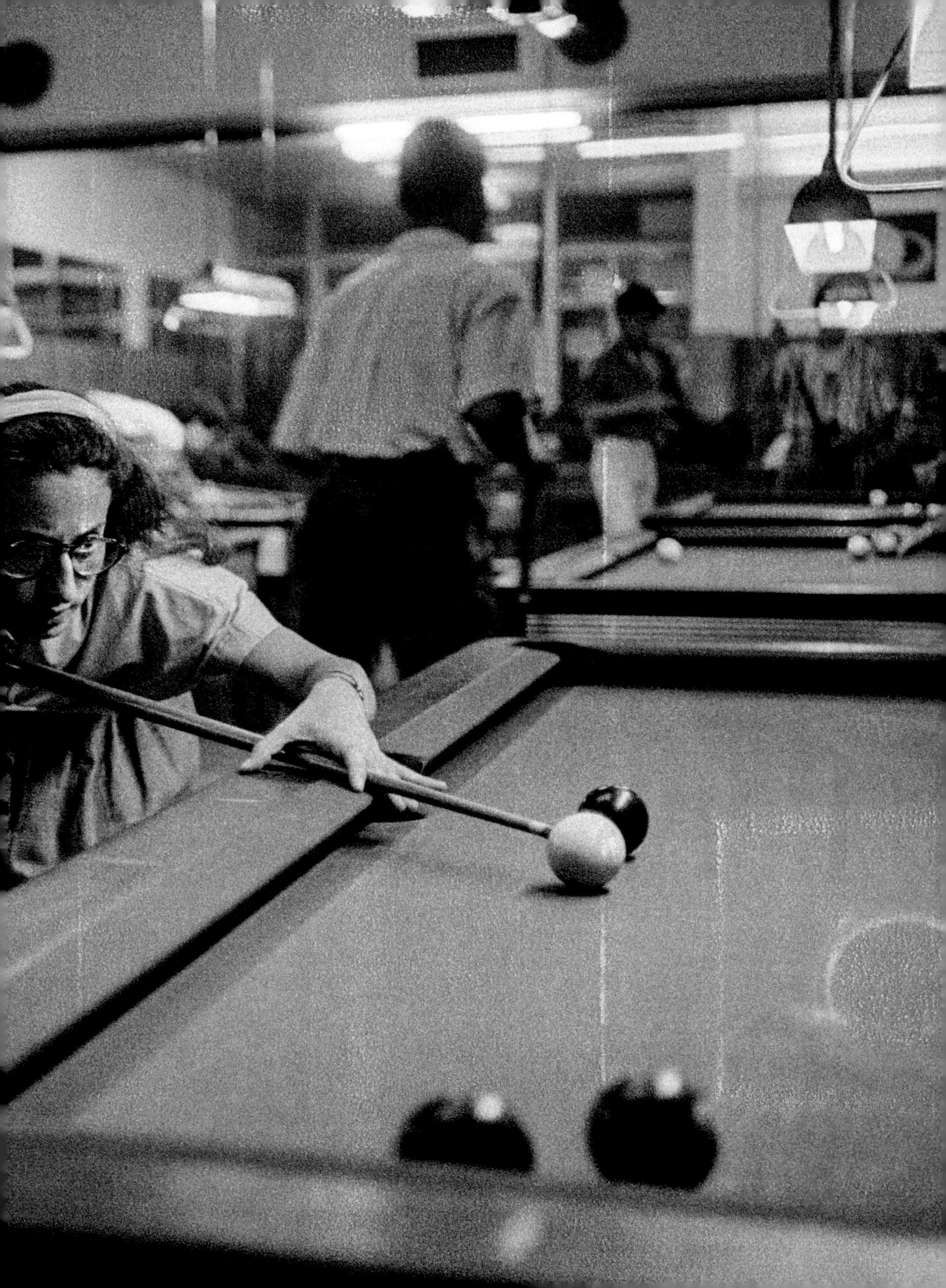

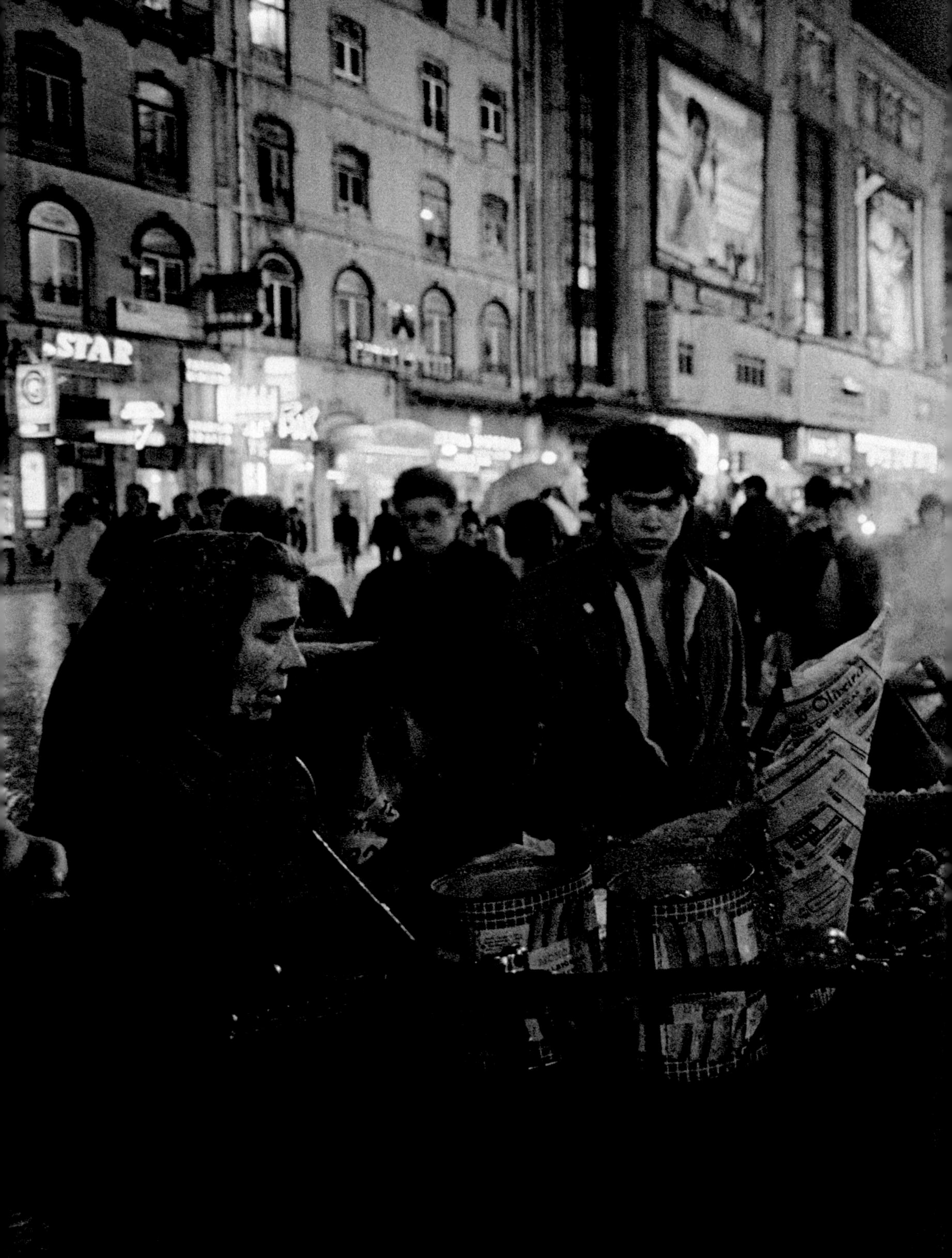
STAR

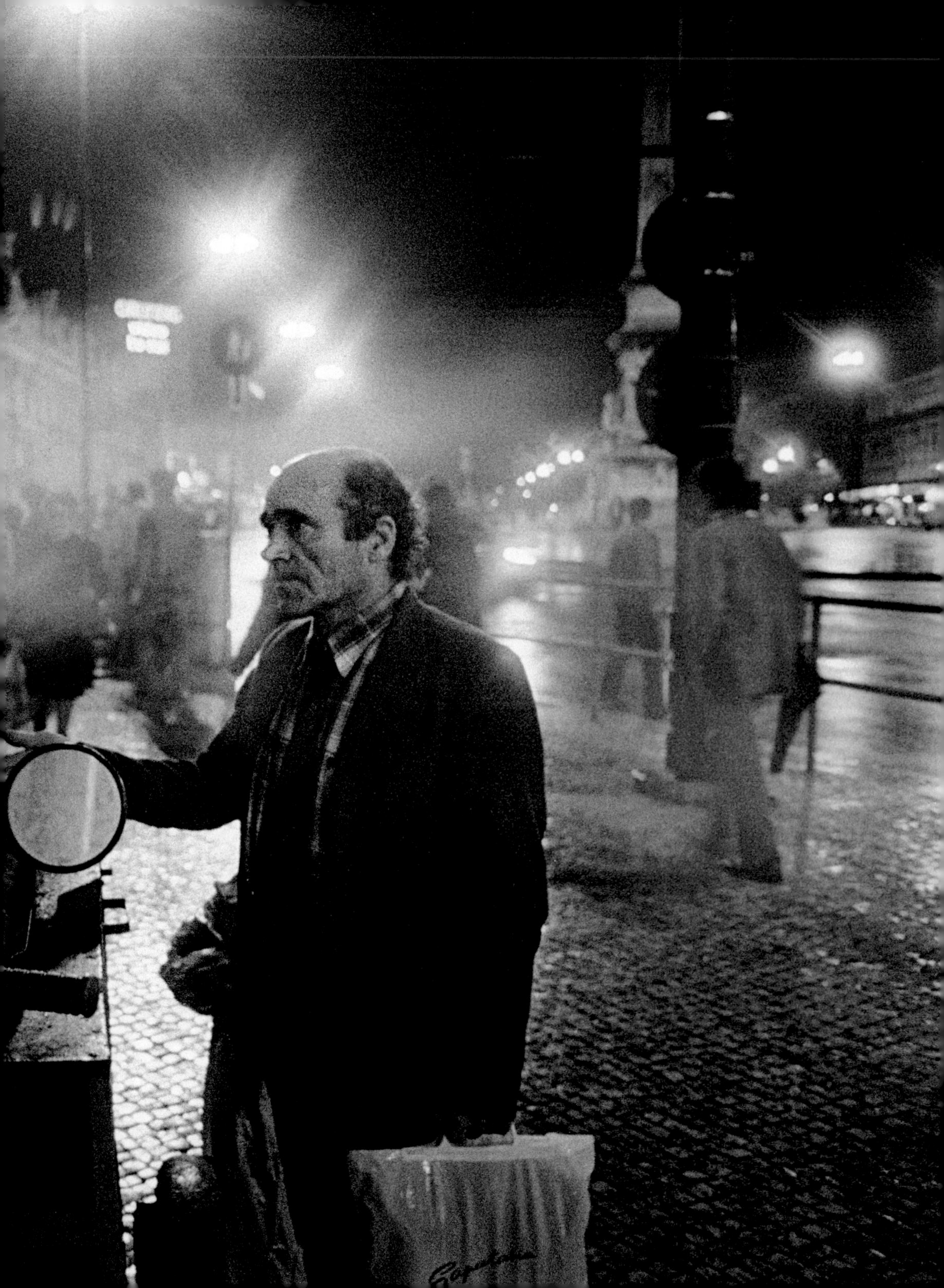

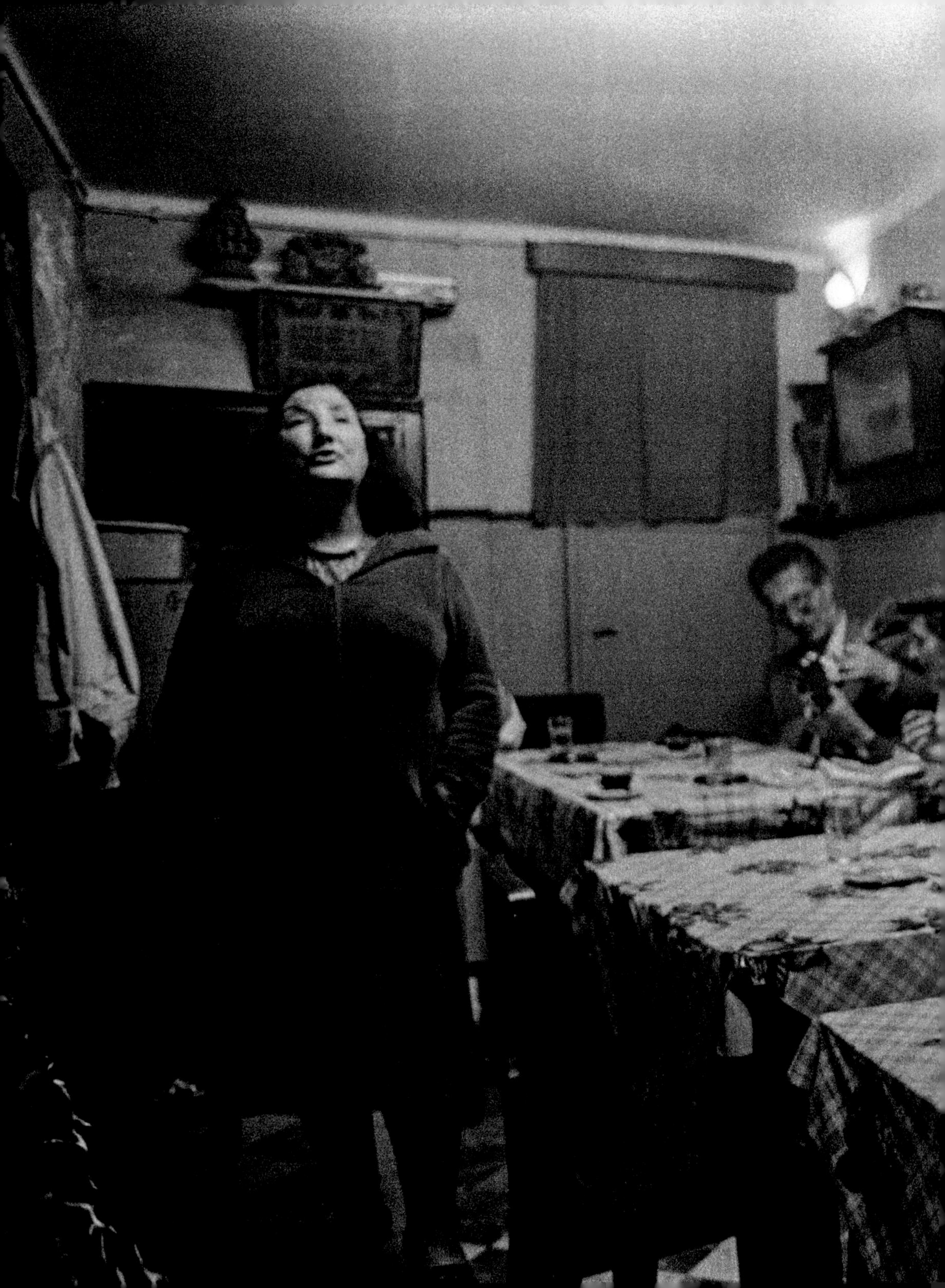

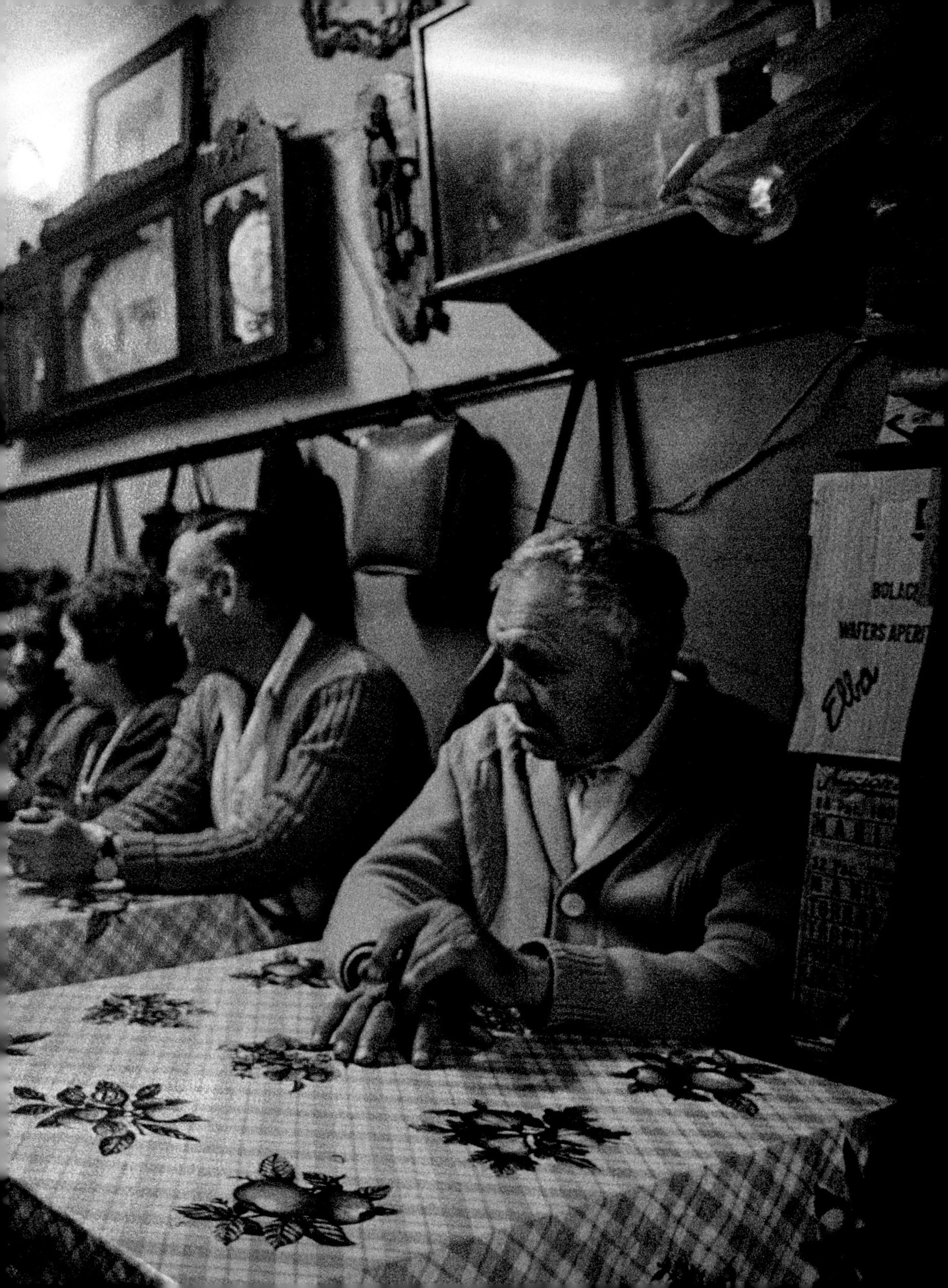
Elka

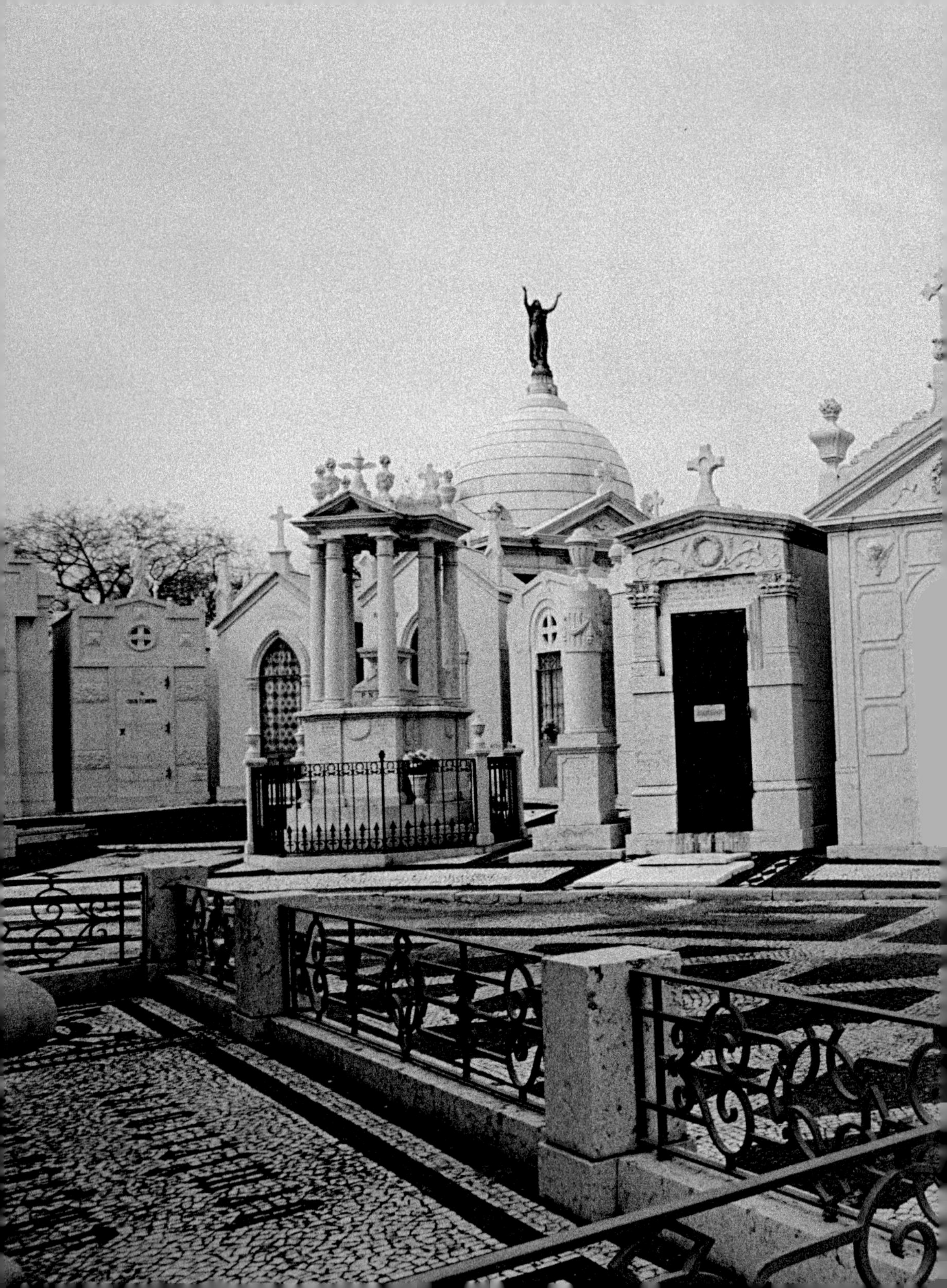

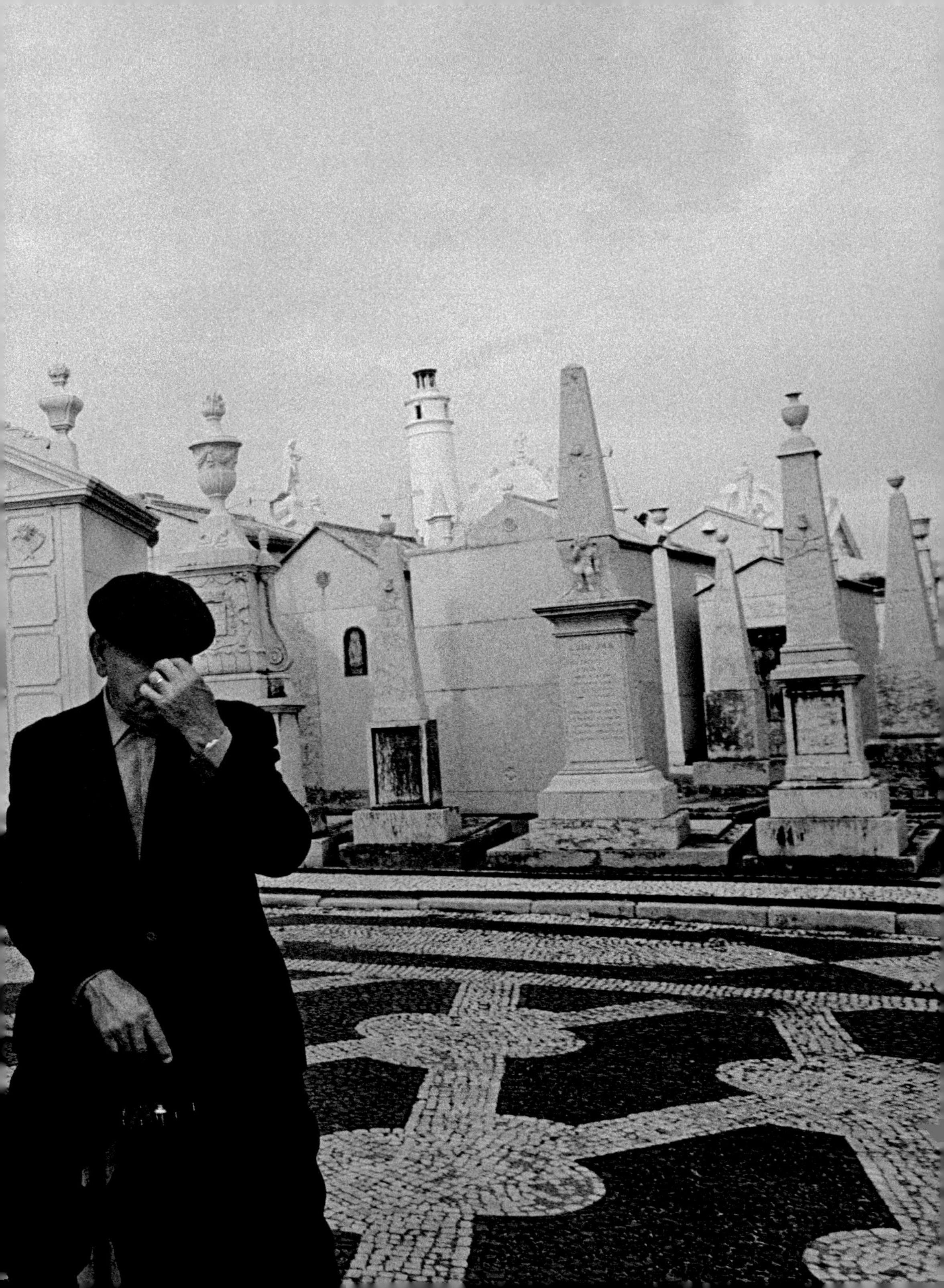

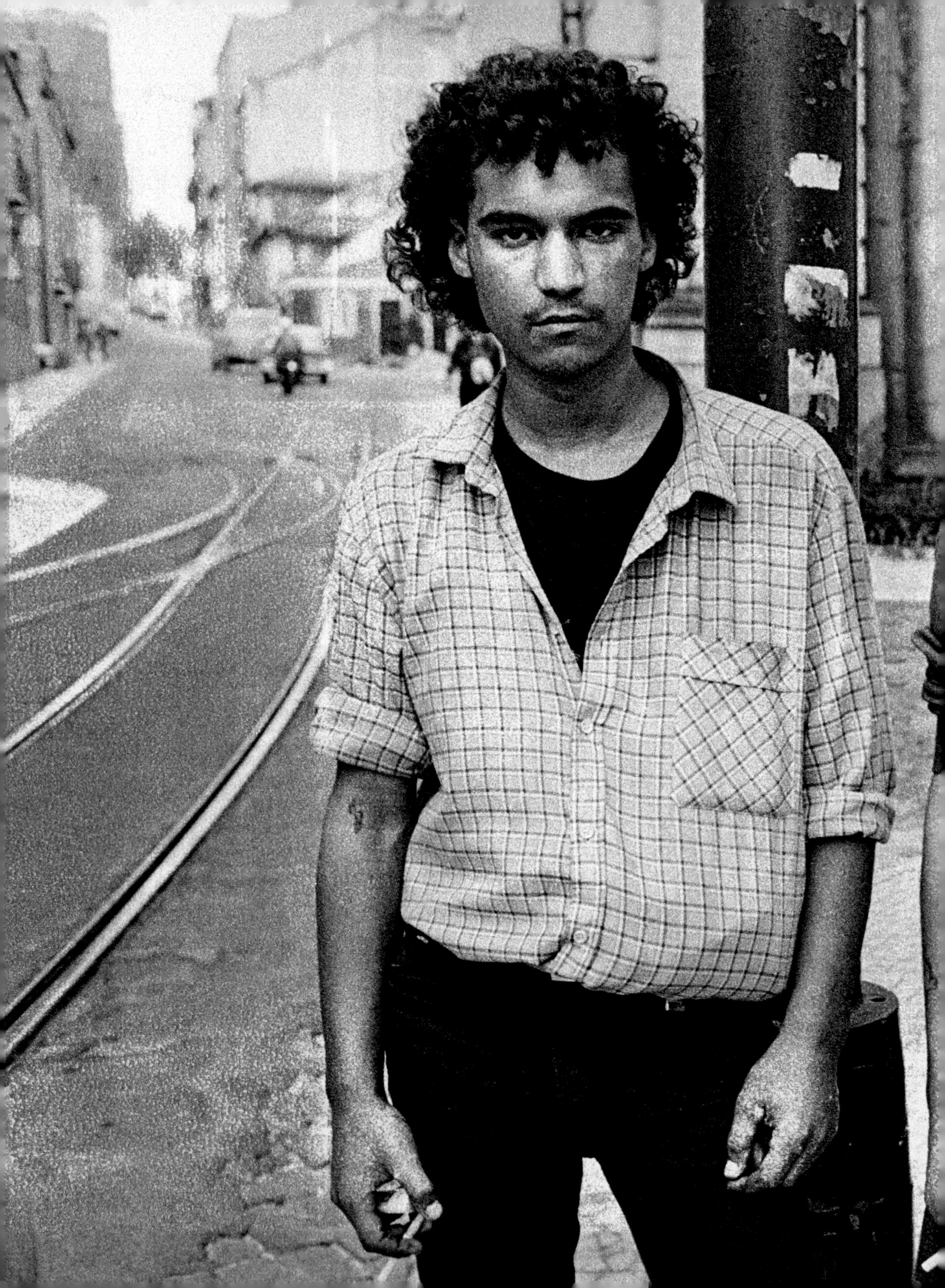

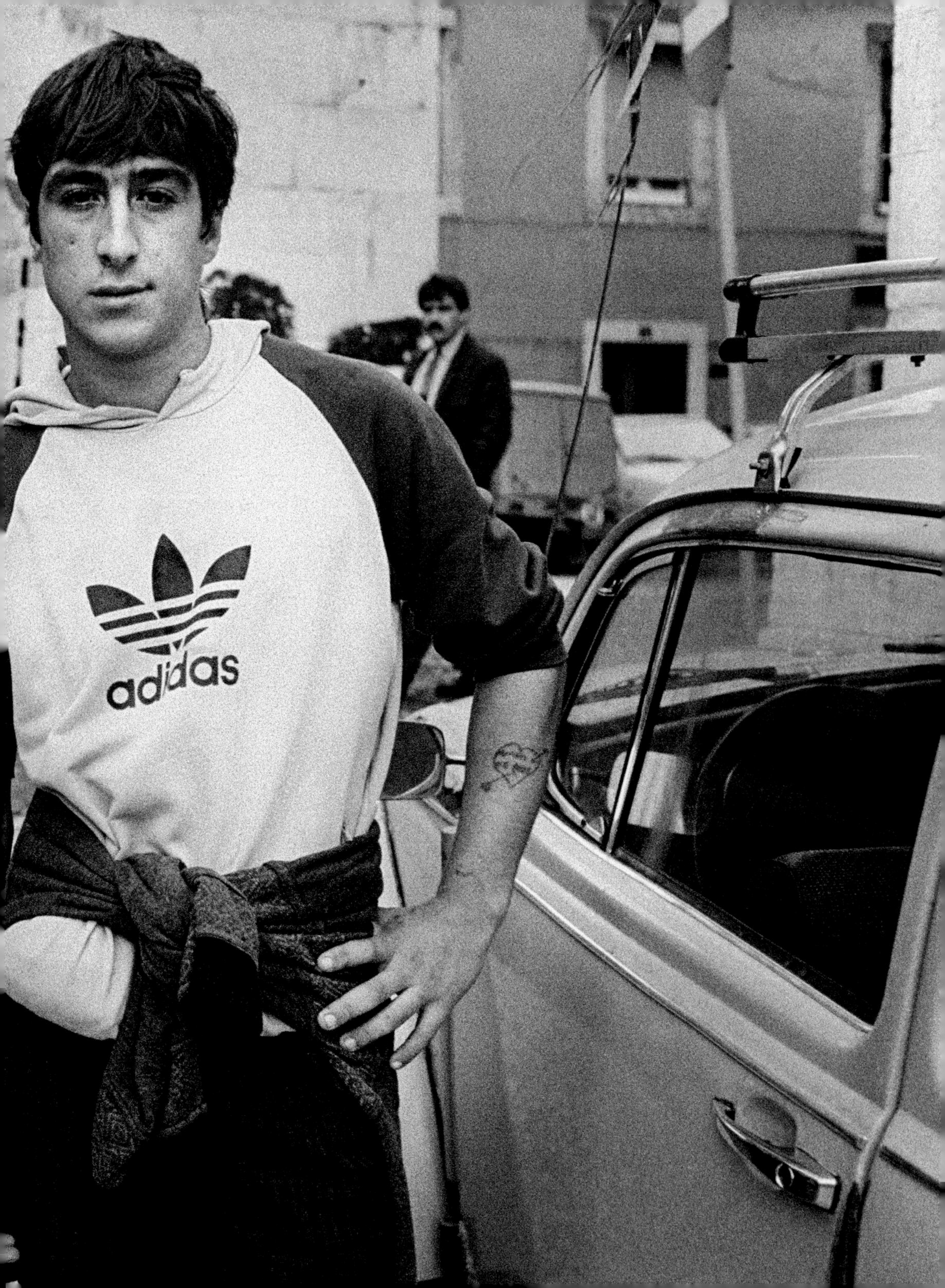
adidas

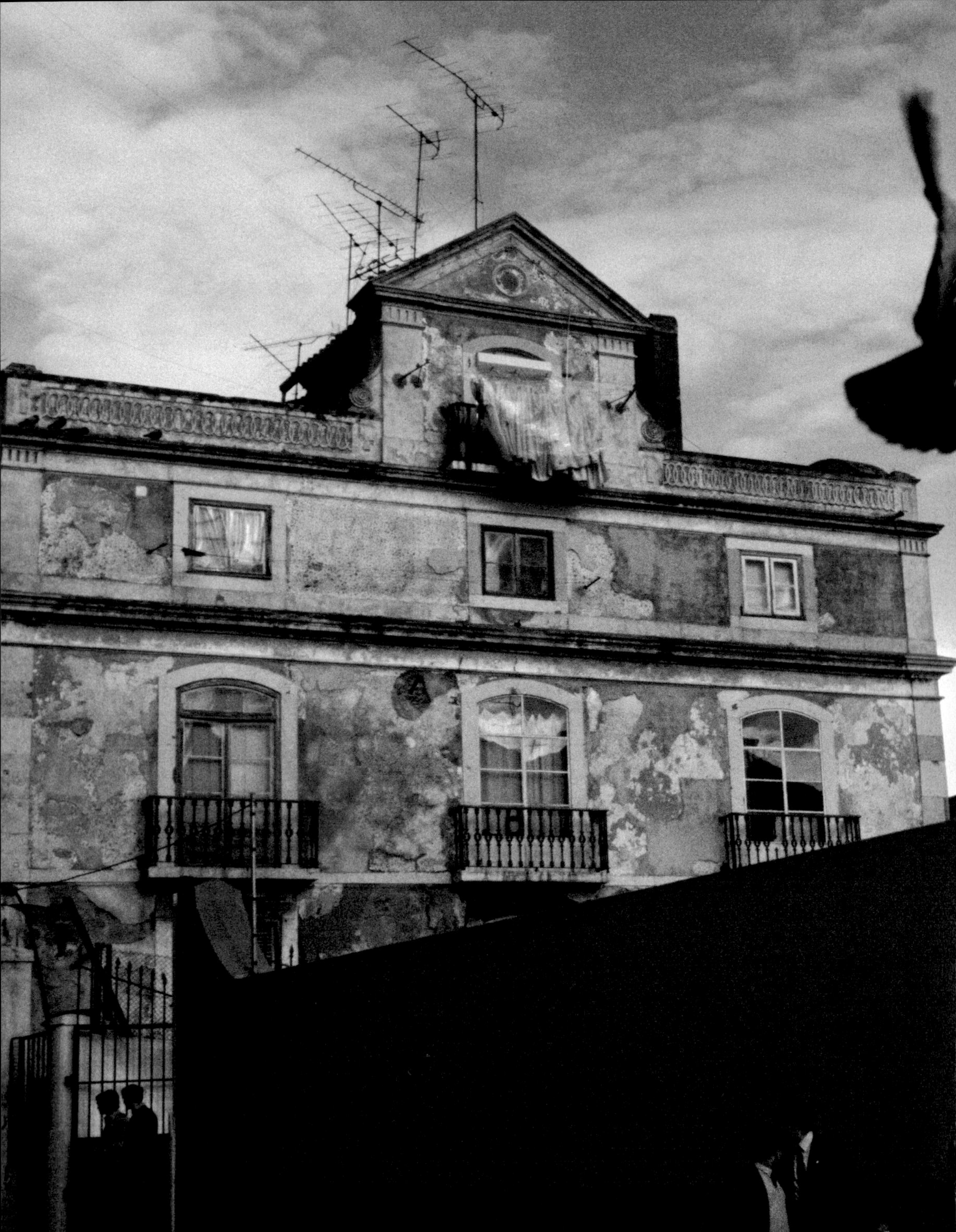

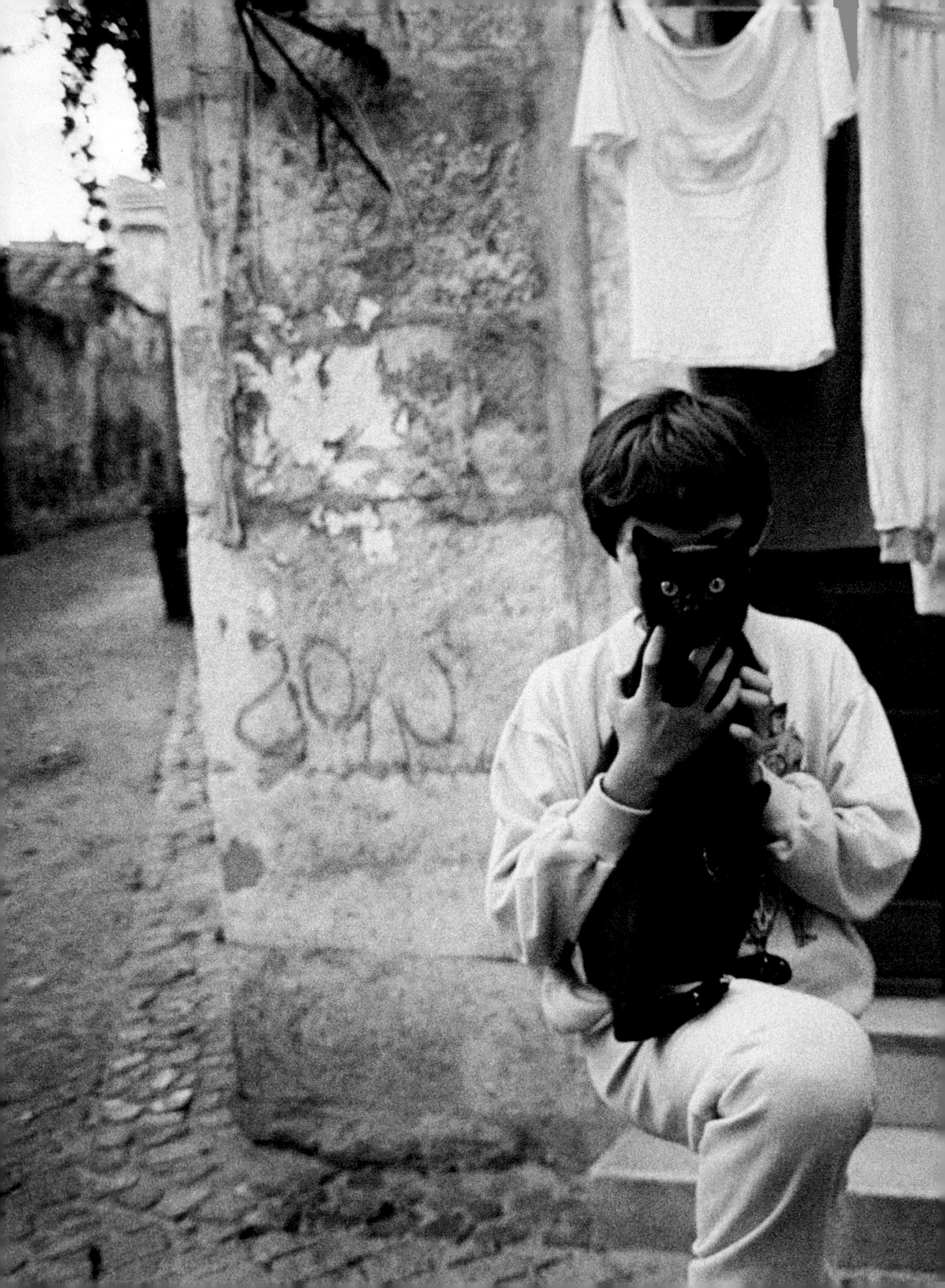

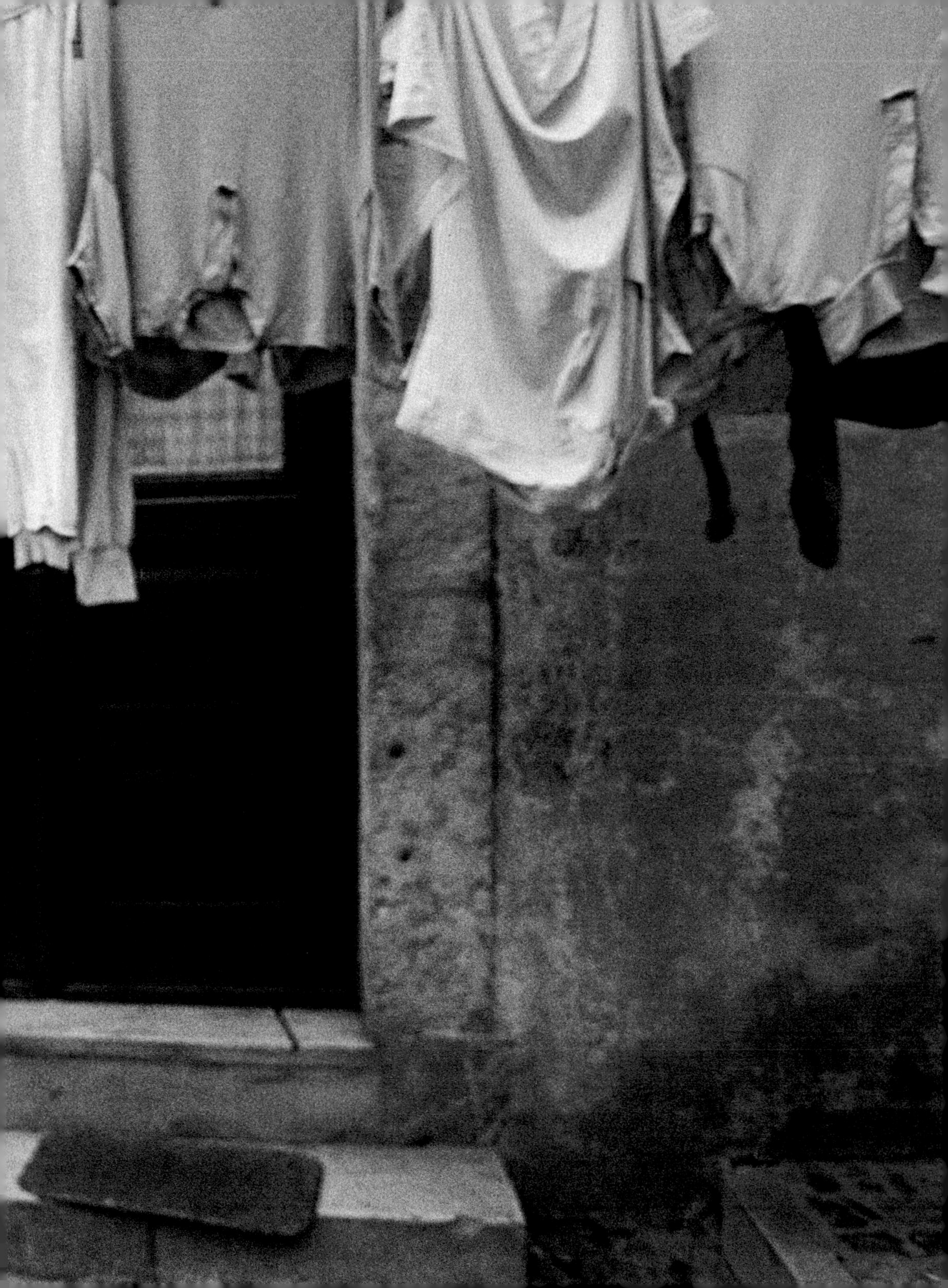

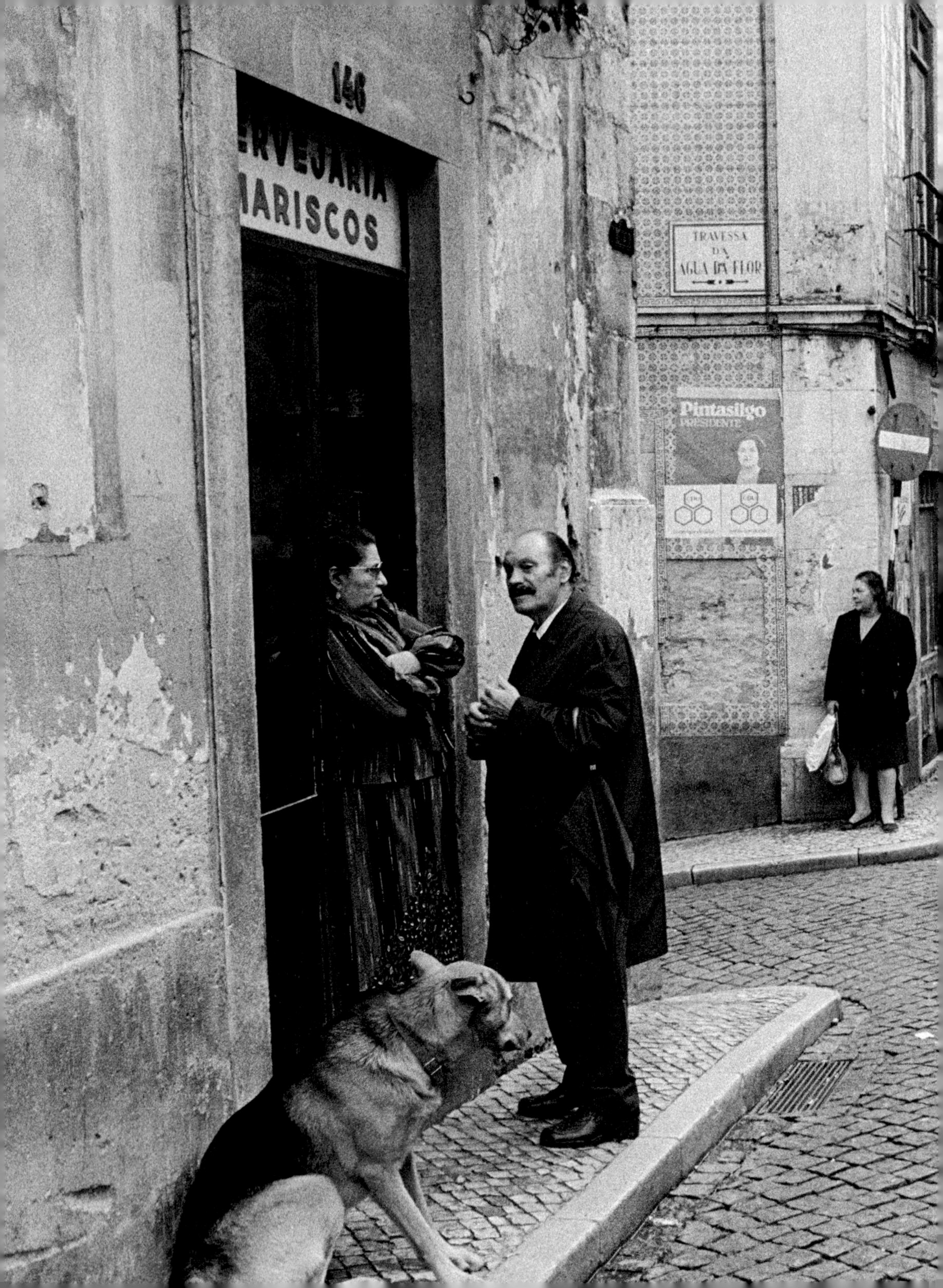
ERVEJARIA
MARISCOS
TRAVESSA
DA
AGUA DA FLOR
Pintasilgo
PRESIDENTE

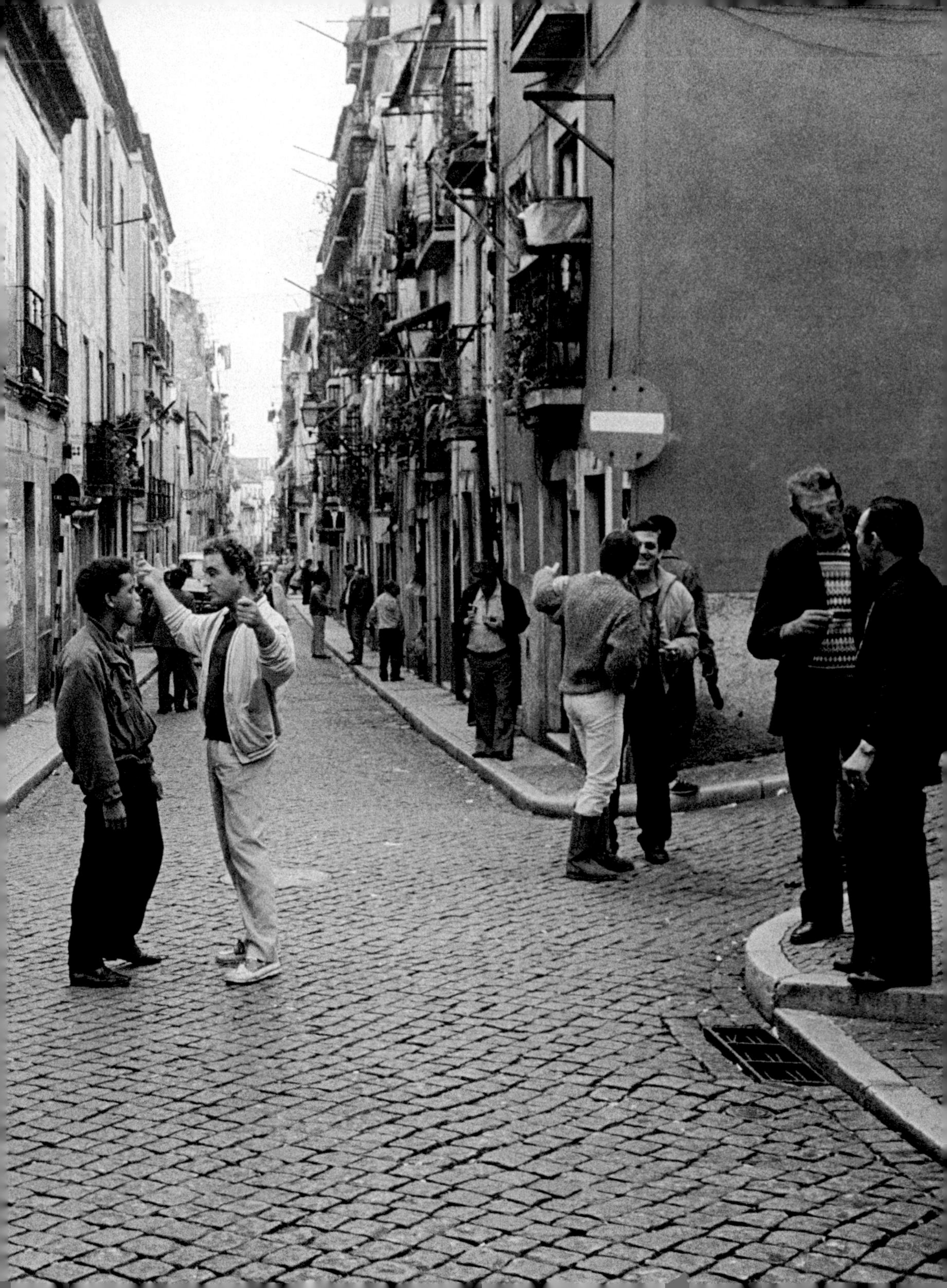

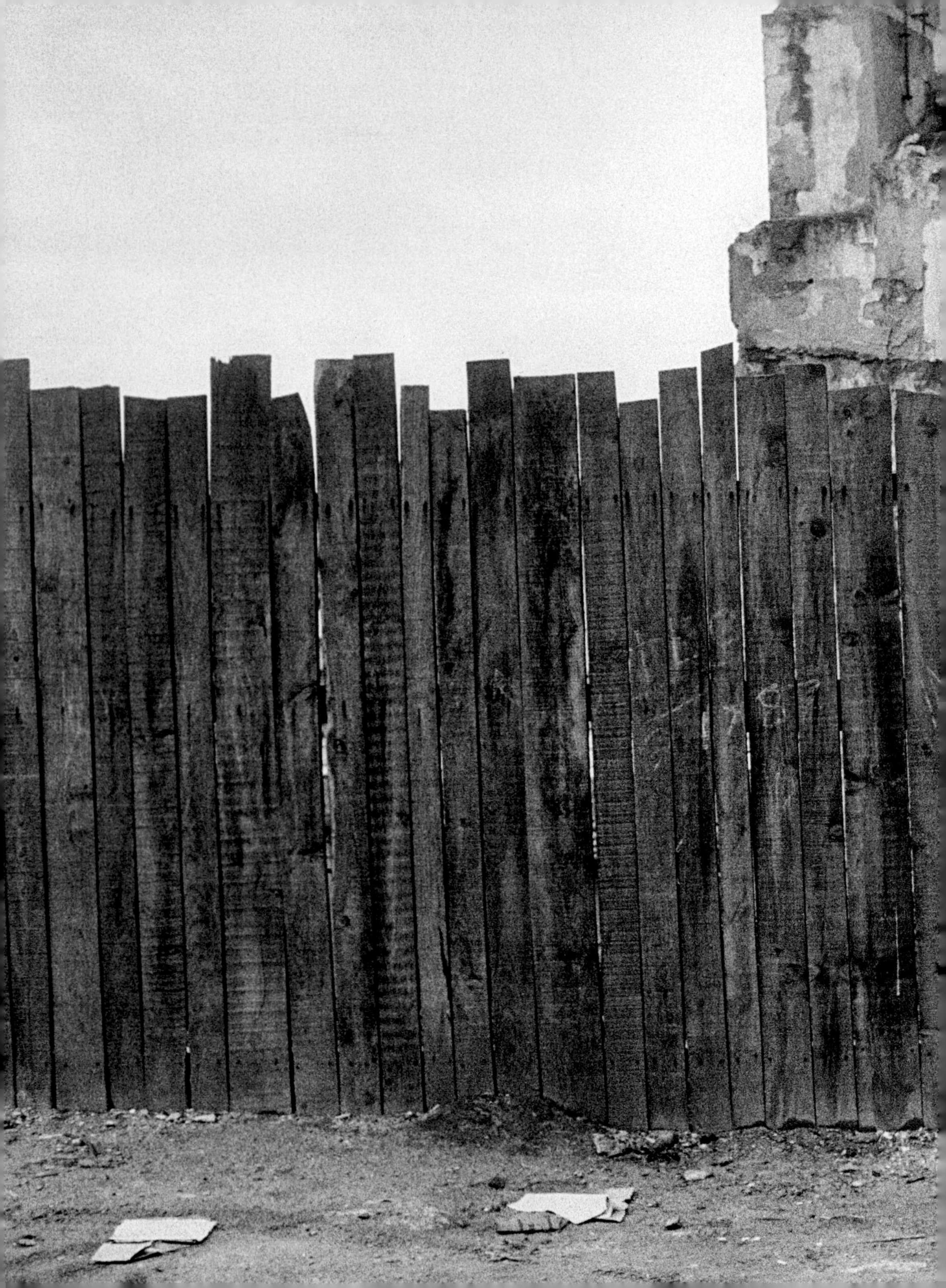

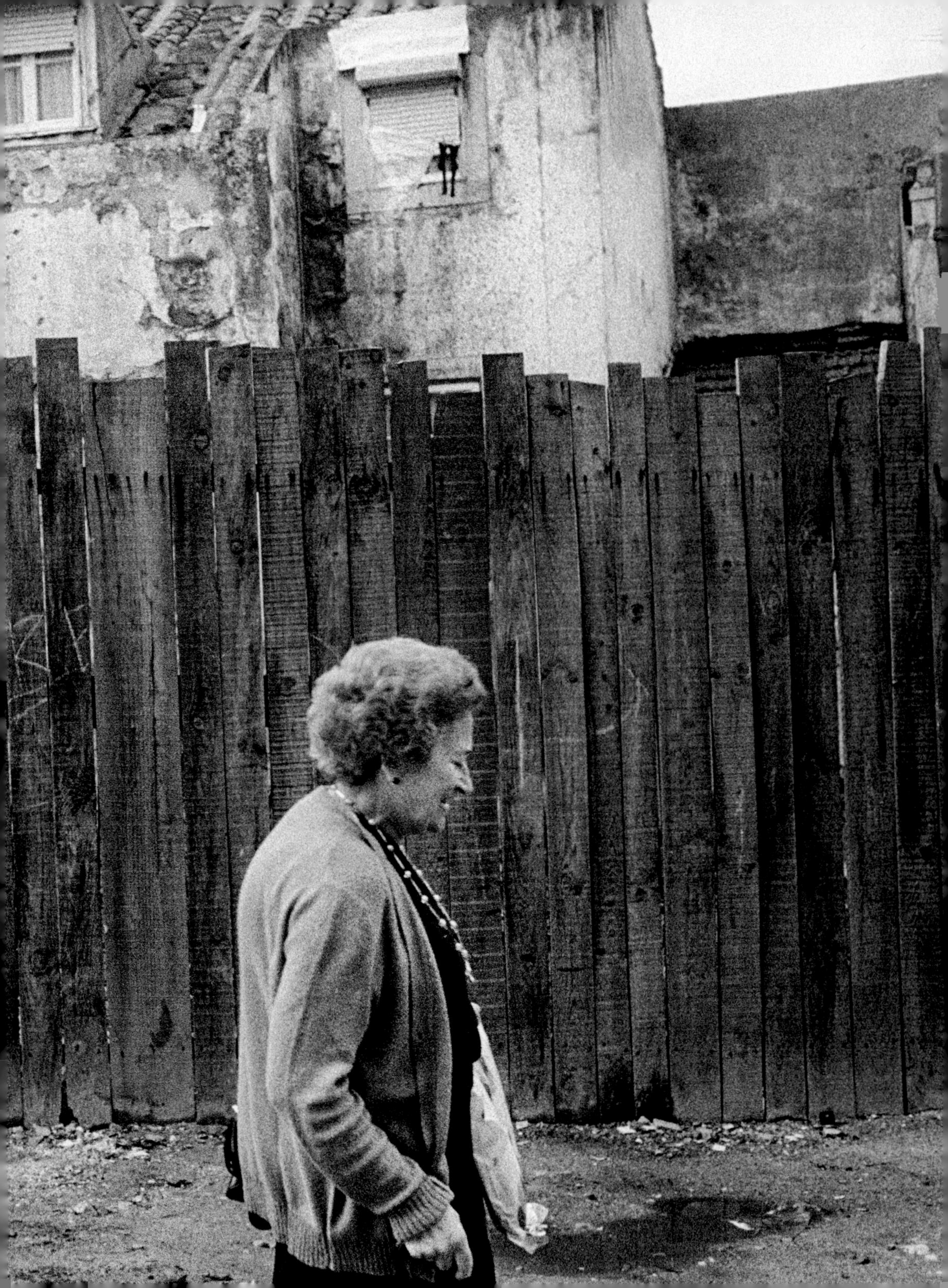

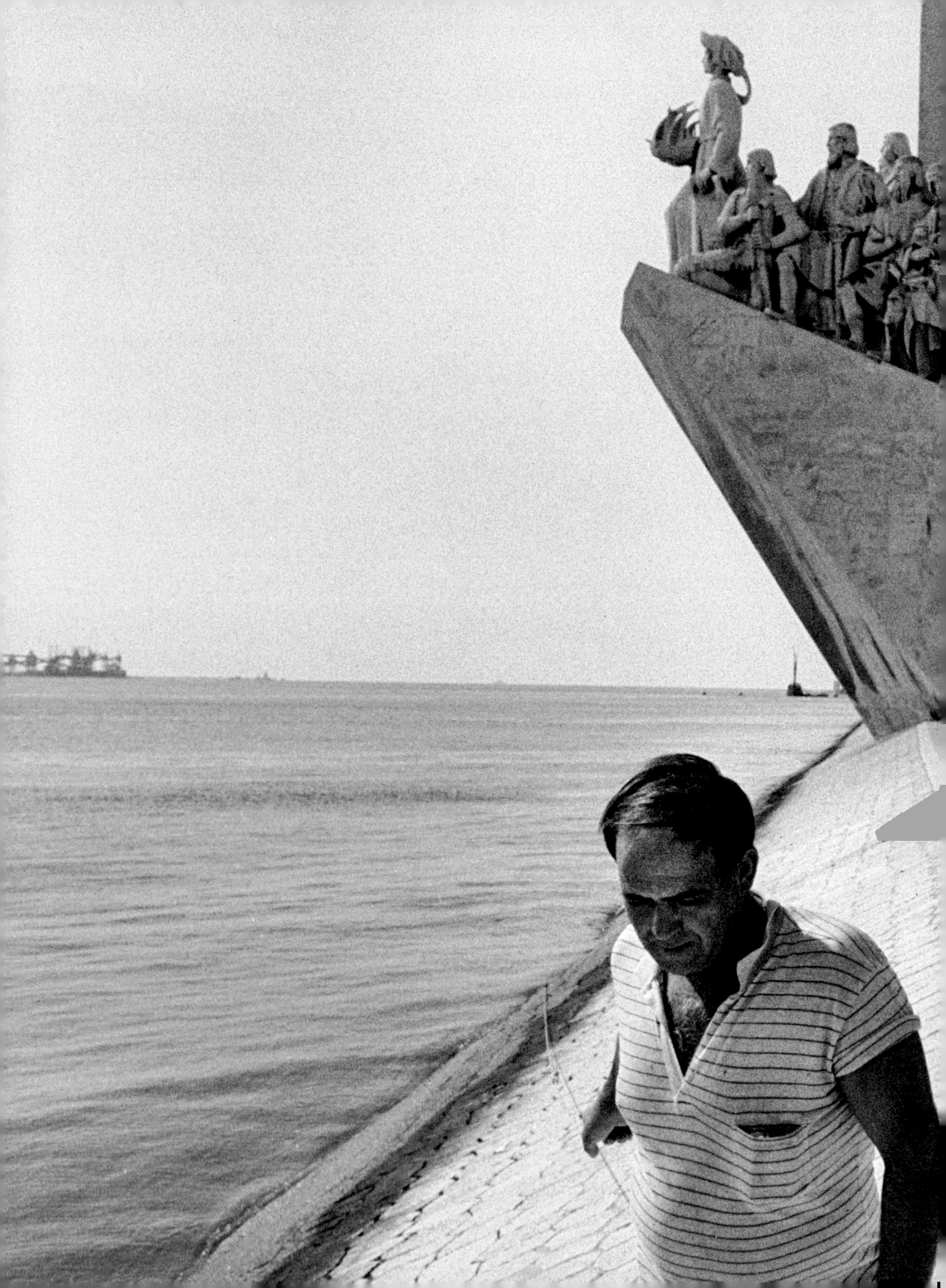

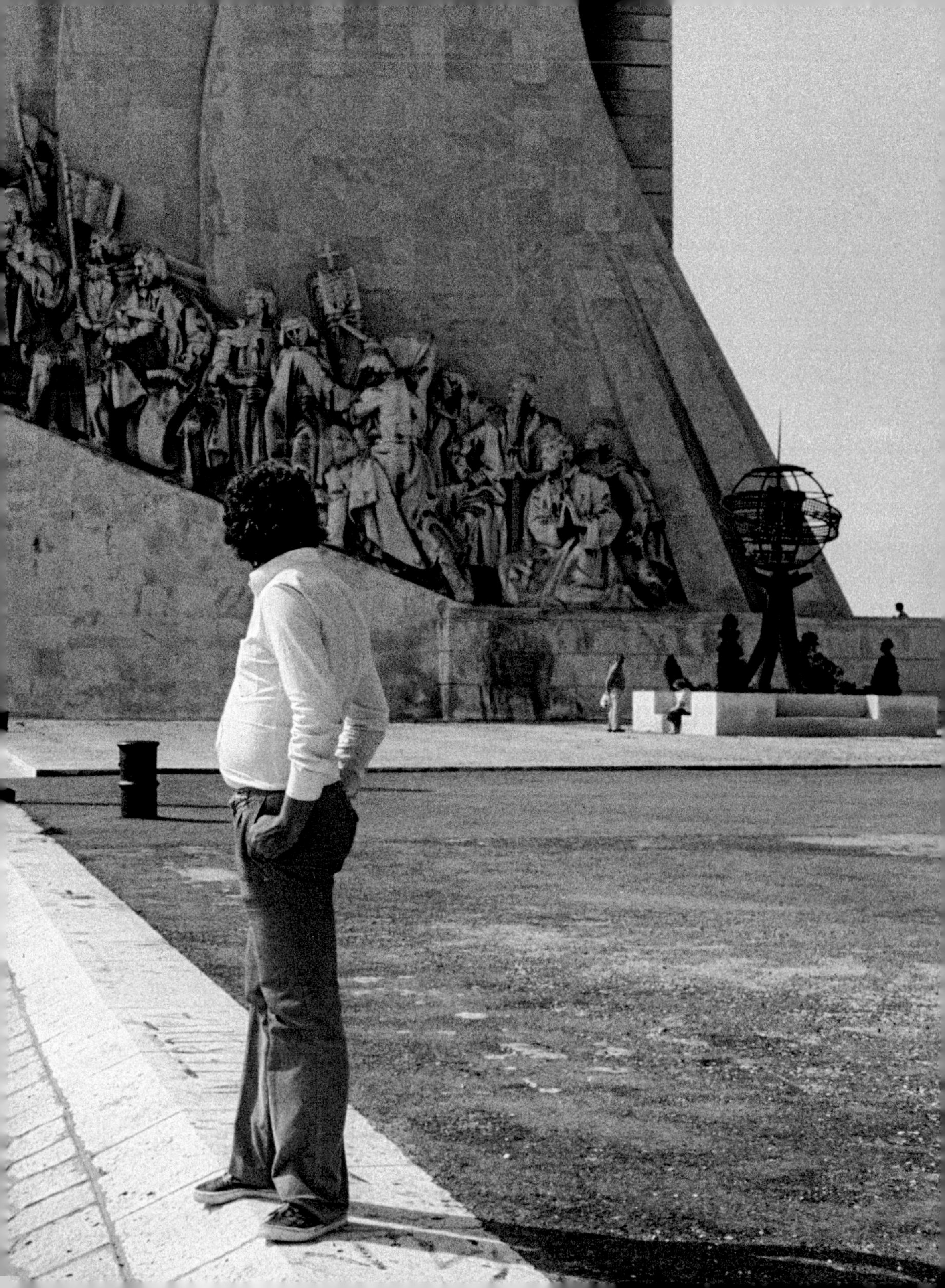

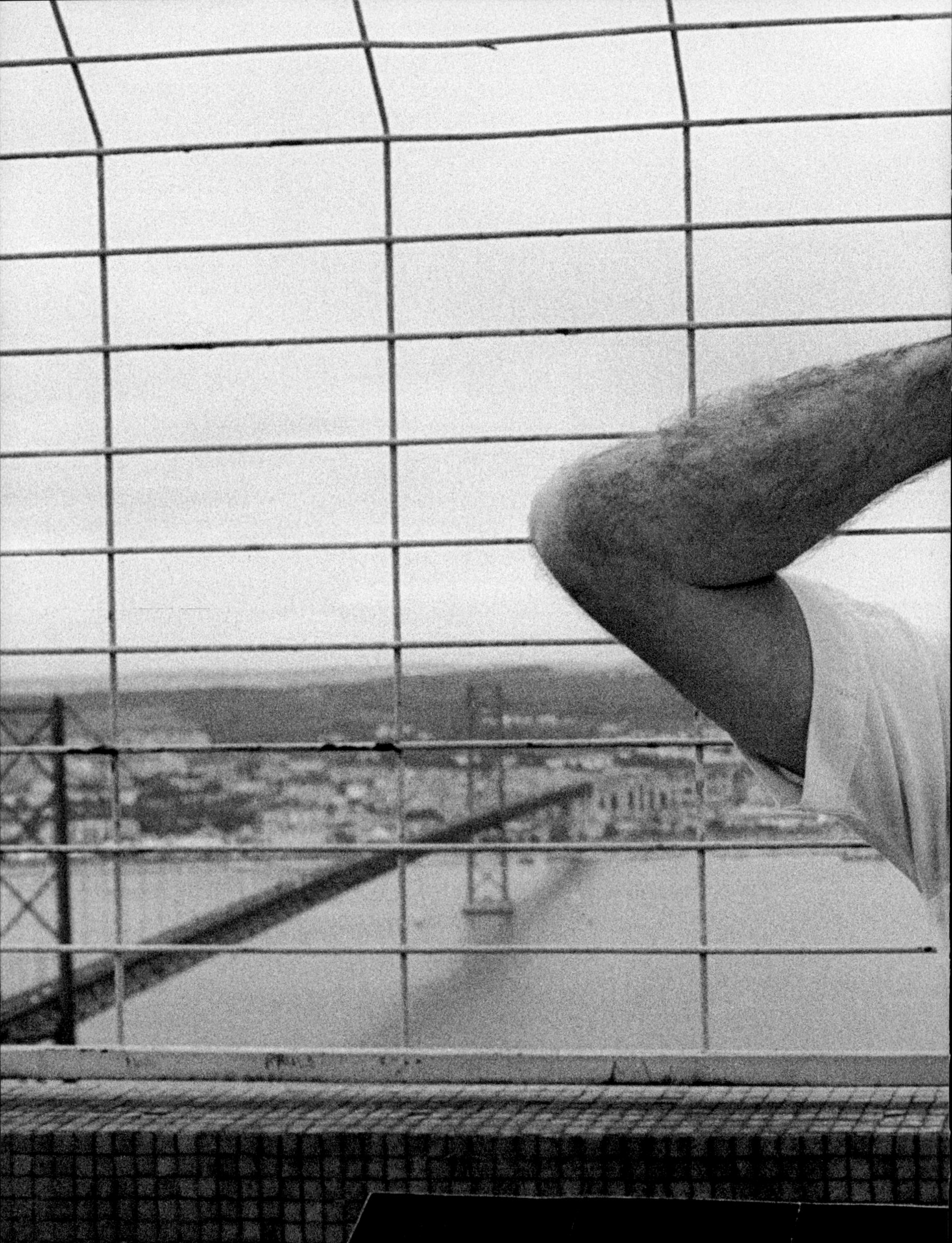

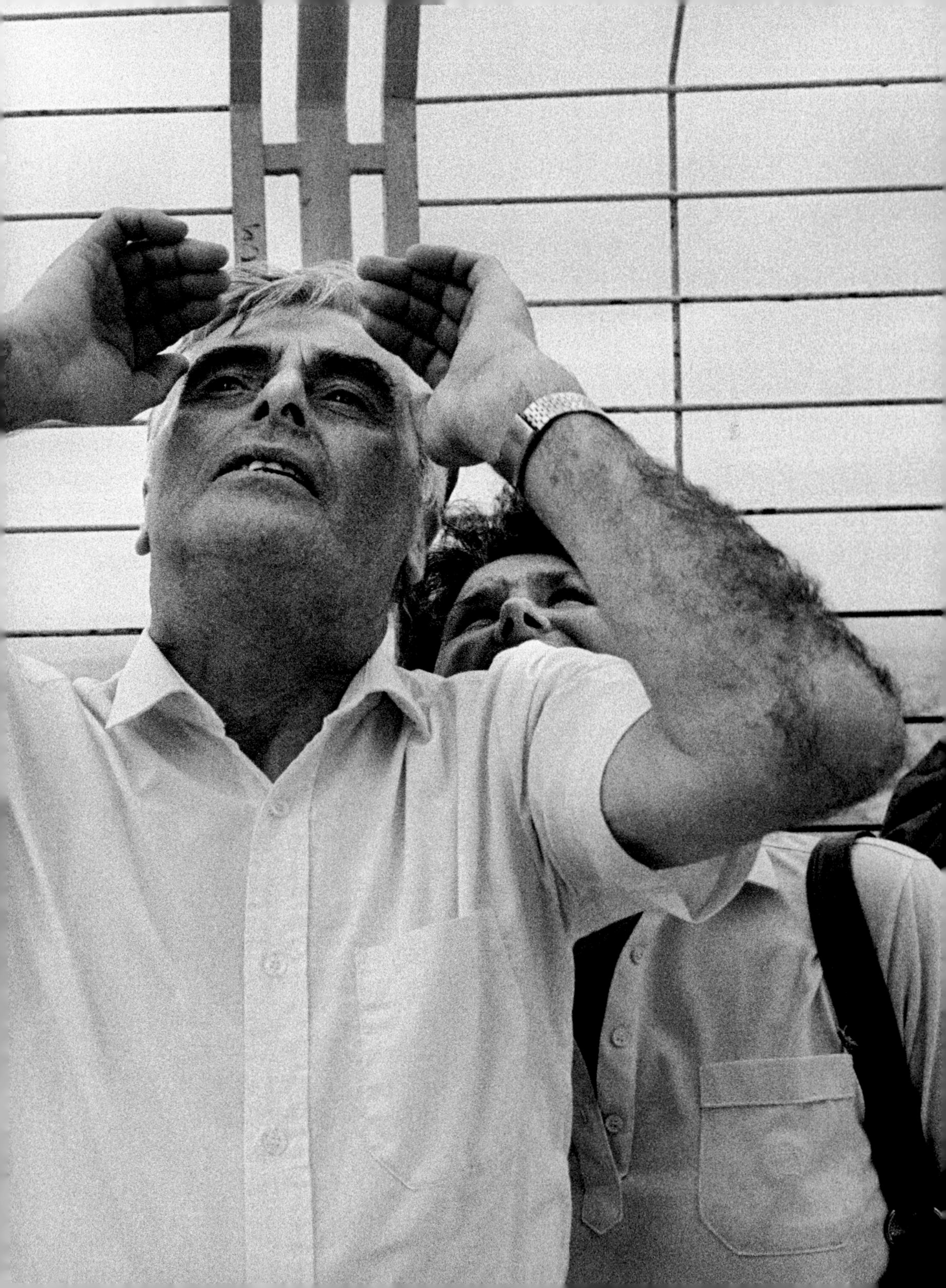

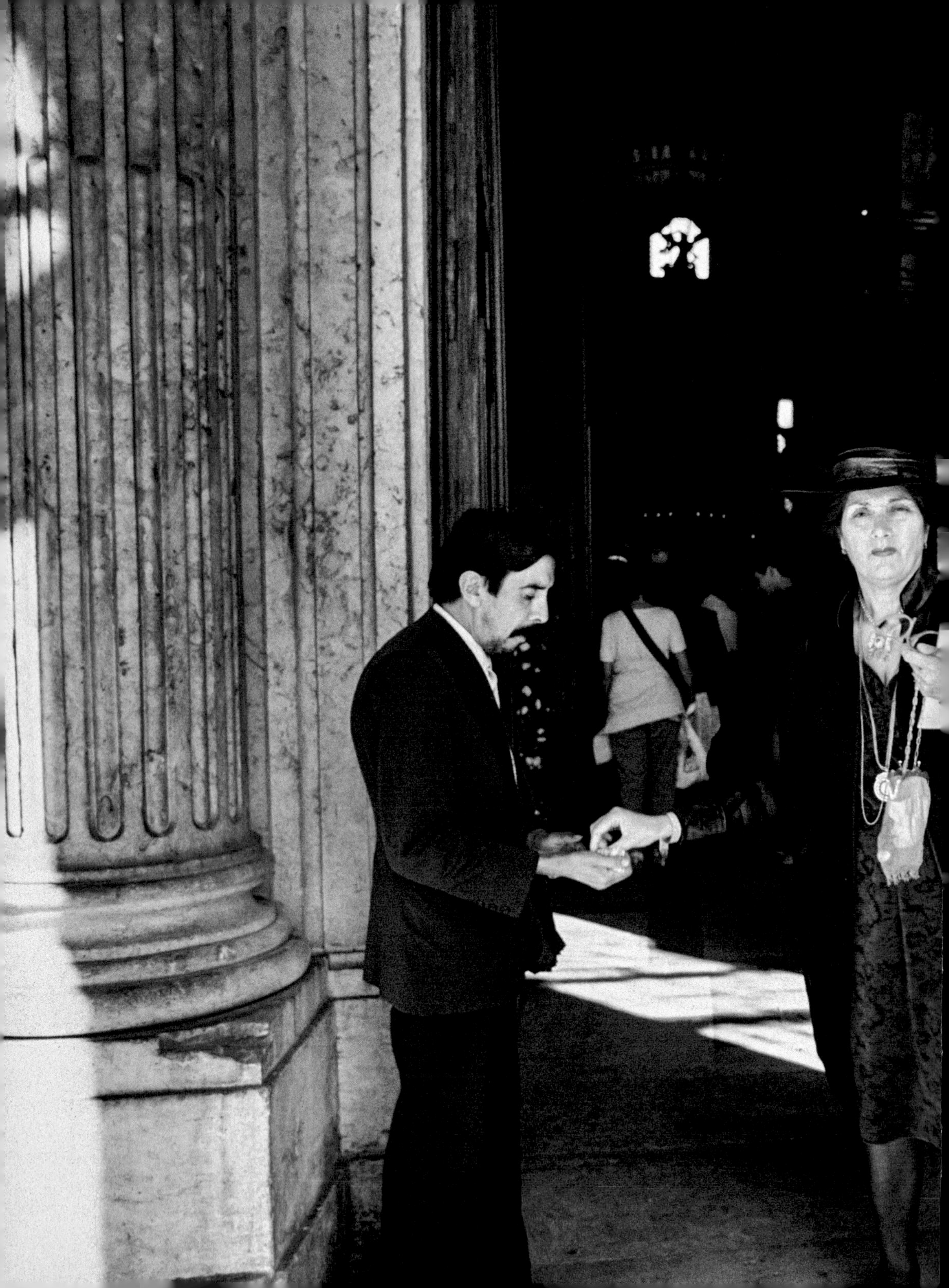

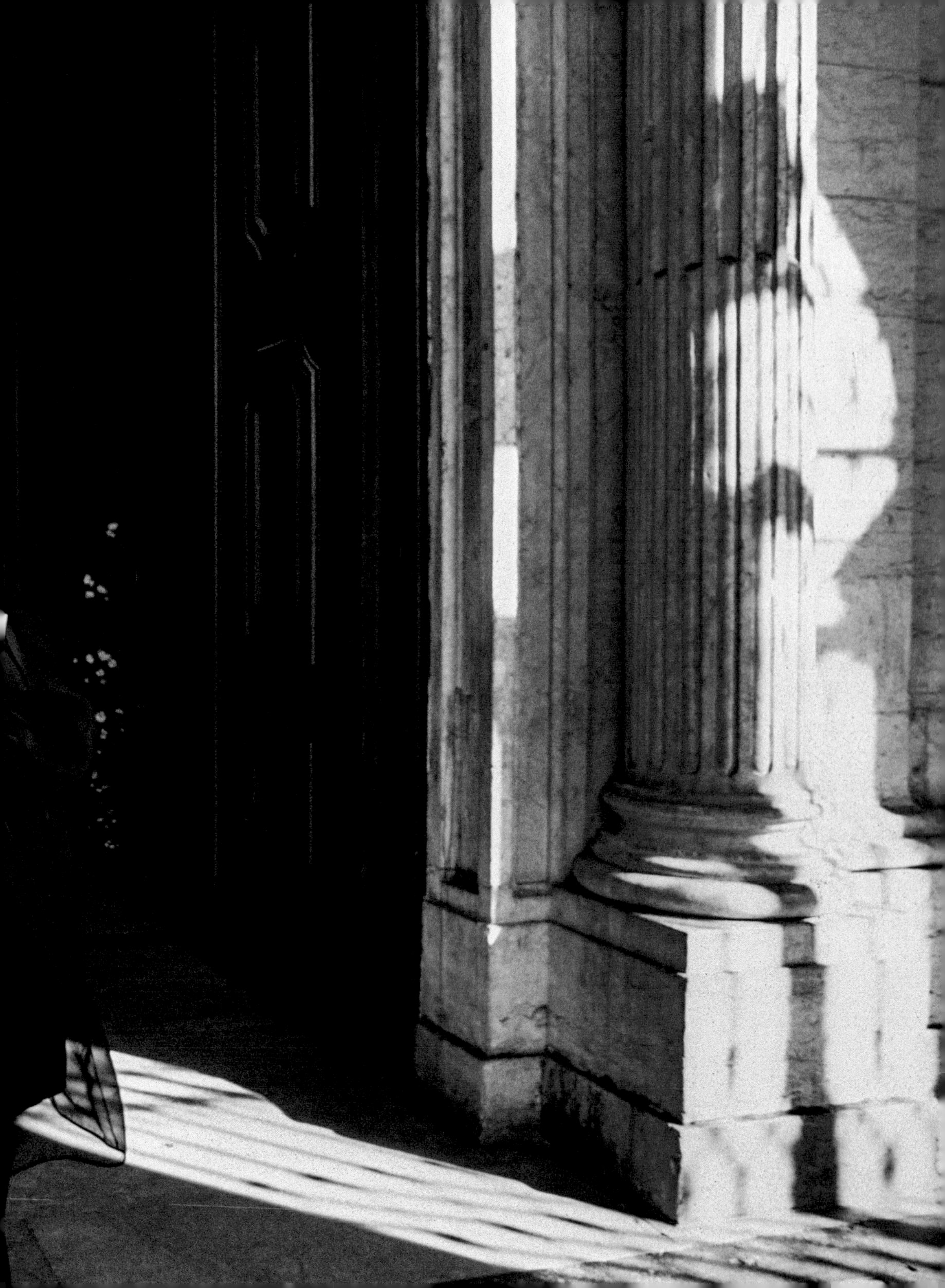

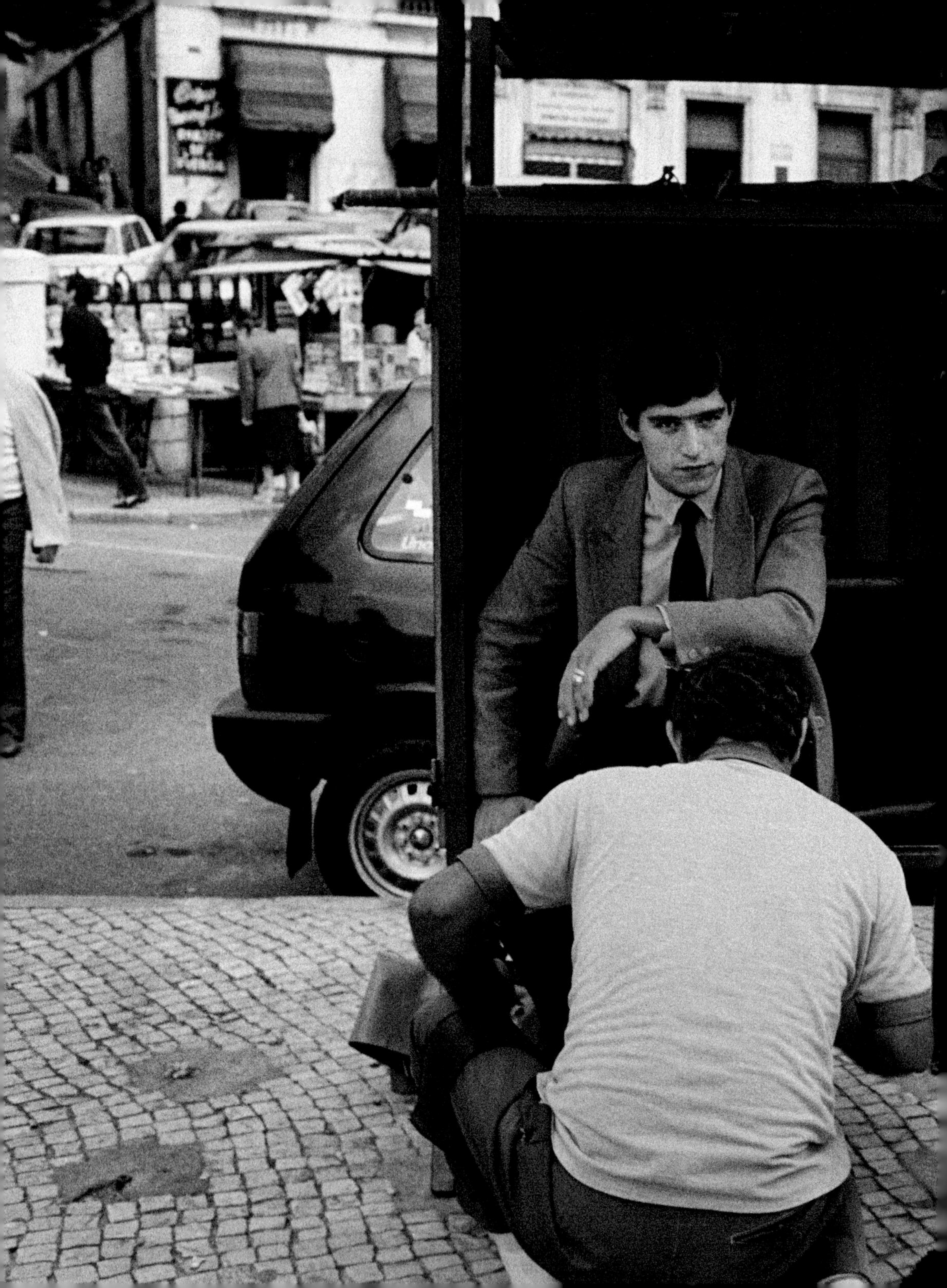

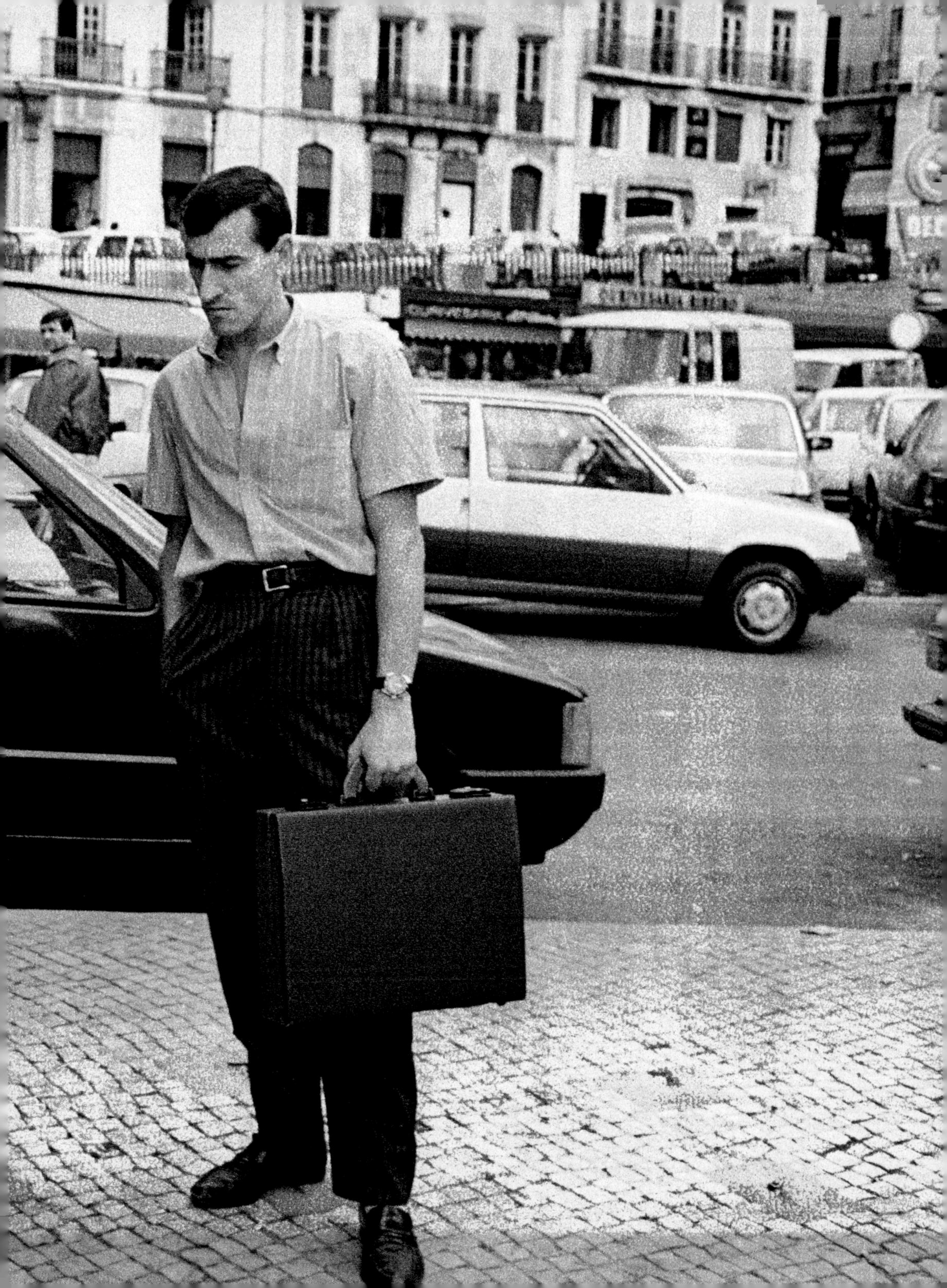

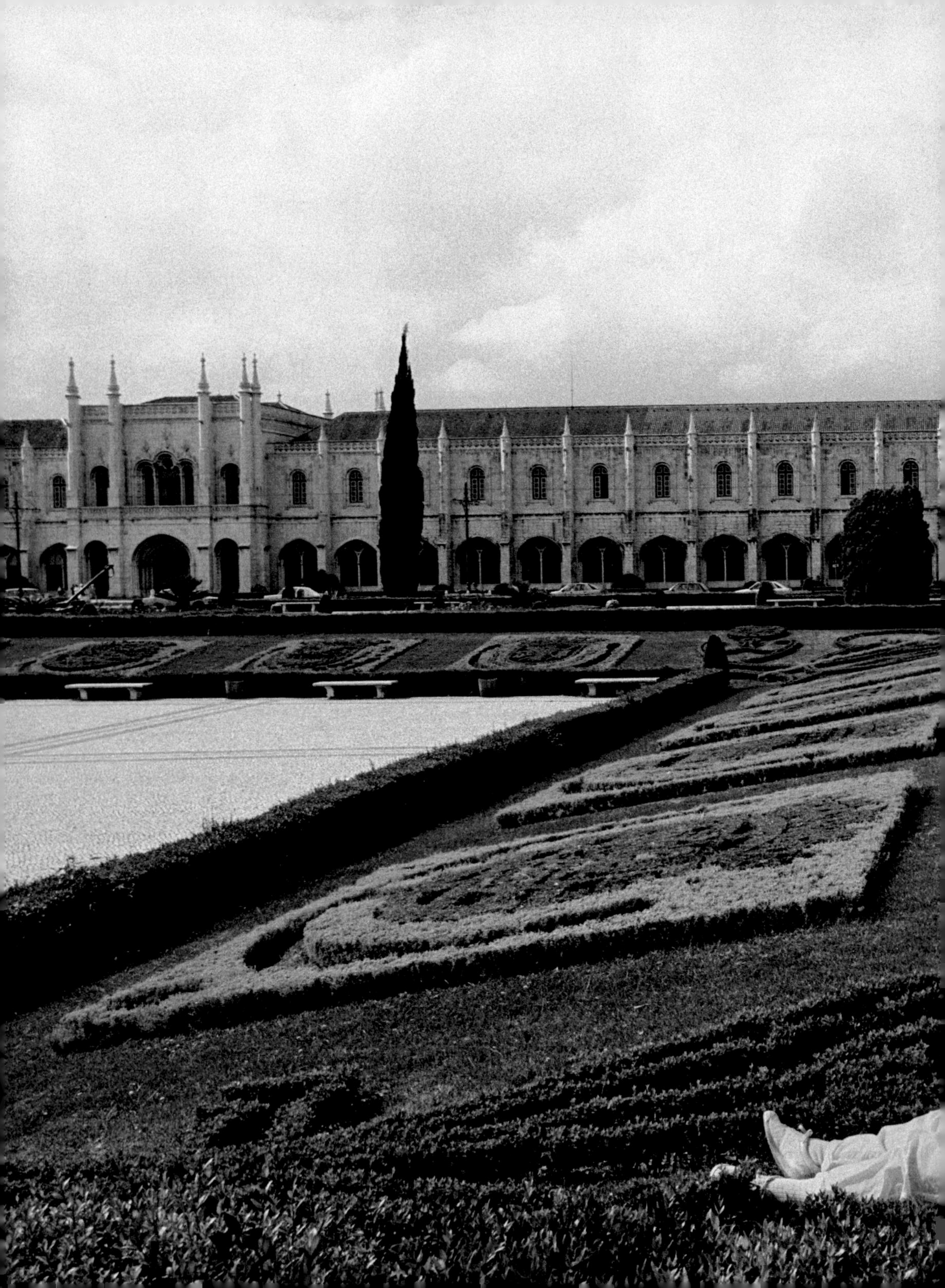

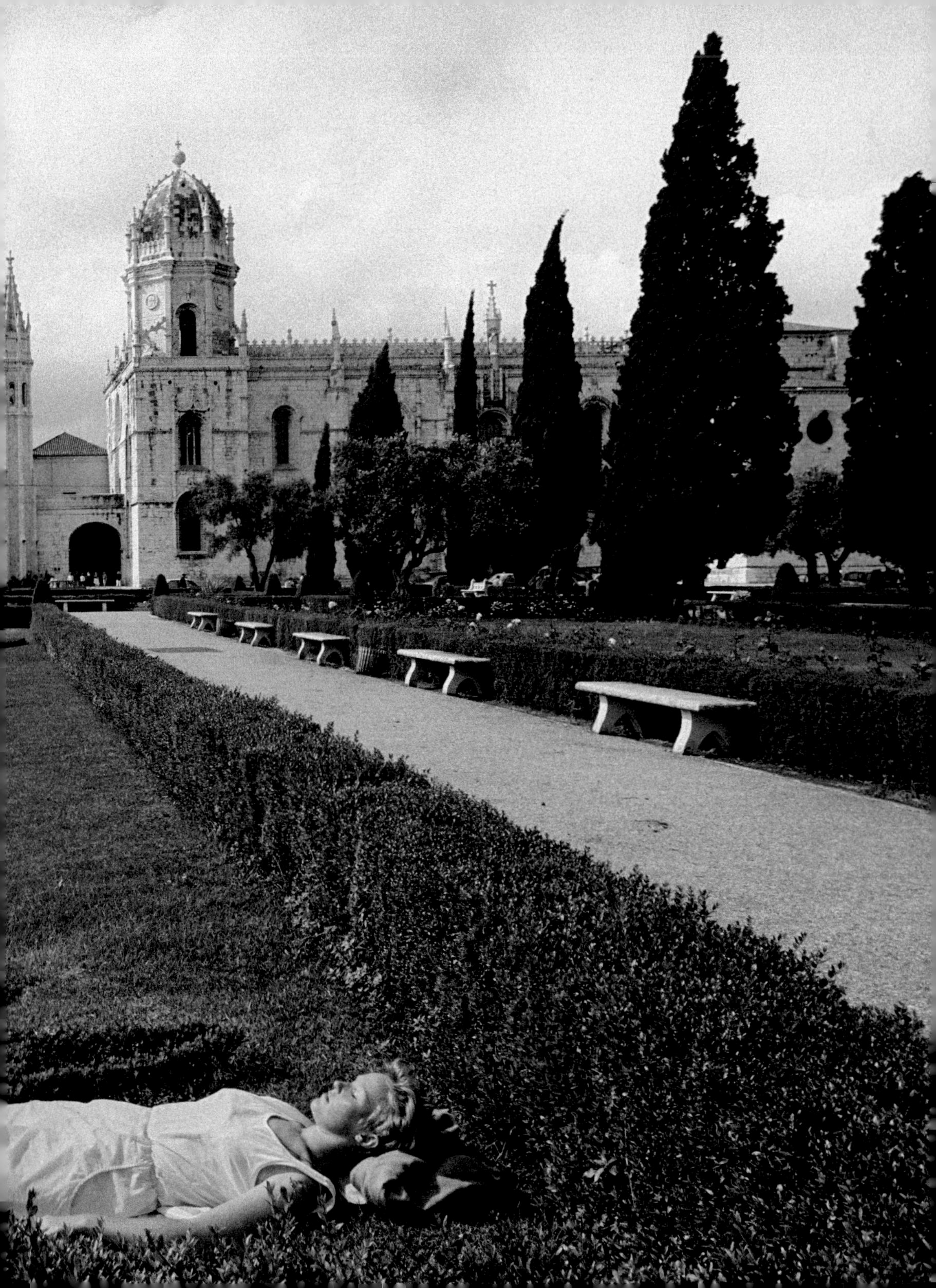

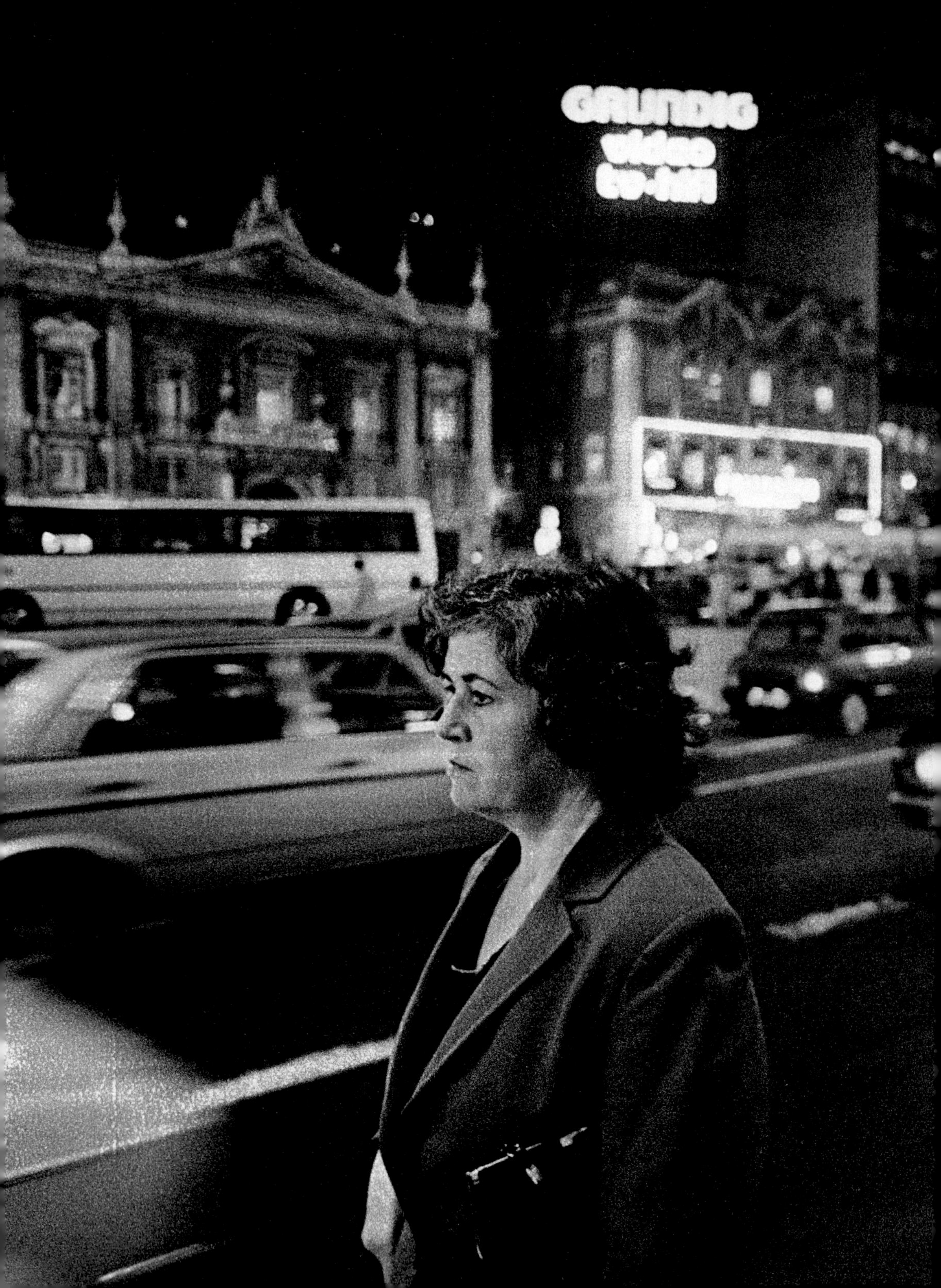
GRUNDIG
video
tv-hifi

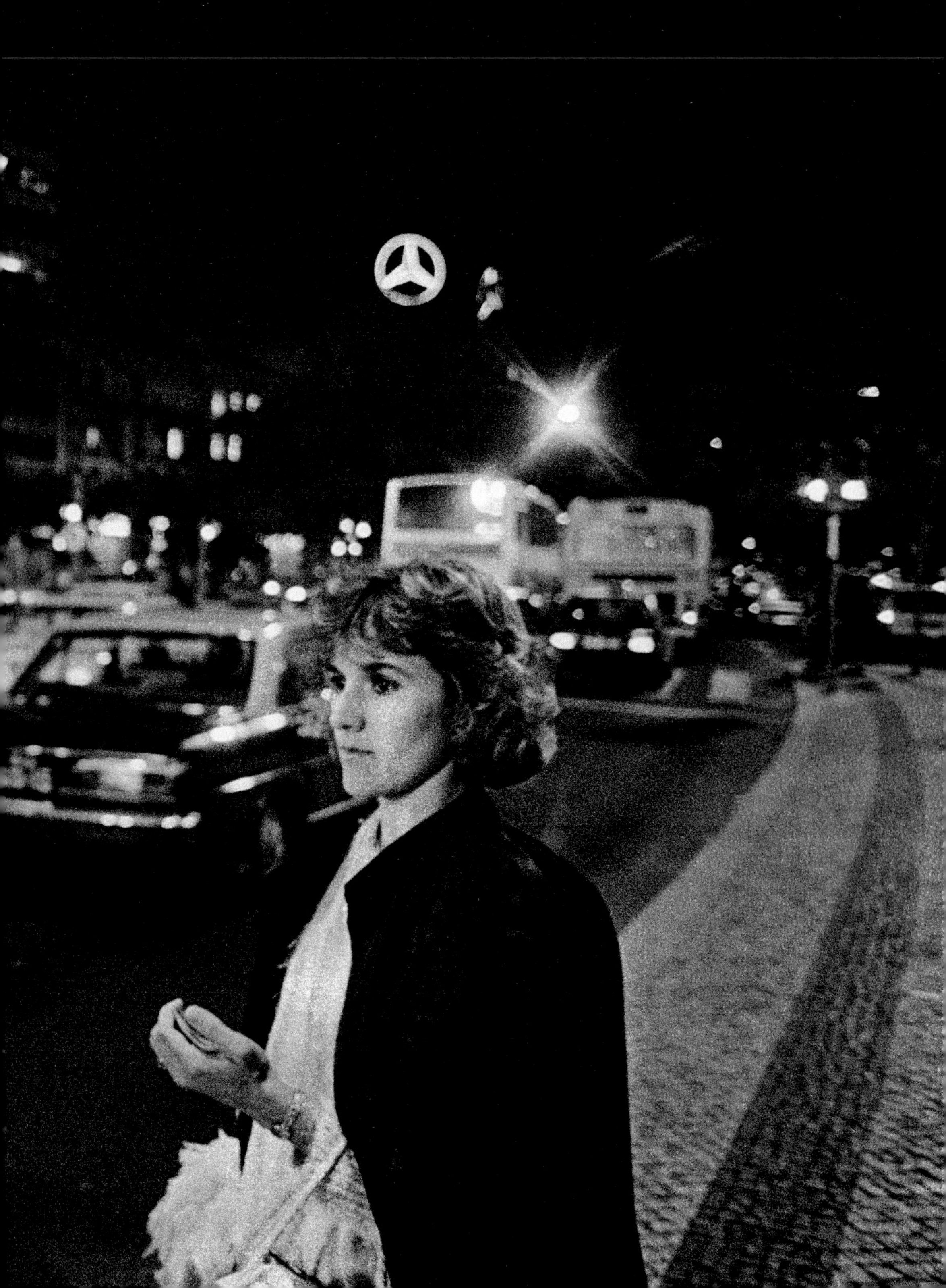

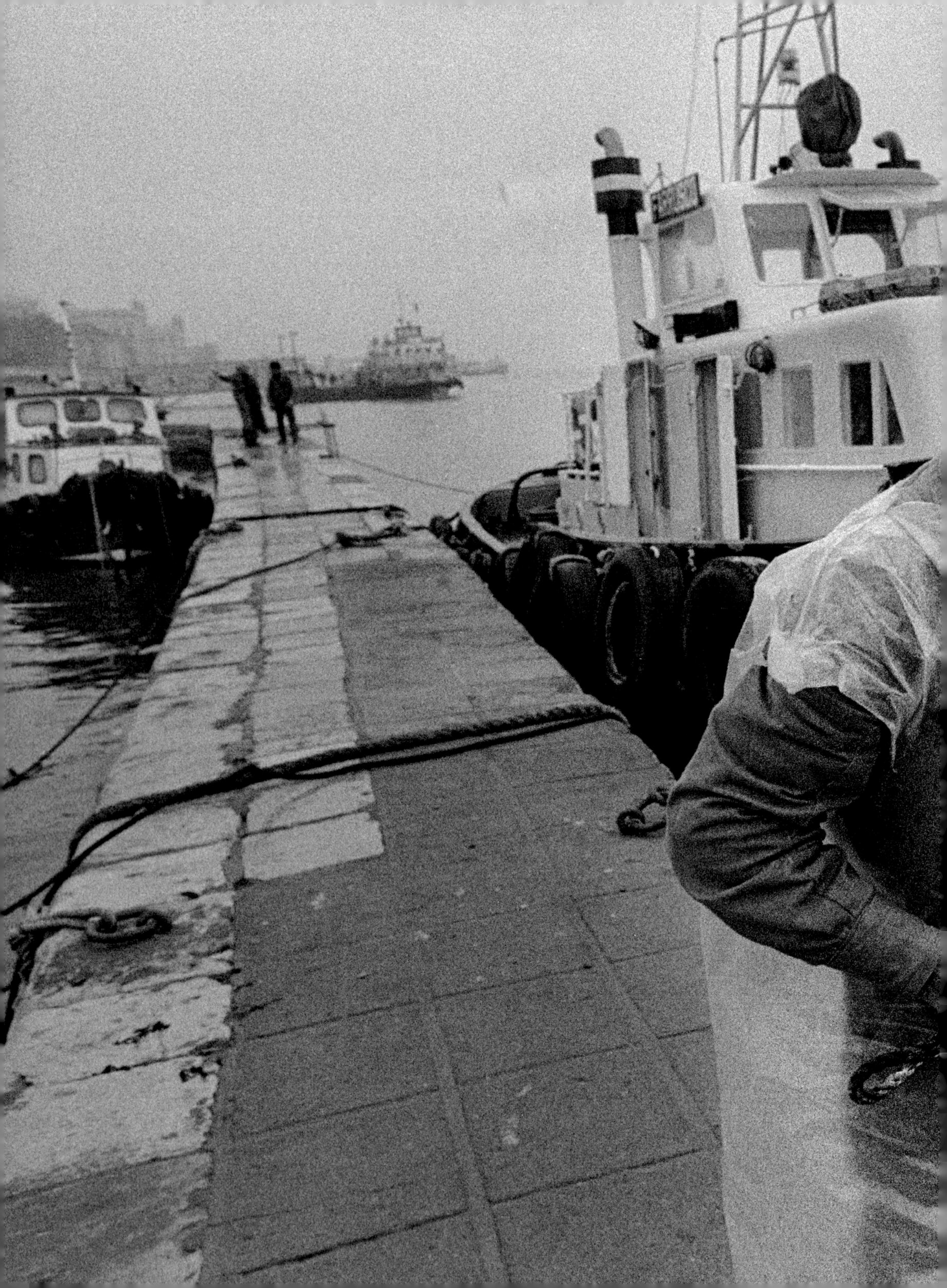

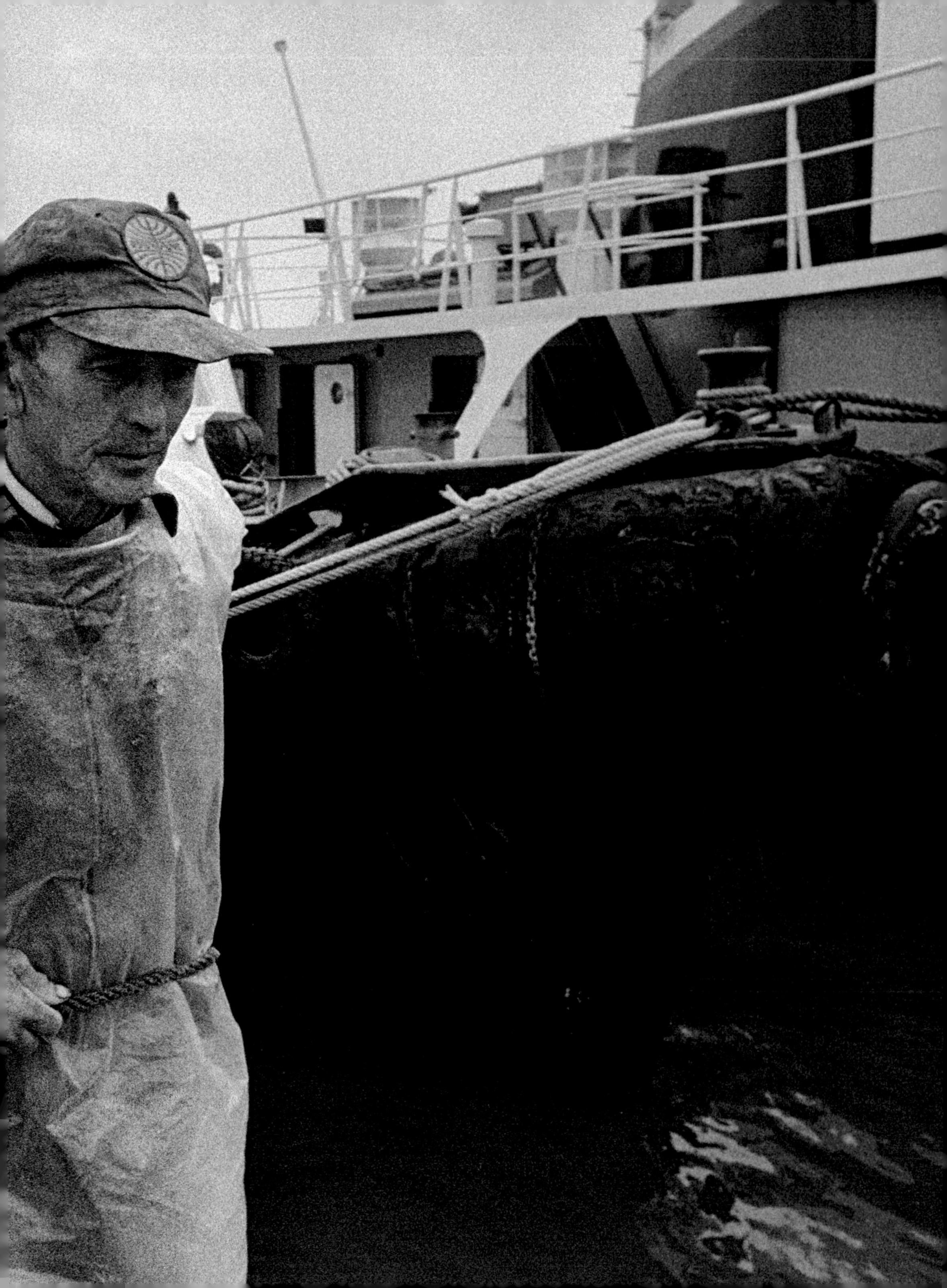

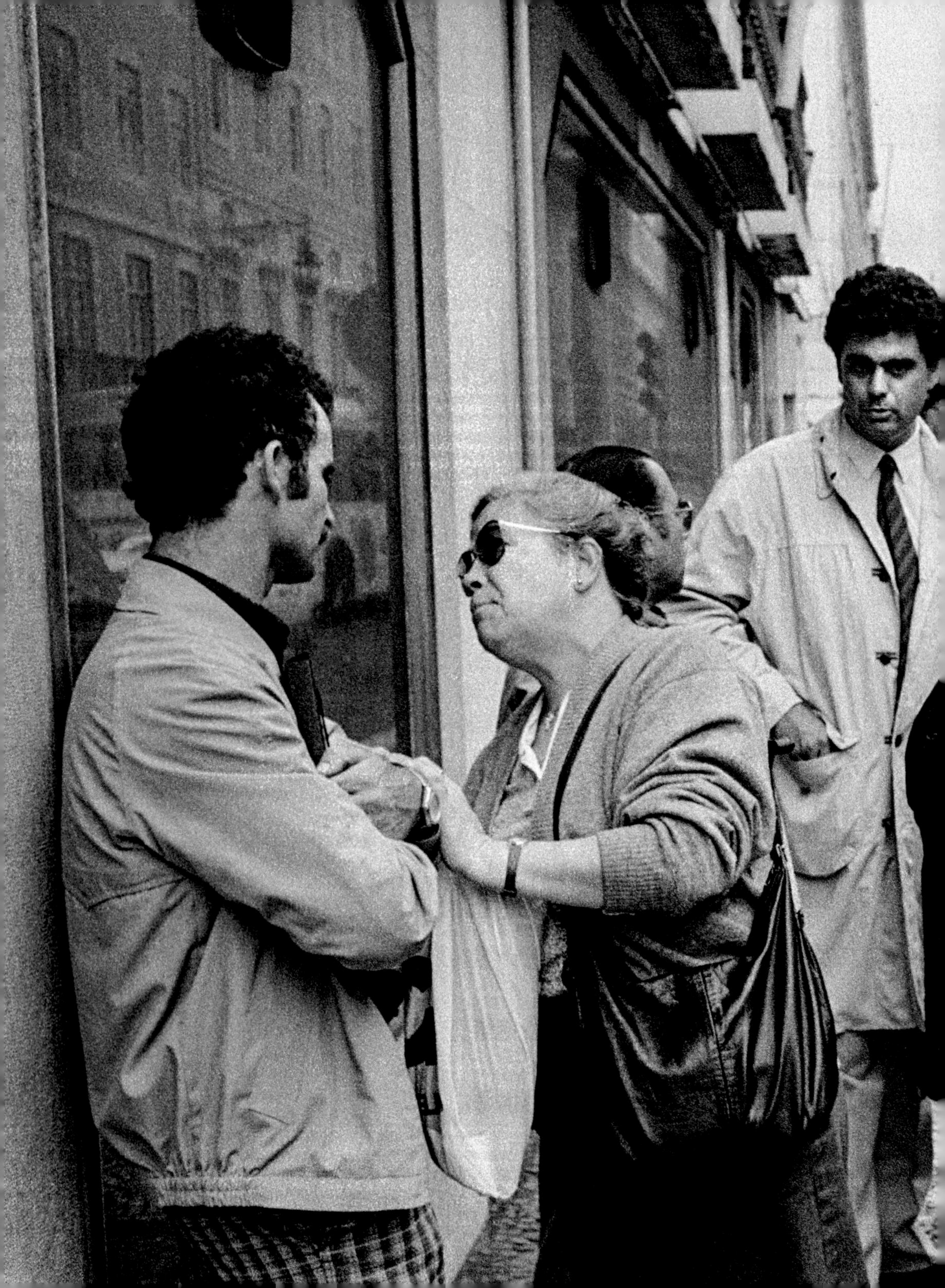

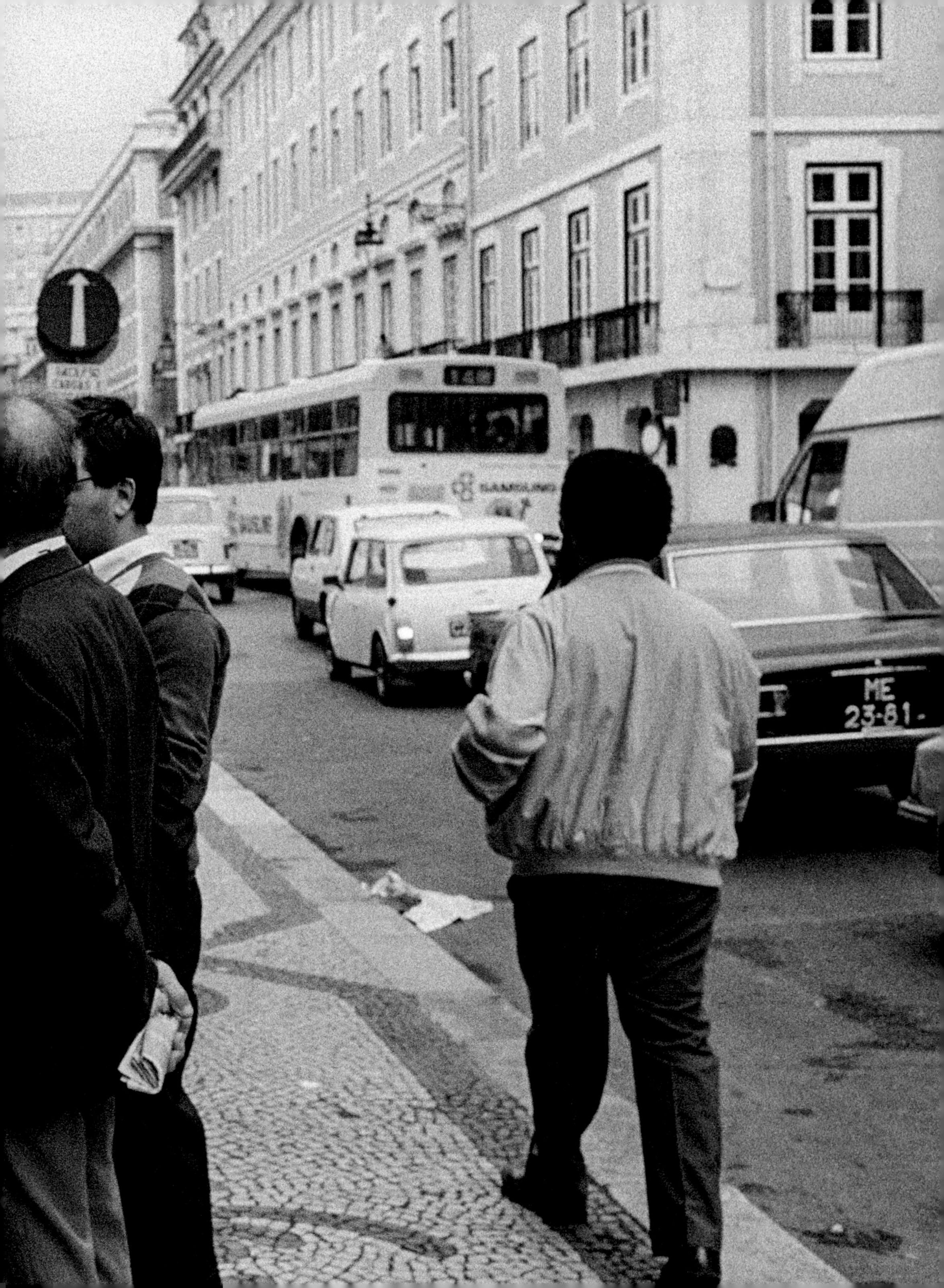
ME
23-81-

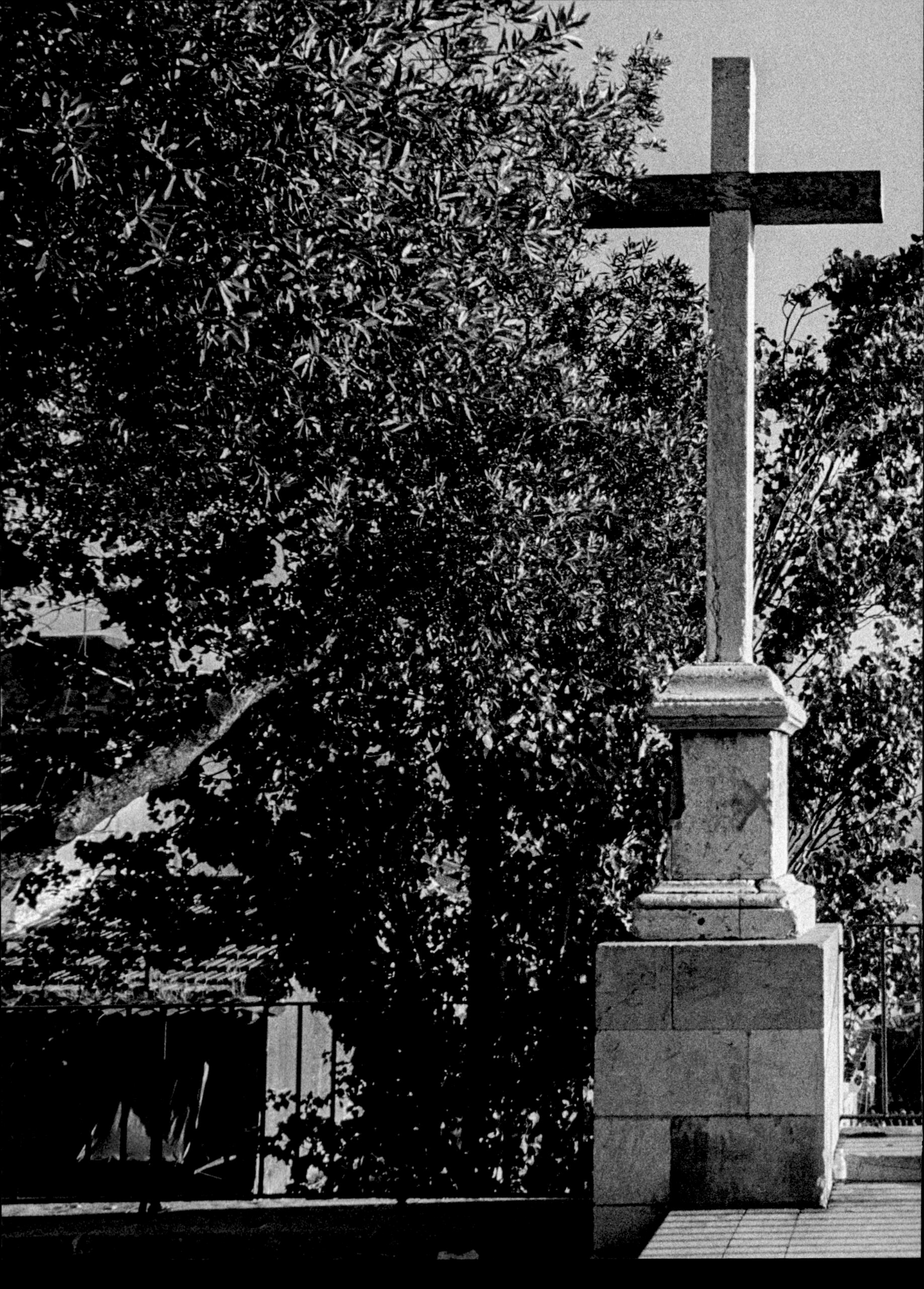

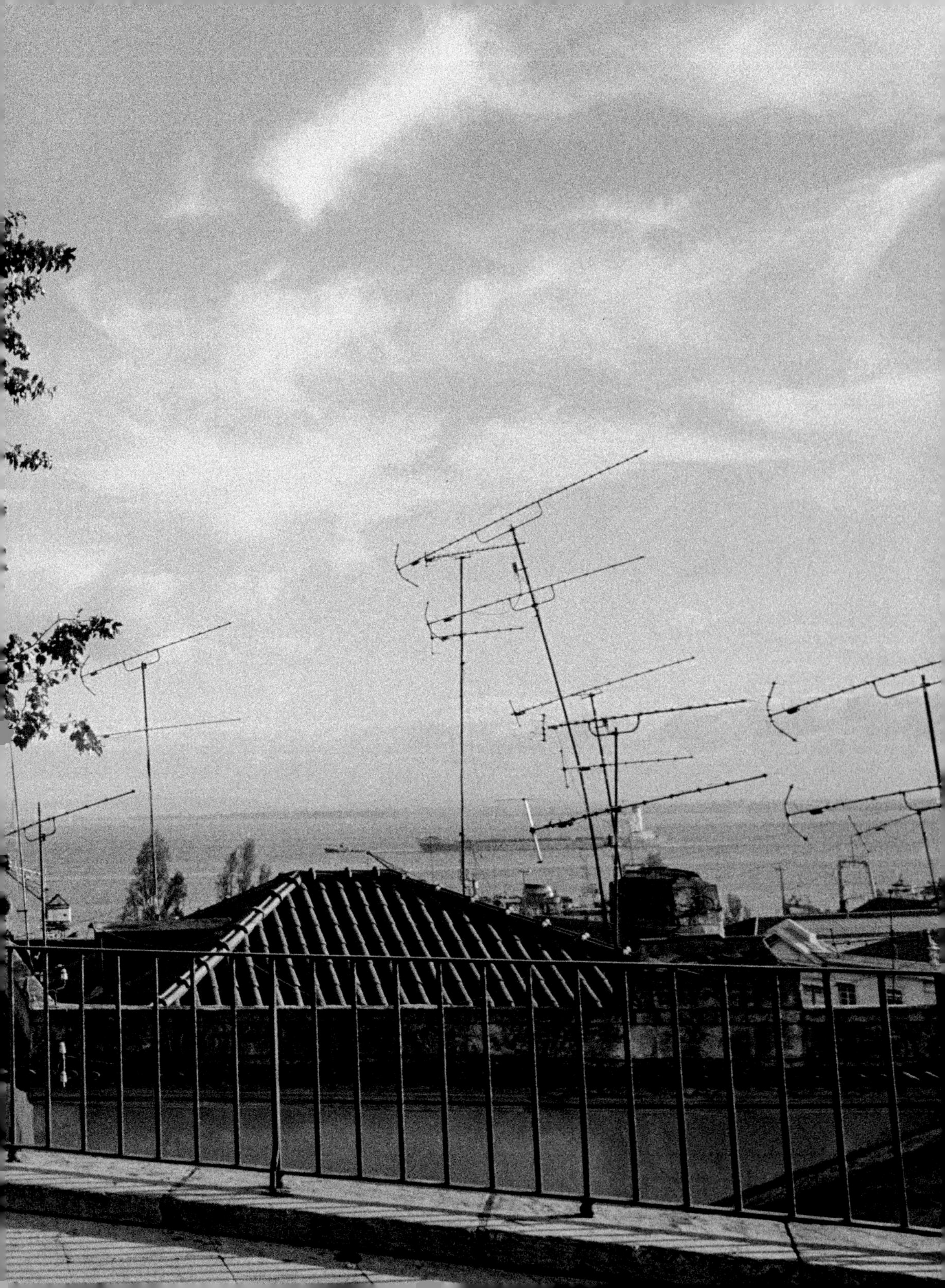

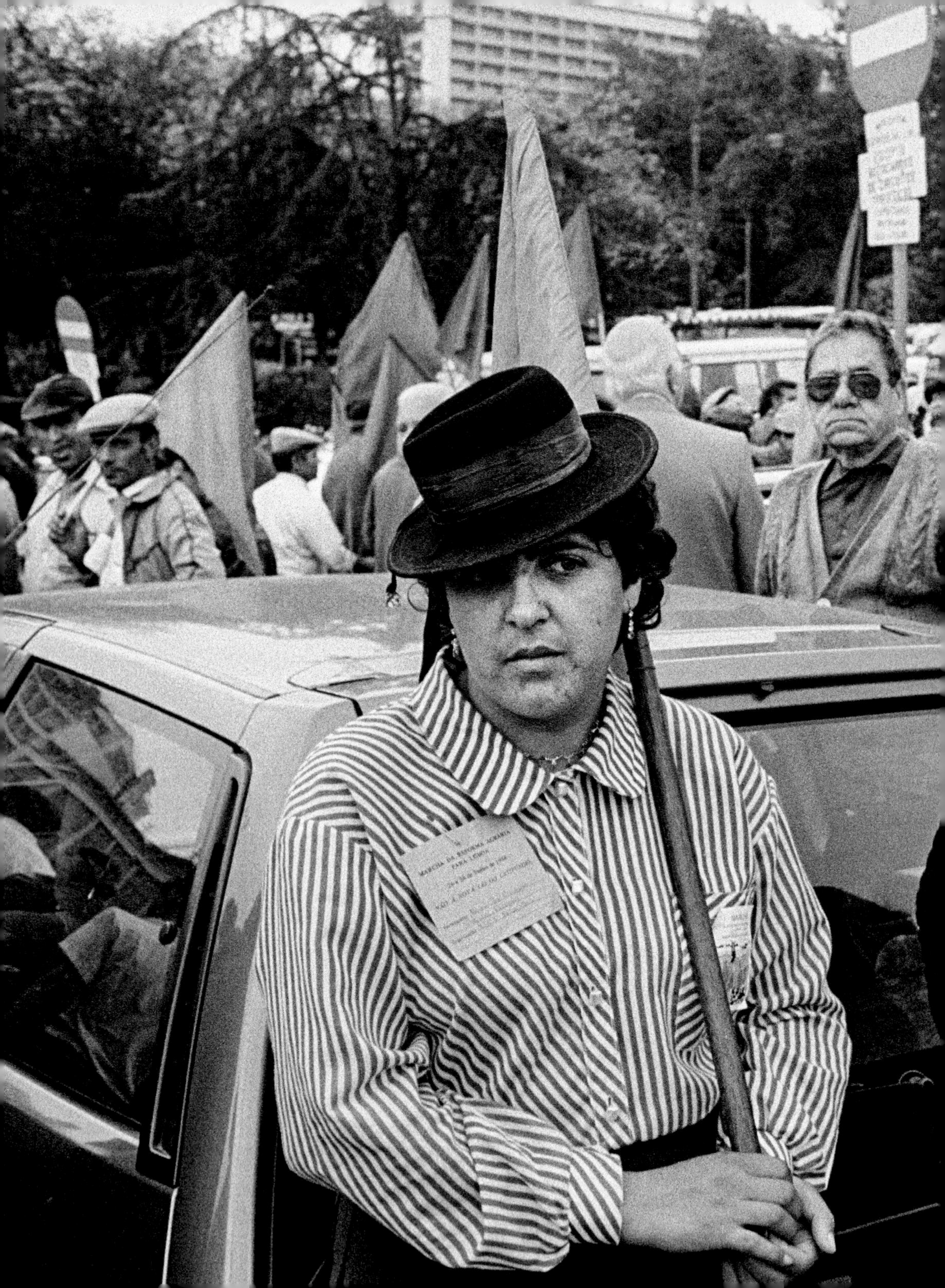
MARCHA DA REFORMA AGRÁRIA
PARA LISBOA

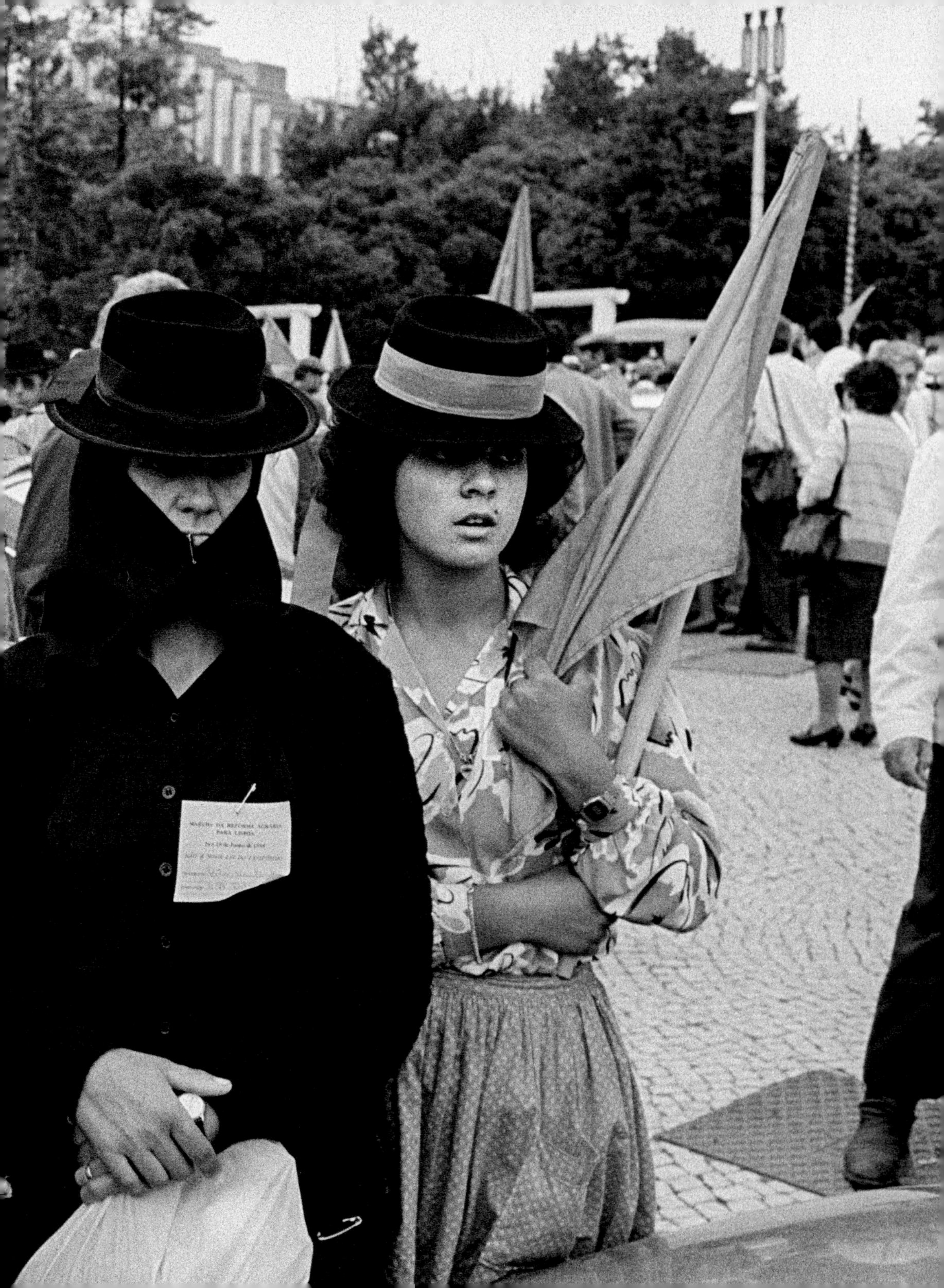
MARCHA DA REFORMA AGRÁRIA
PARA LISBOA

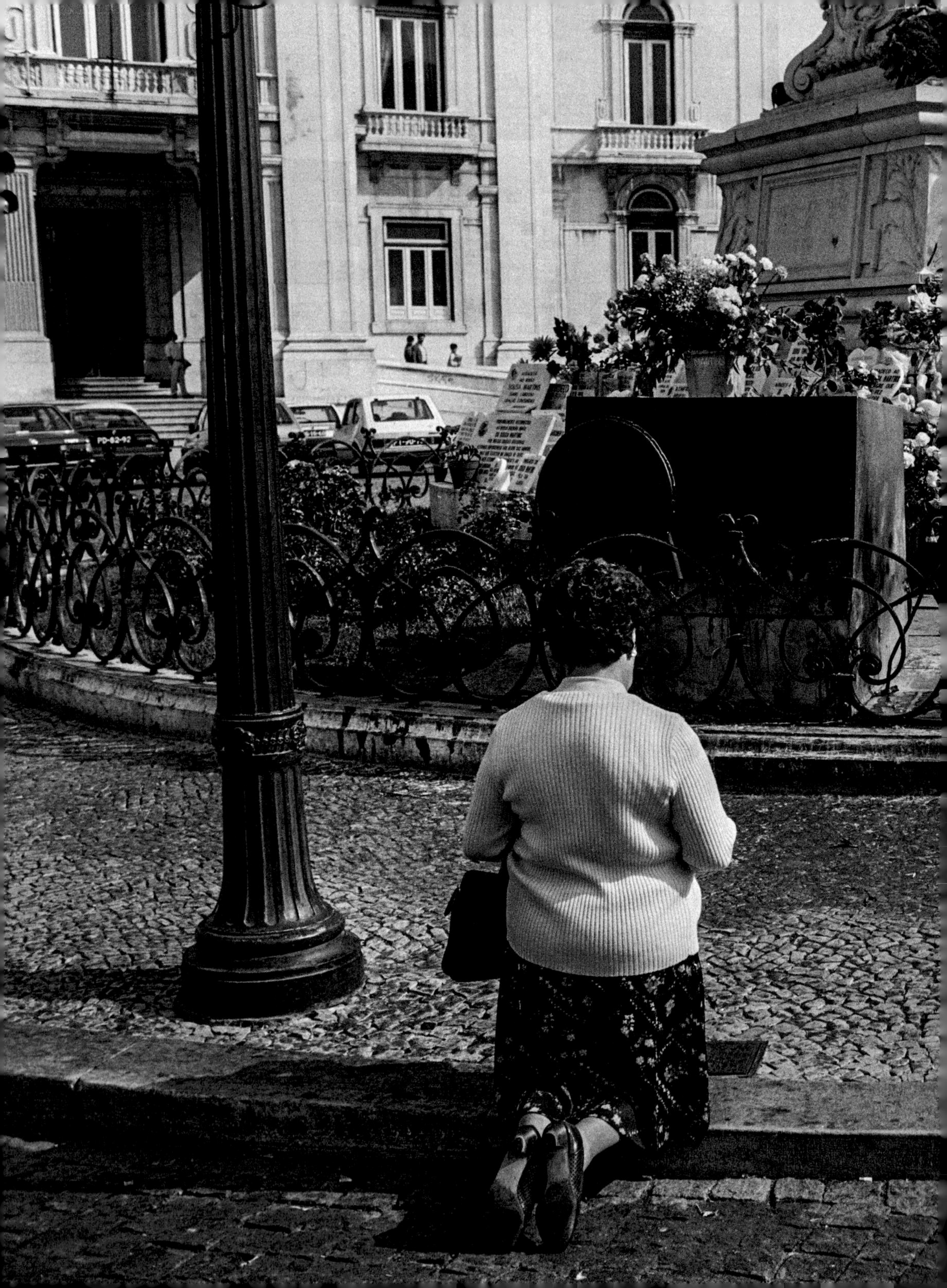

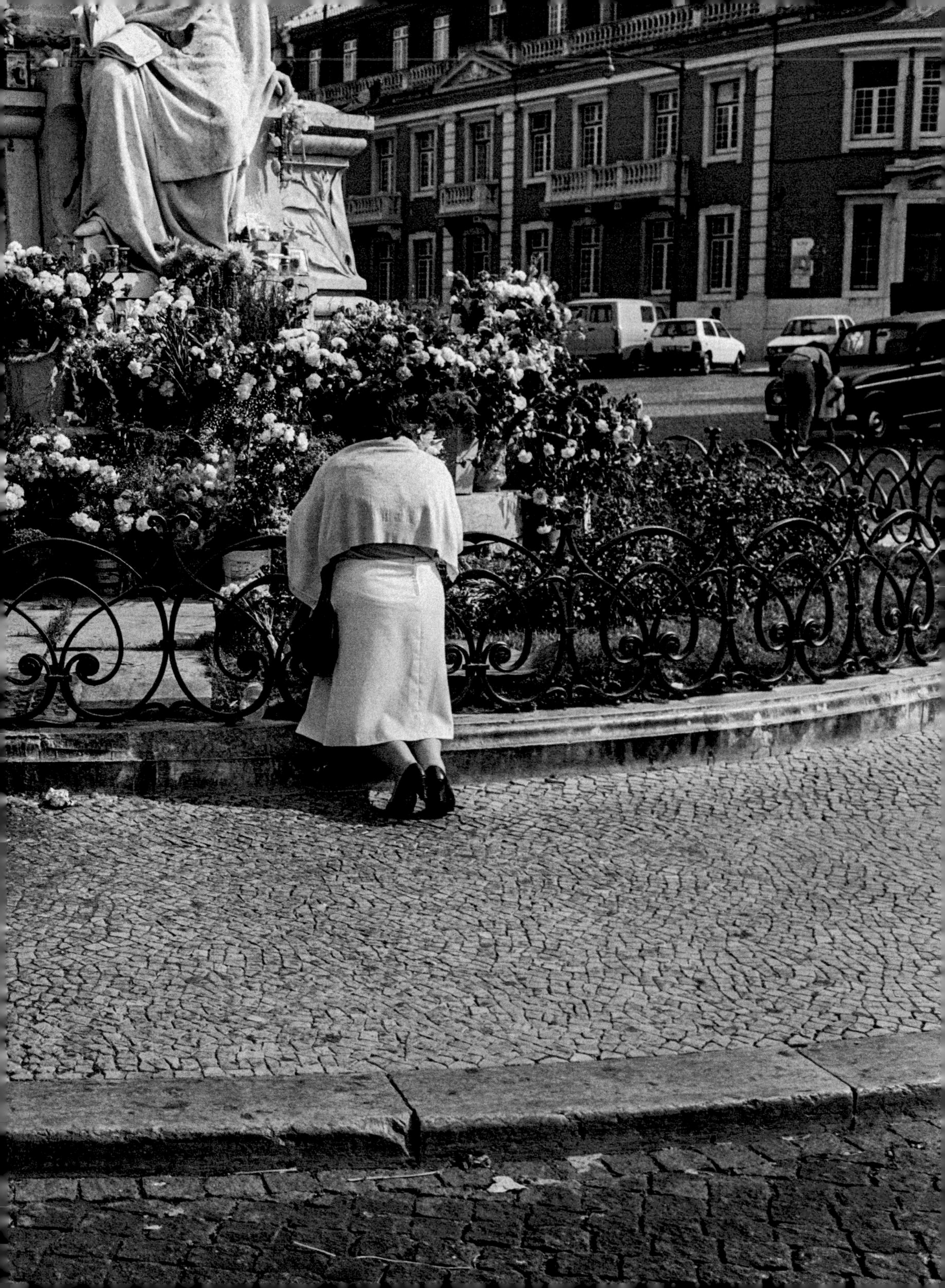

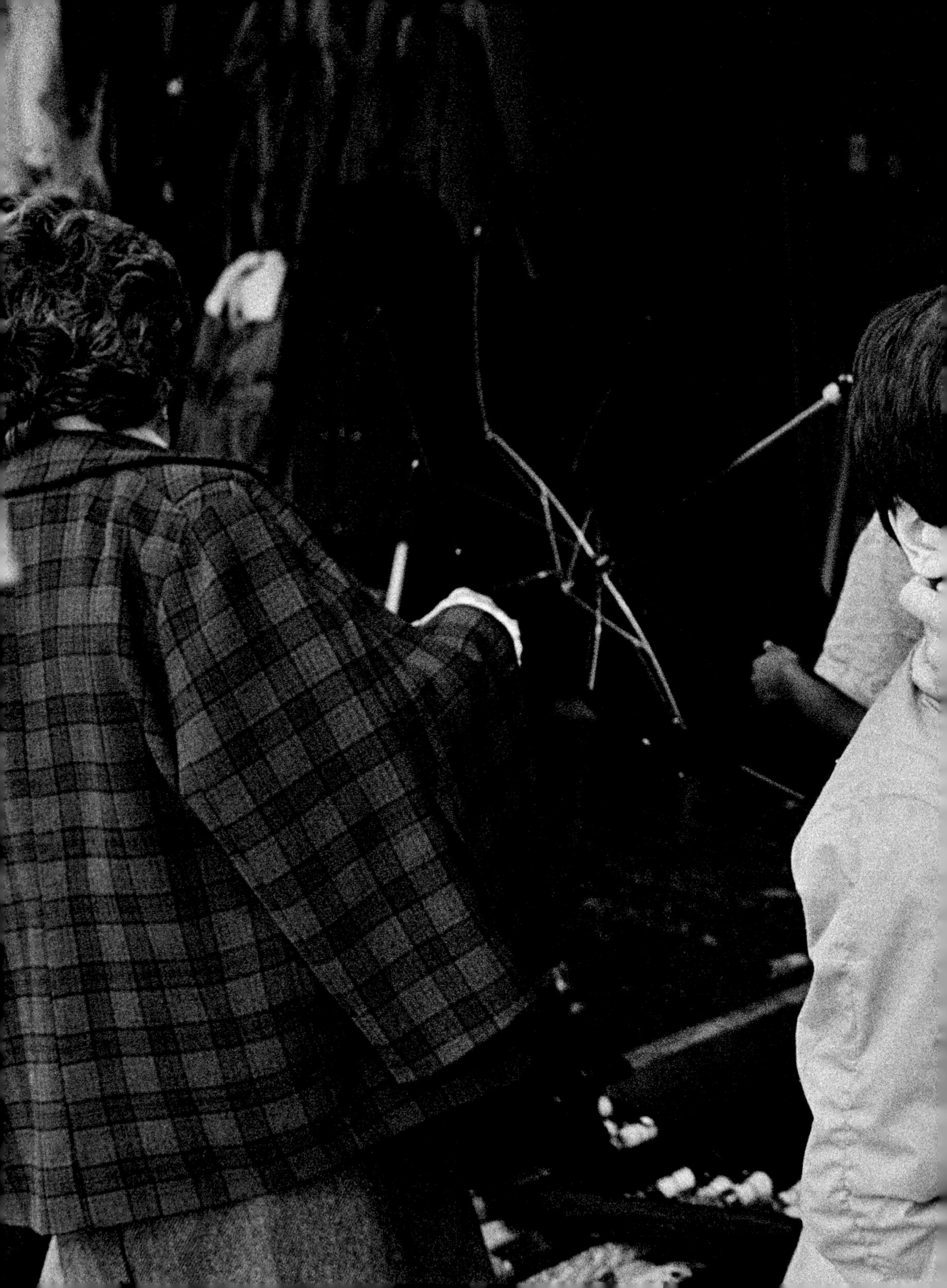

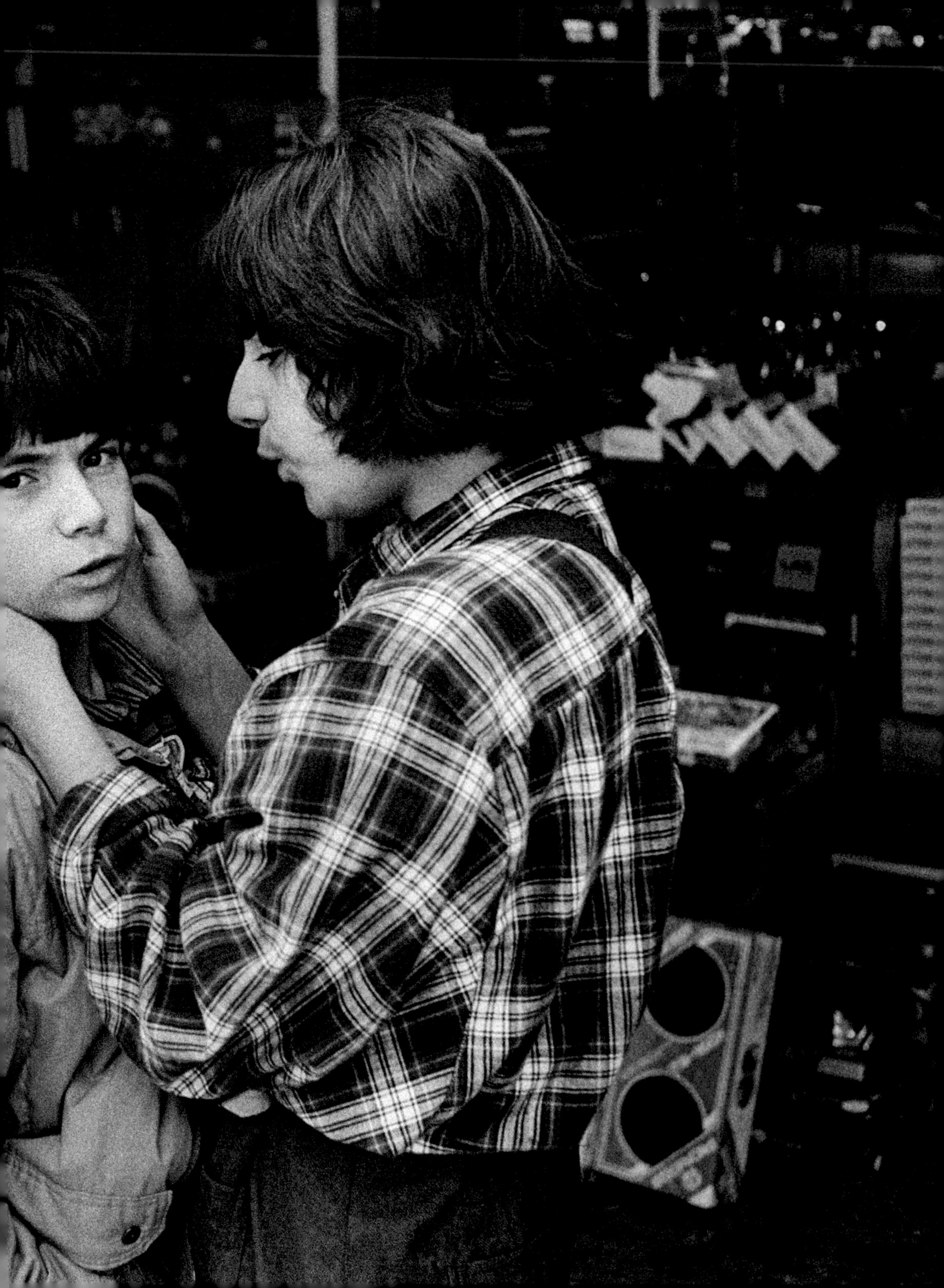

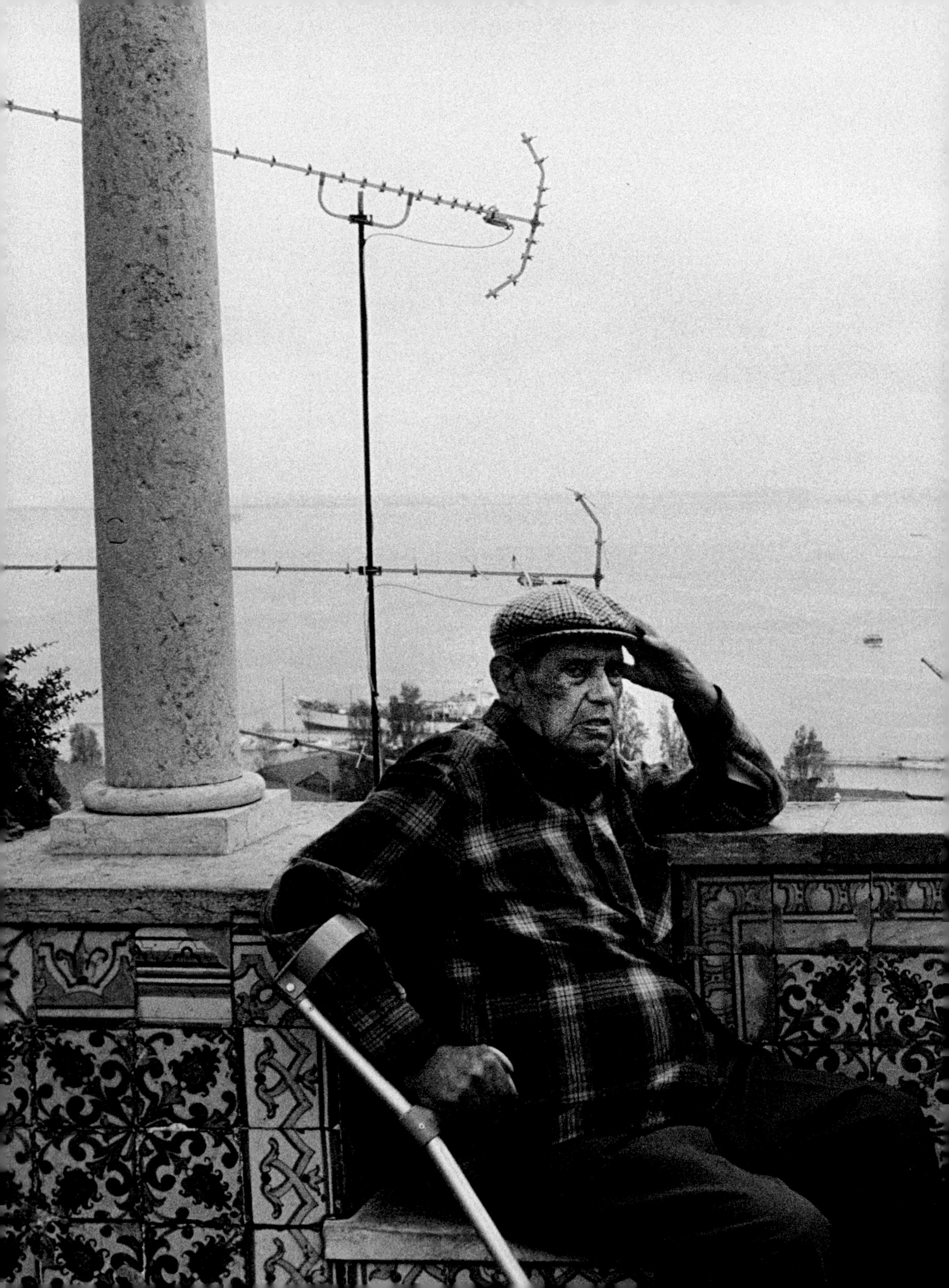

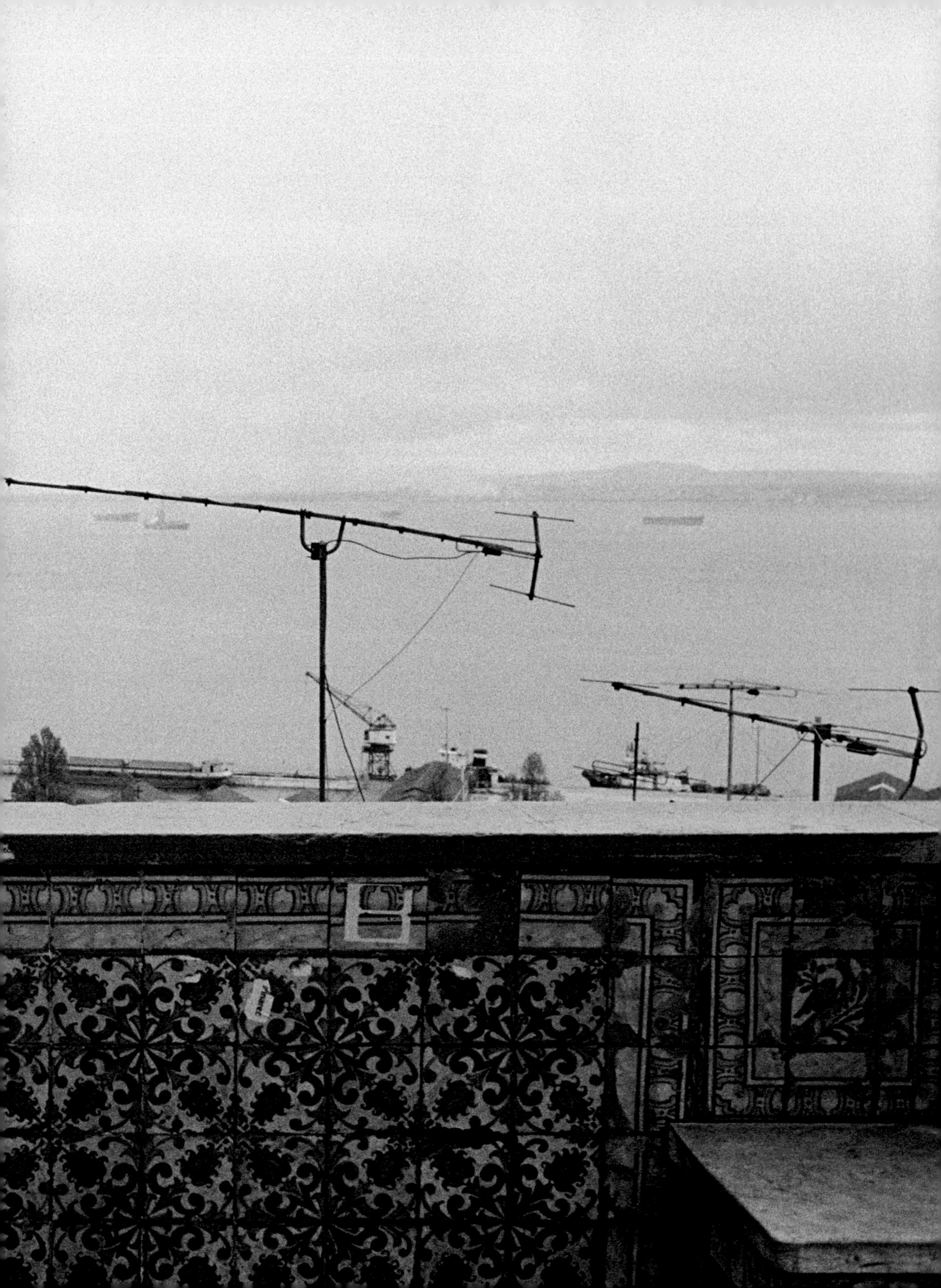

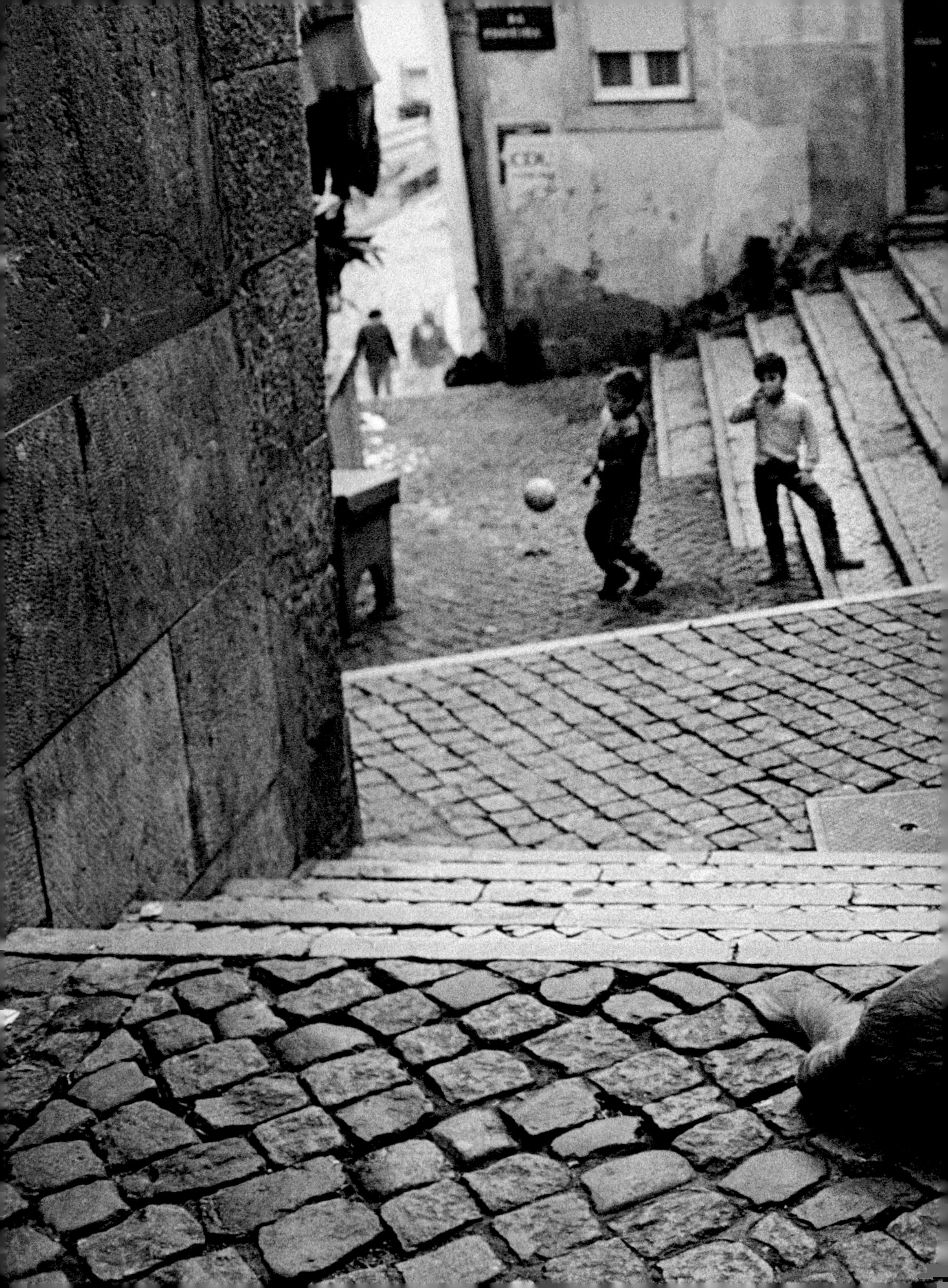

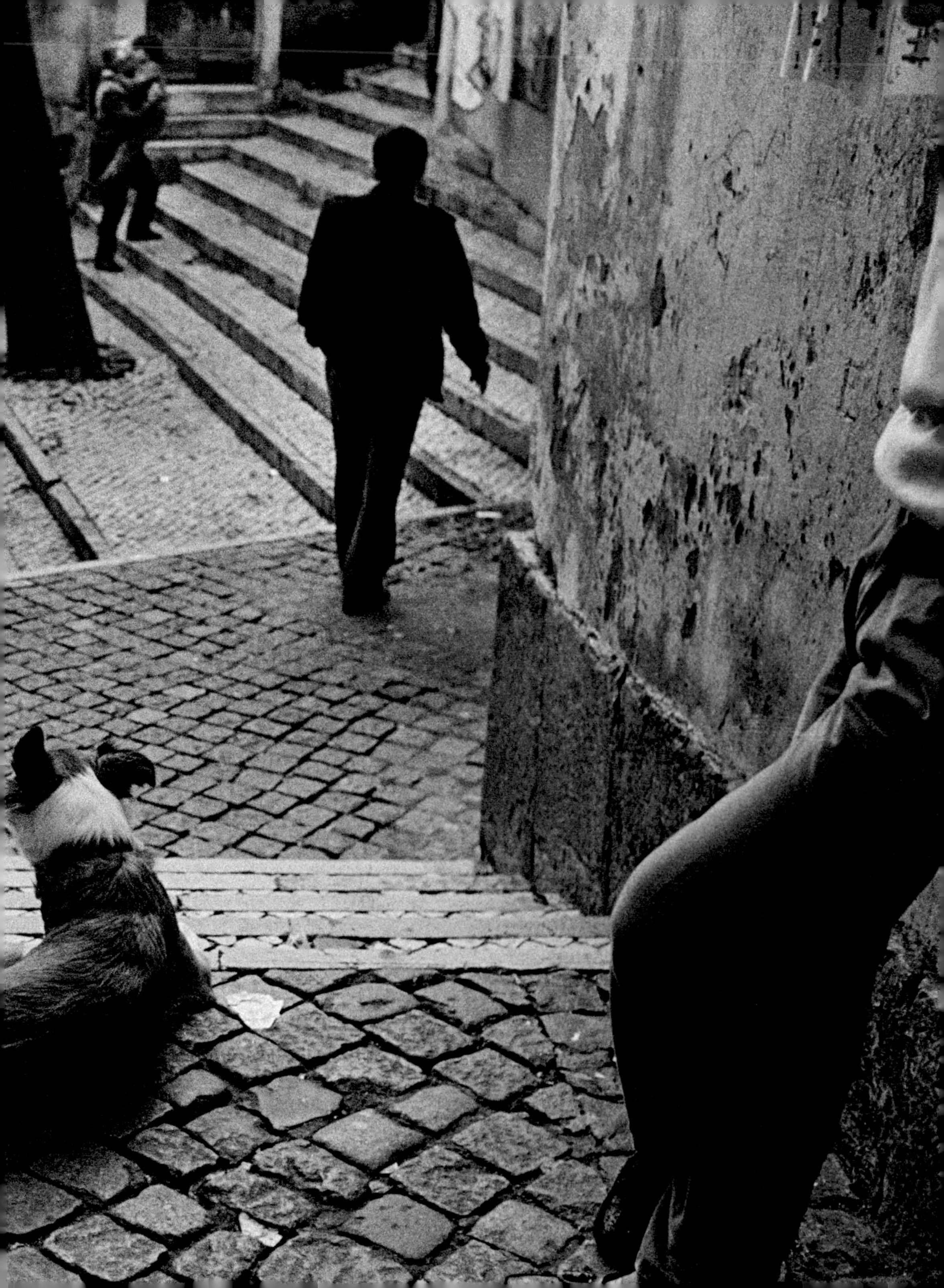

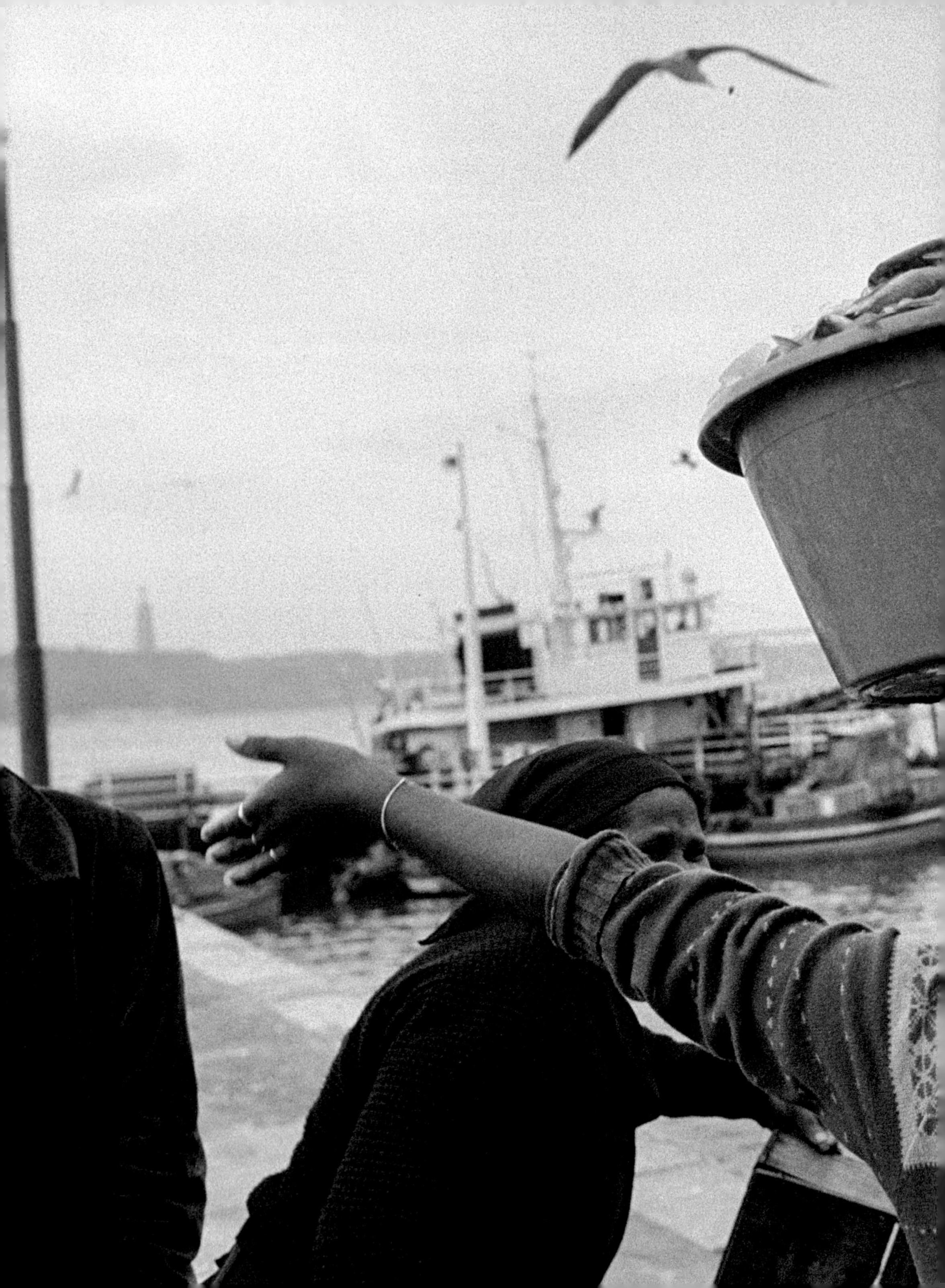

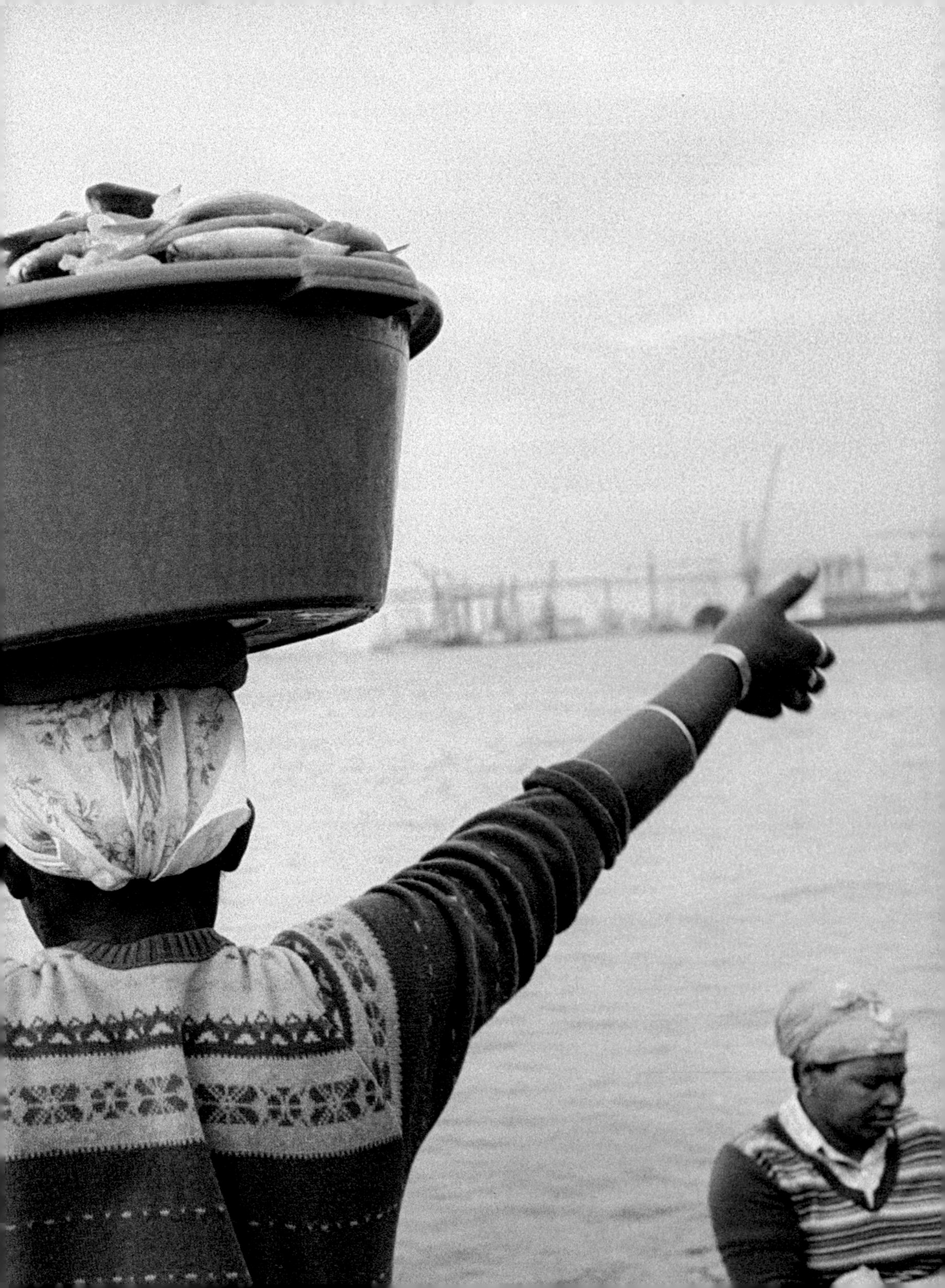

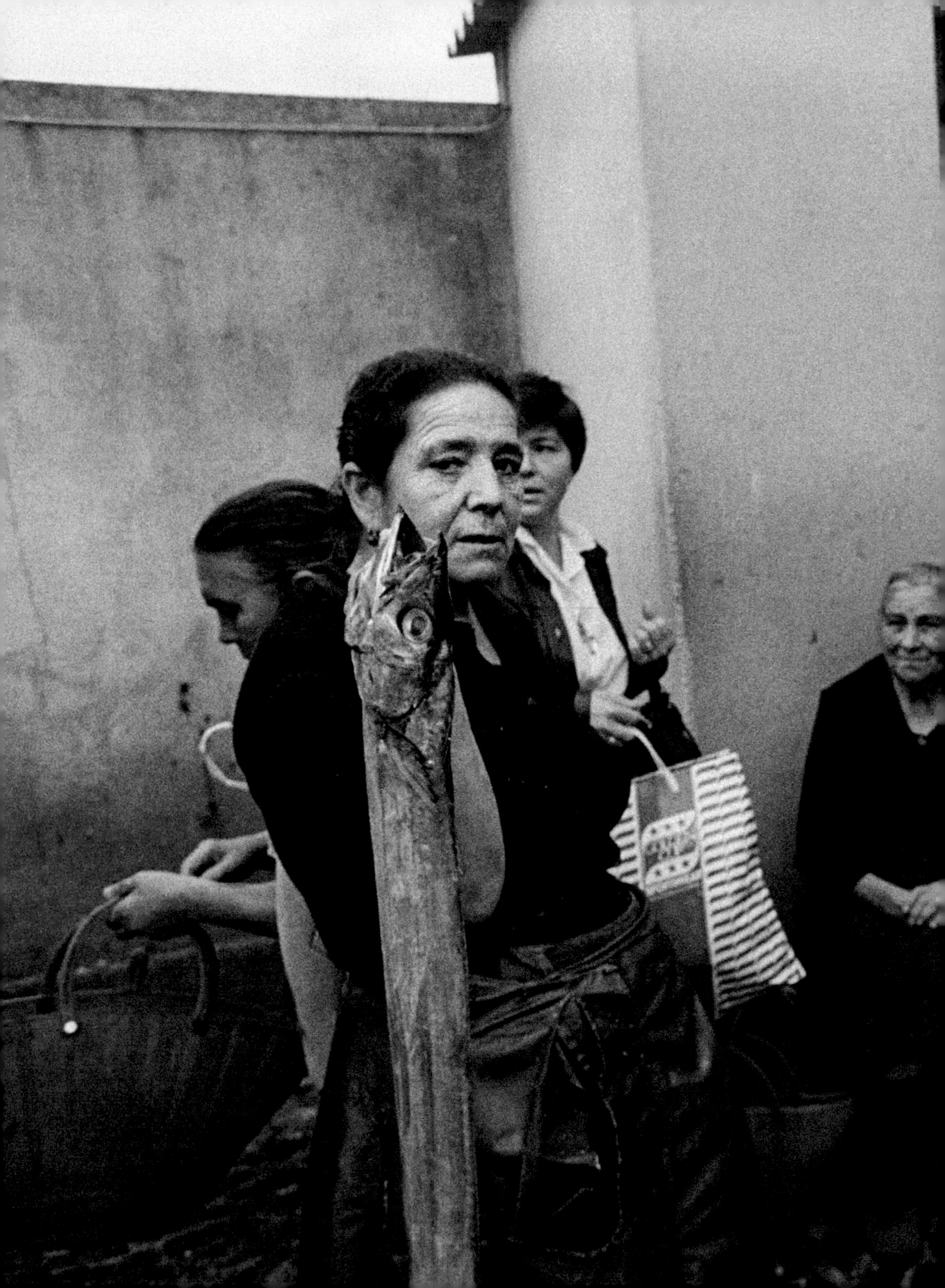

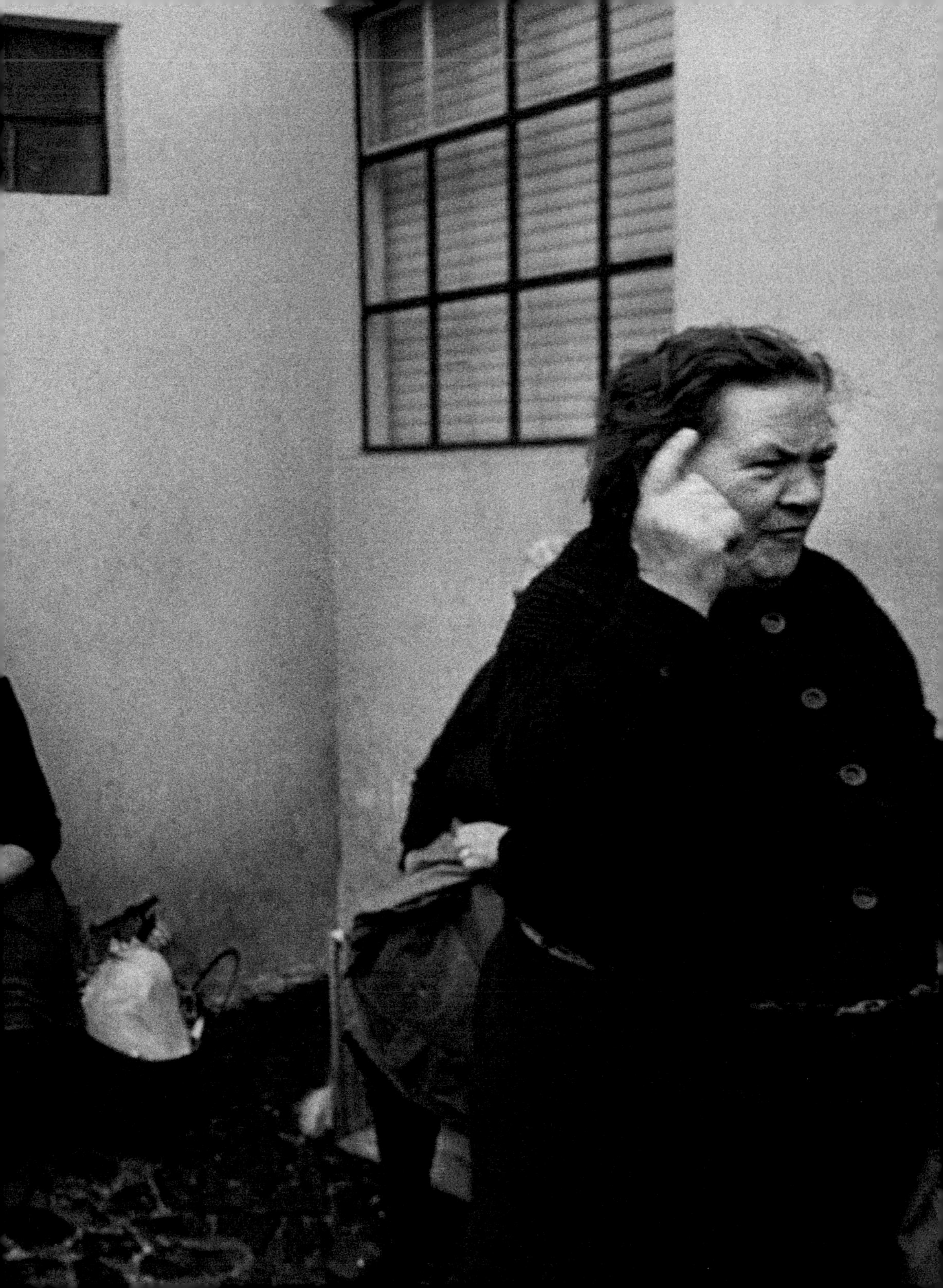

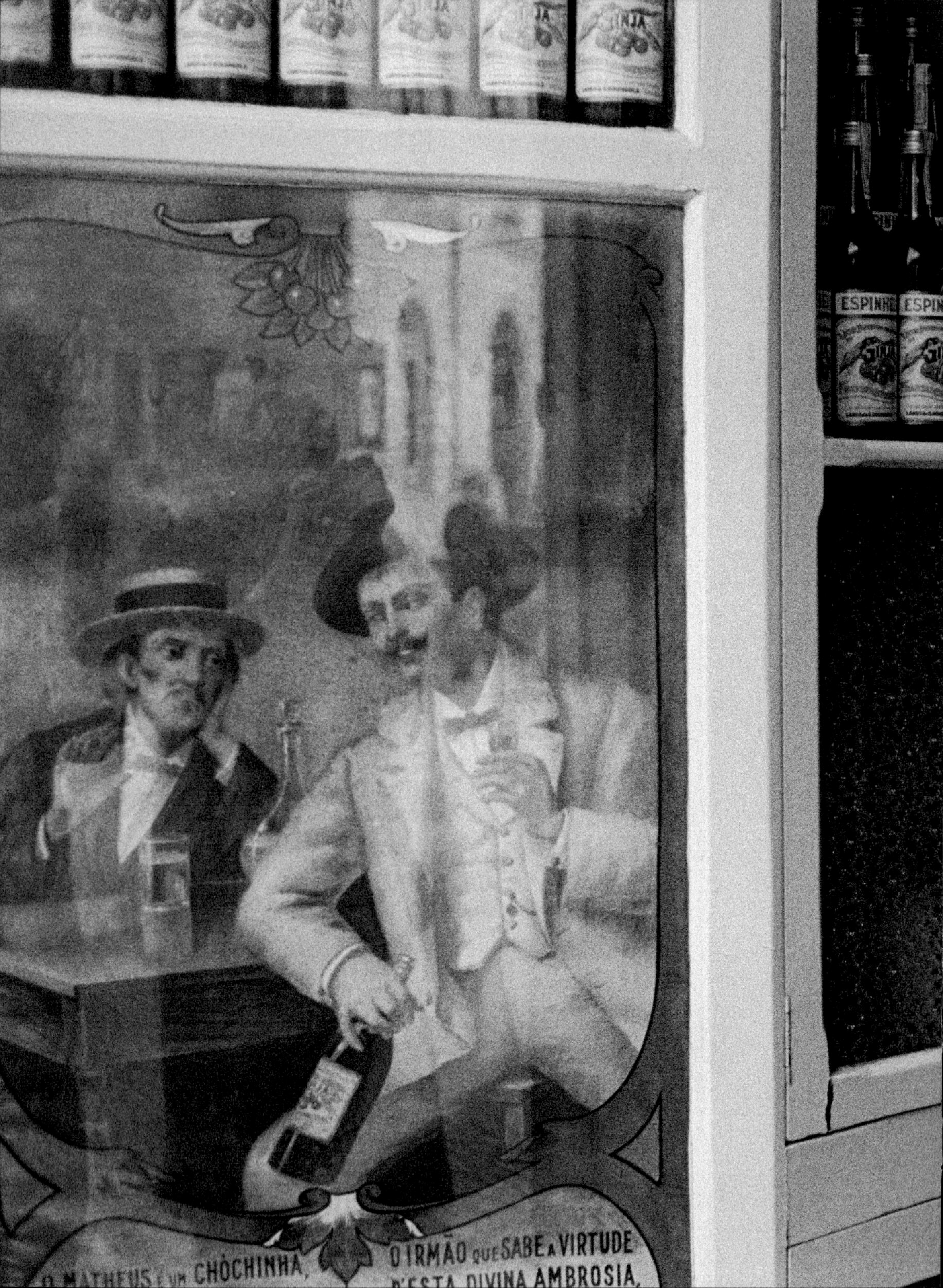
GINJA
ESPINHEI
O MATHEUS É UM CHÒCHINHA,
O IRMÃO QUE SABE A VIRTUDE
D'ESTA DIVINA AMBROSIA,

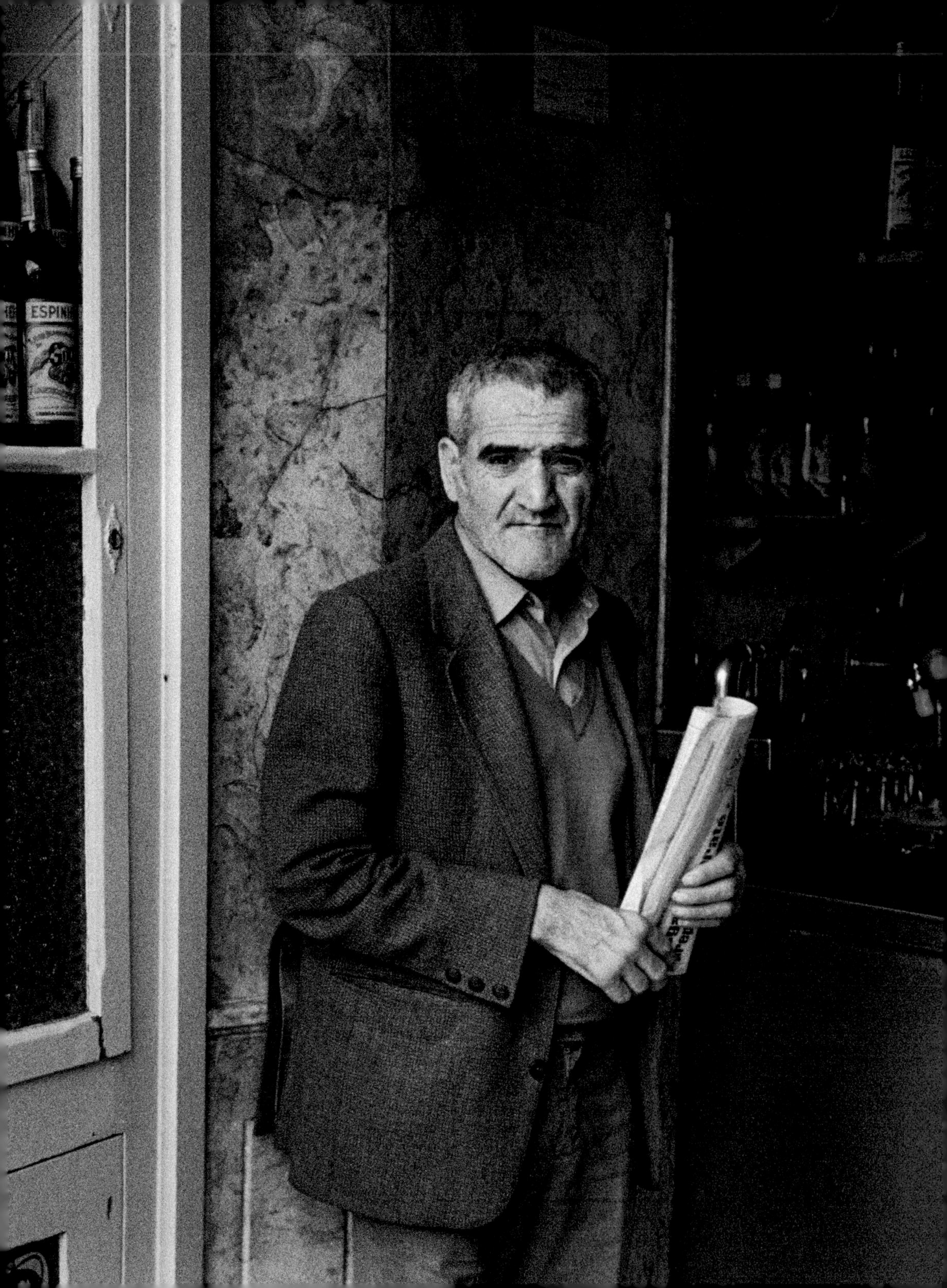

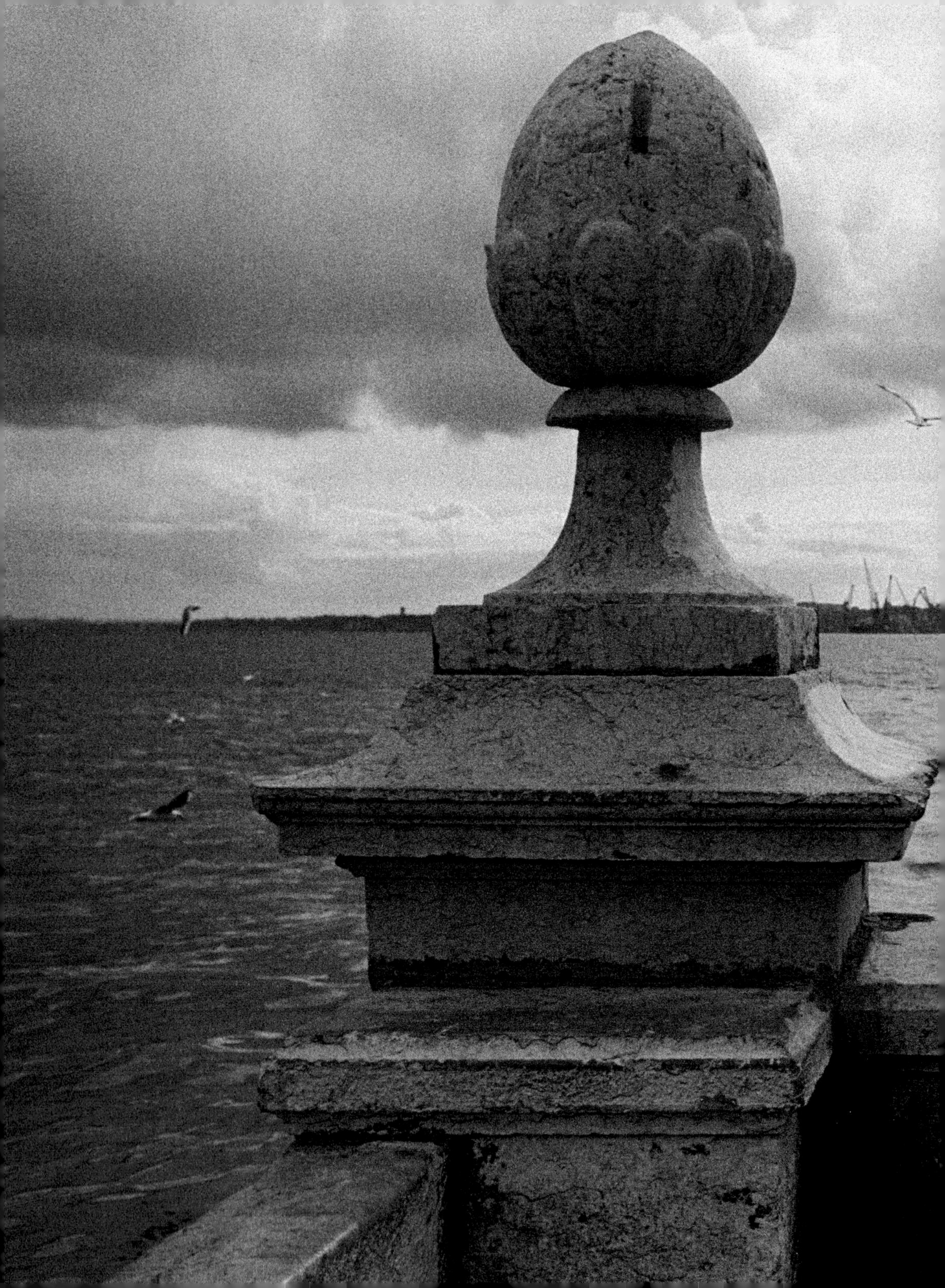

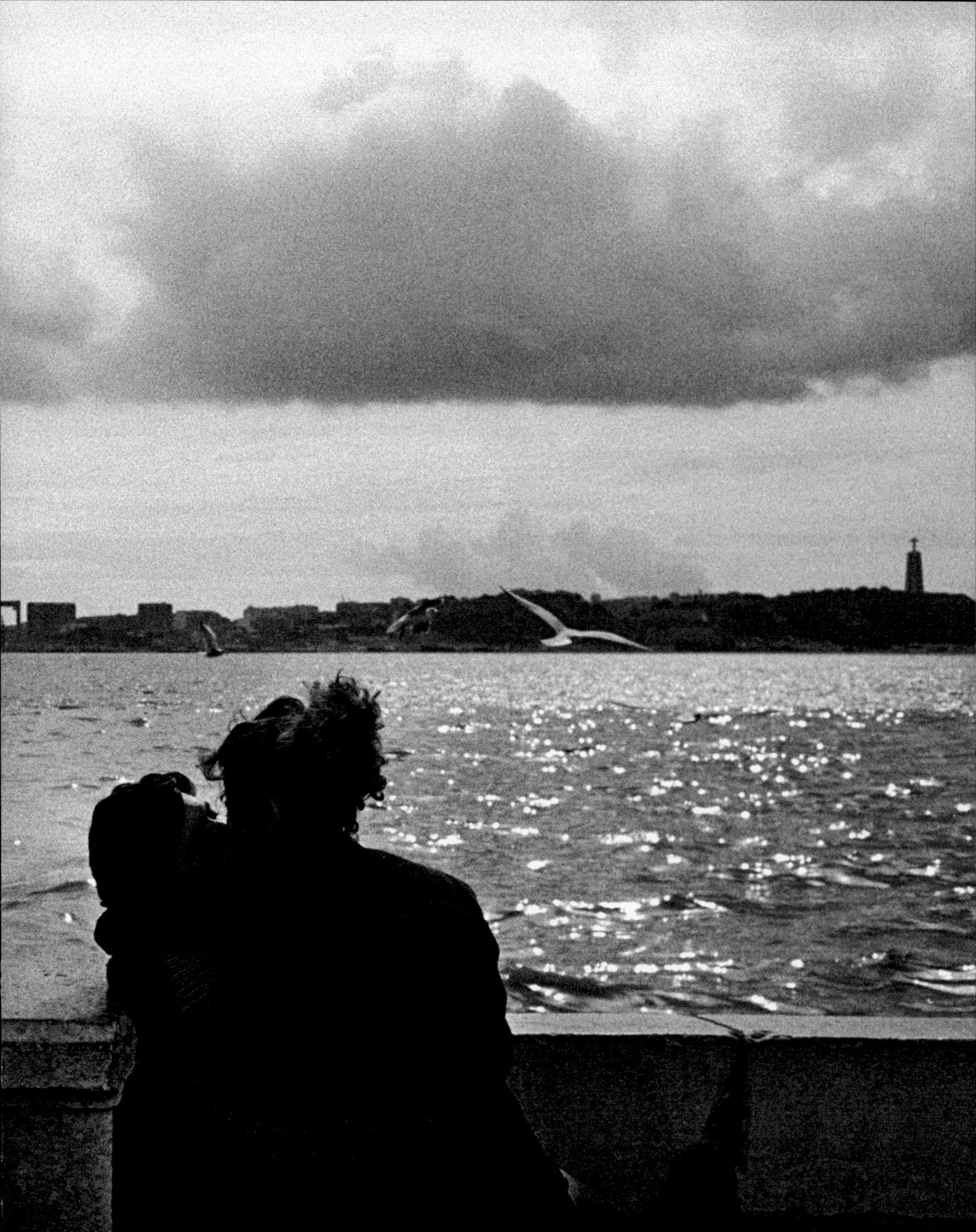

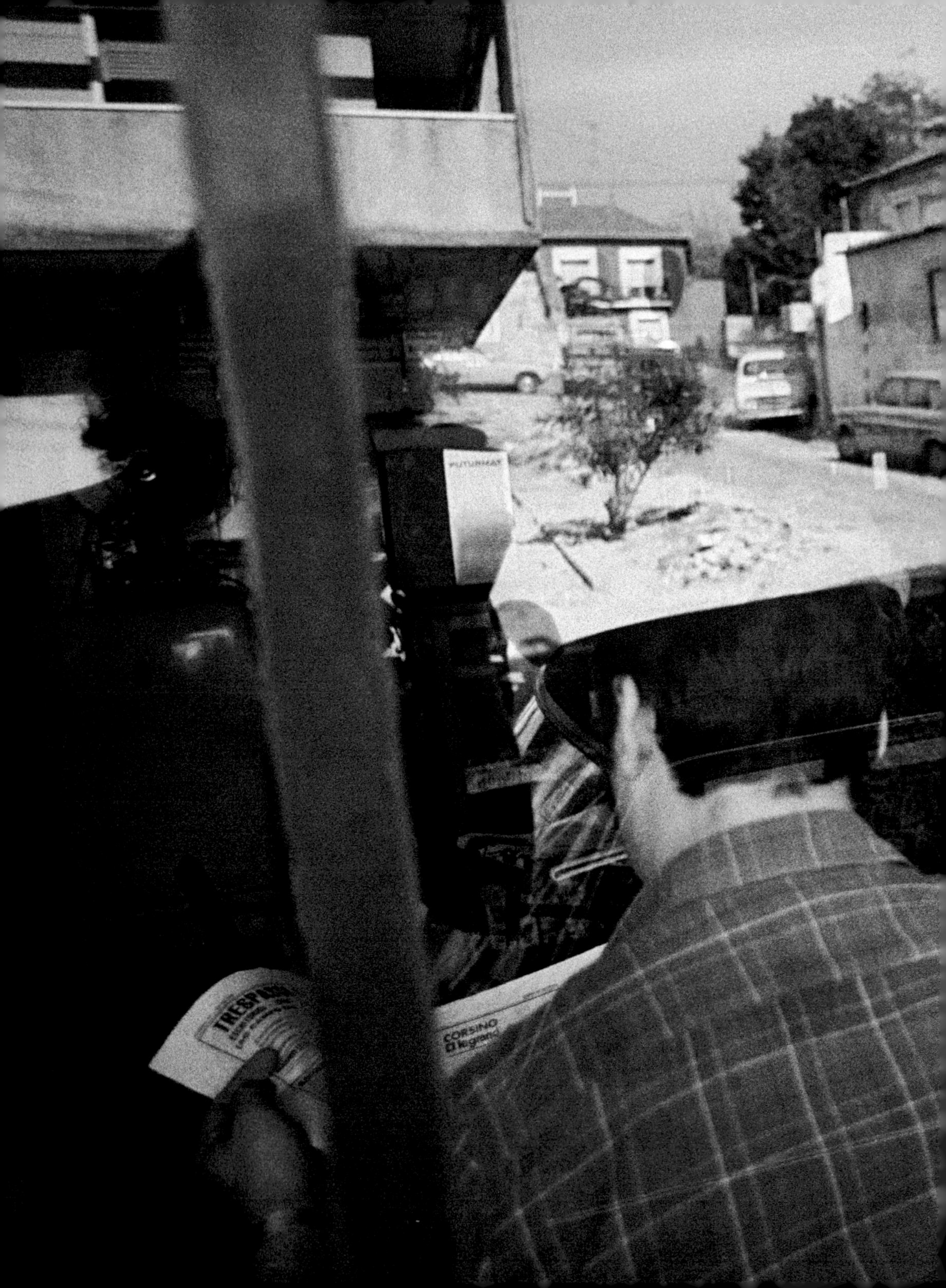
CORSINO

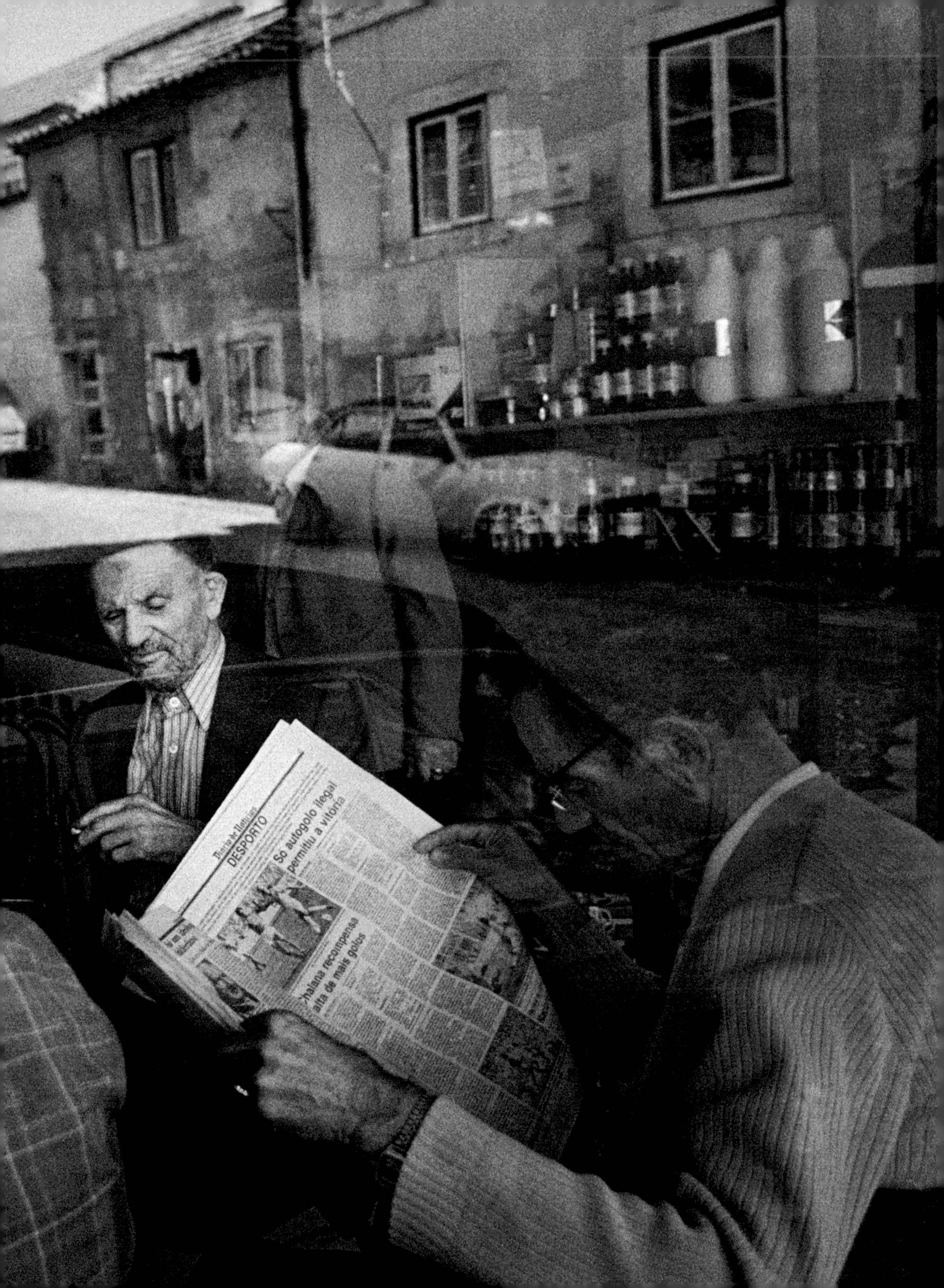
DESPORTO
So autogolo ilegal
permitiu a vitória
recompensa
de mais golos

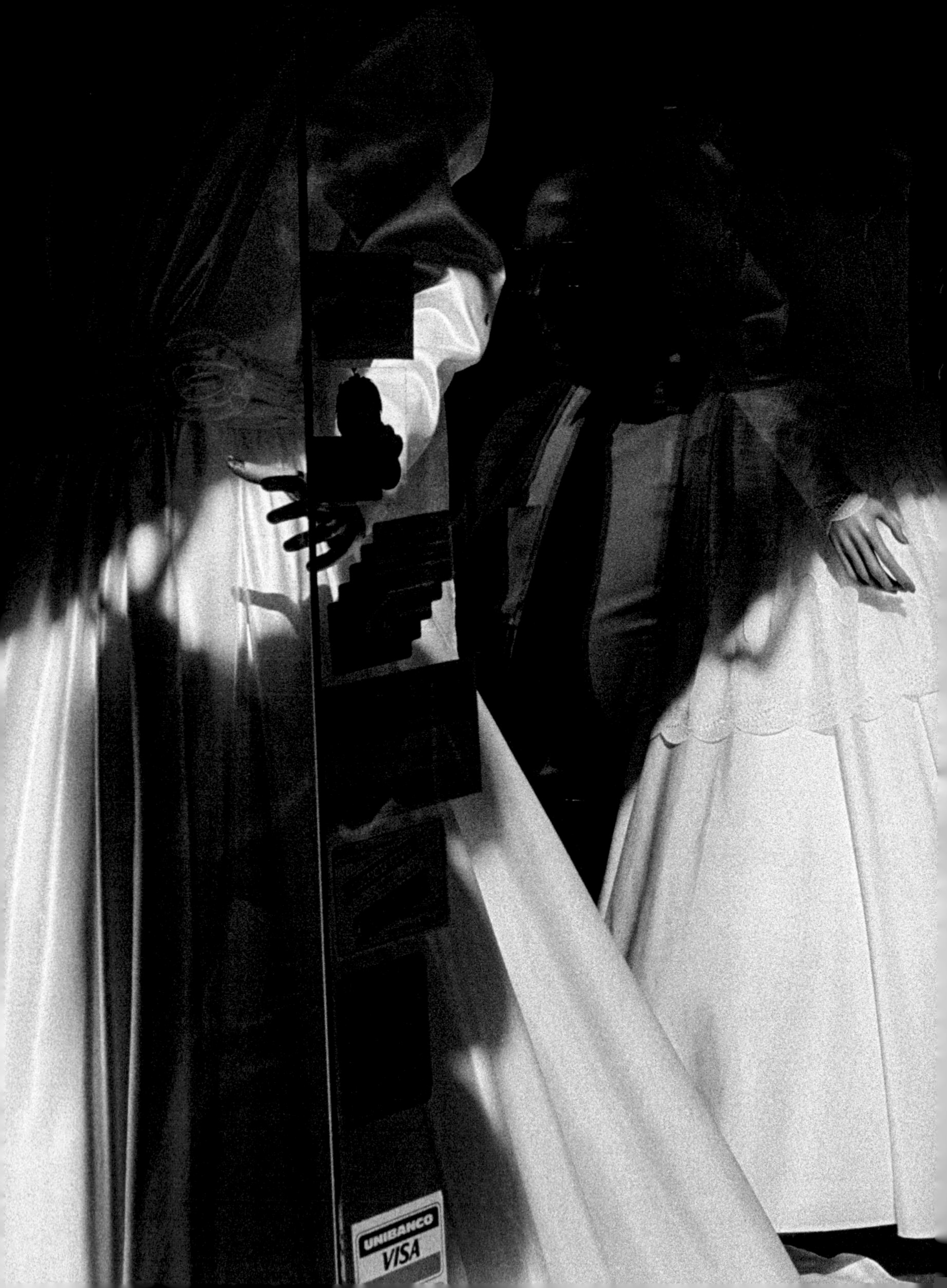
UNIBANCO
VISA

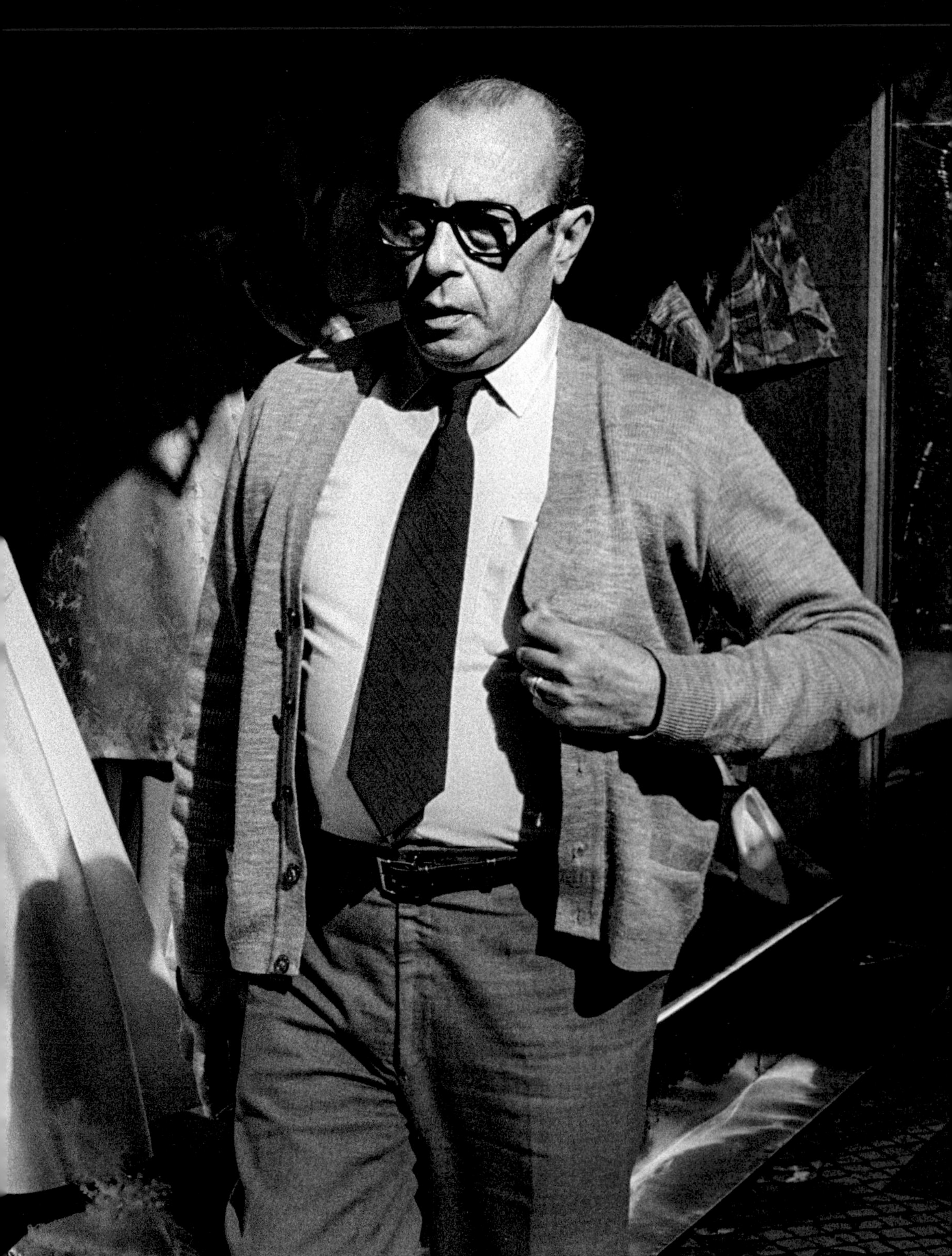

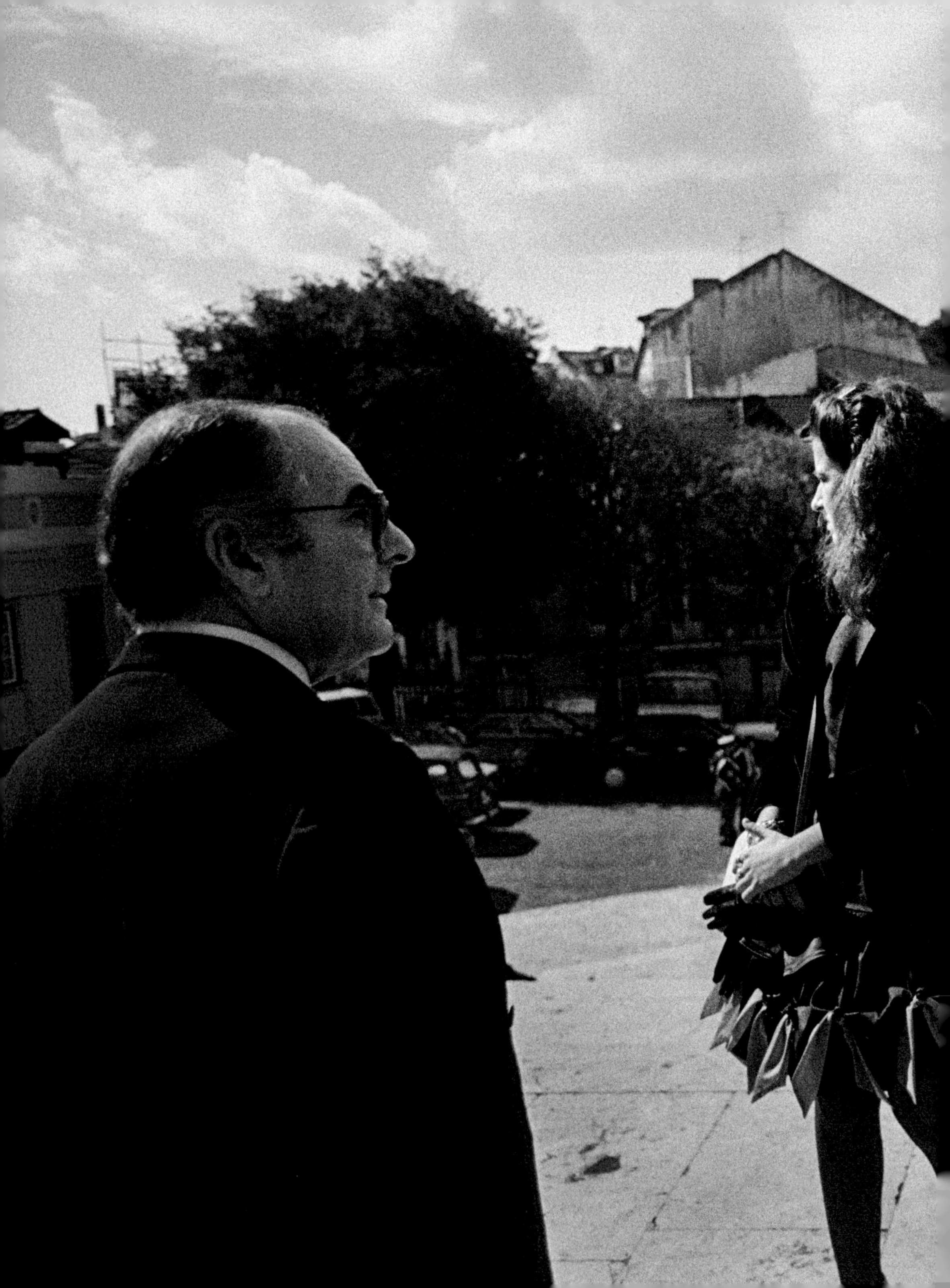

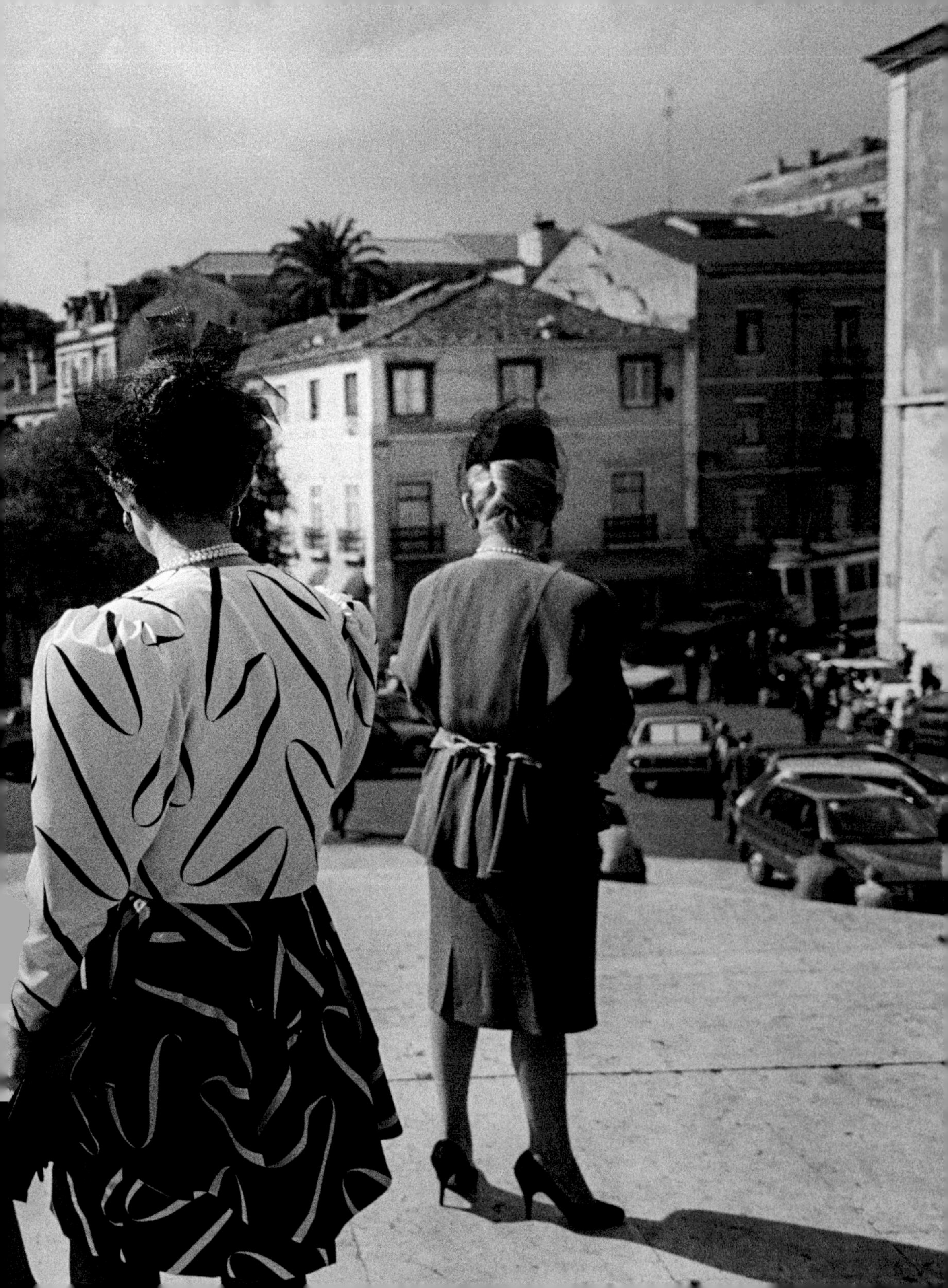

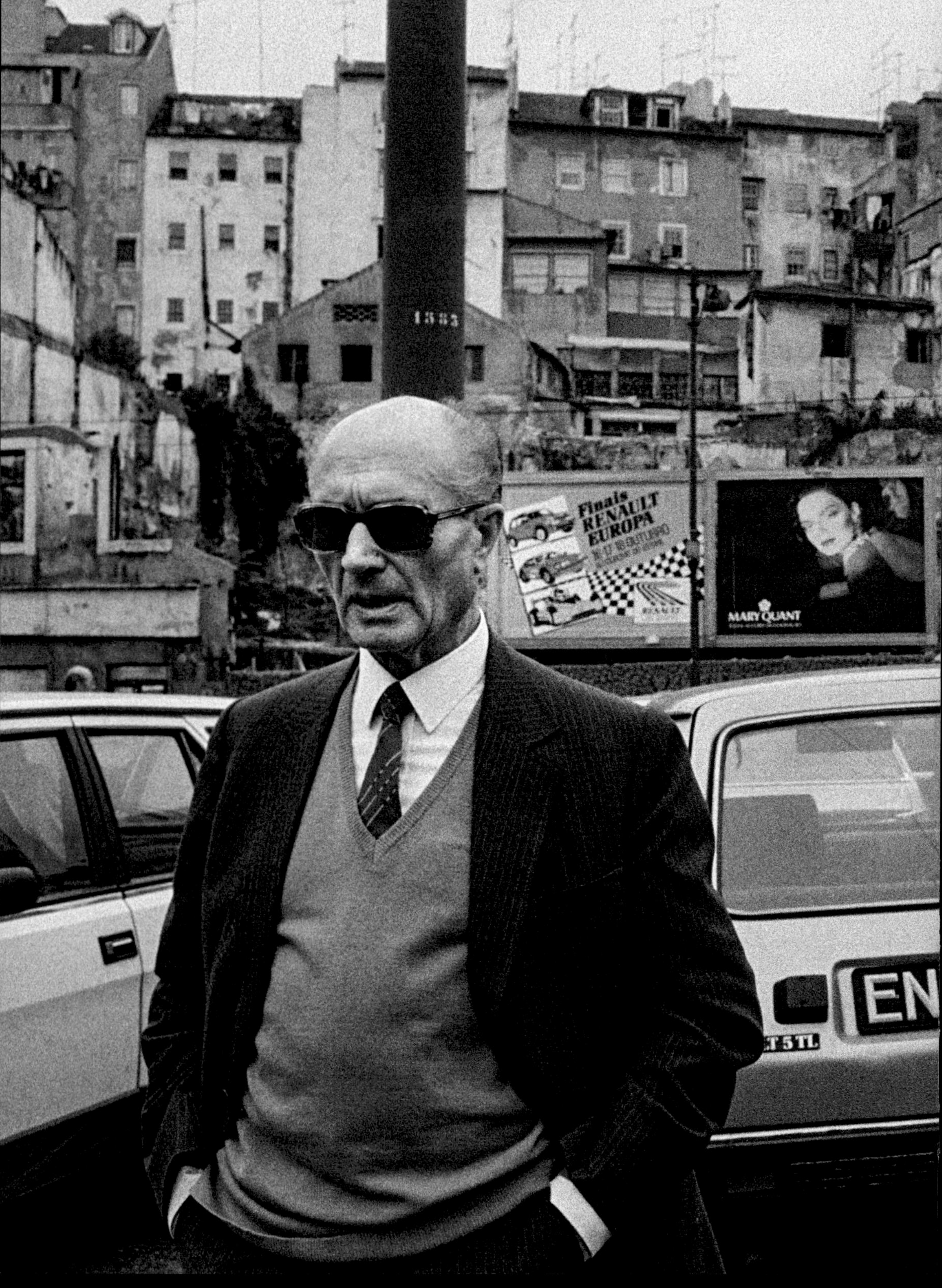
Finais
RENAULT
EUROPA
MARY QUANT

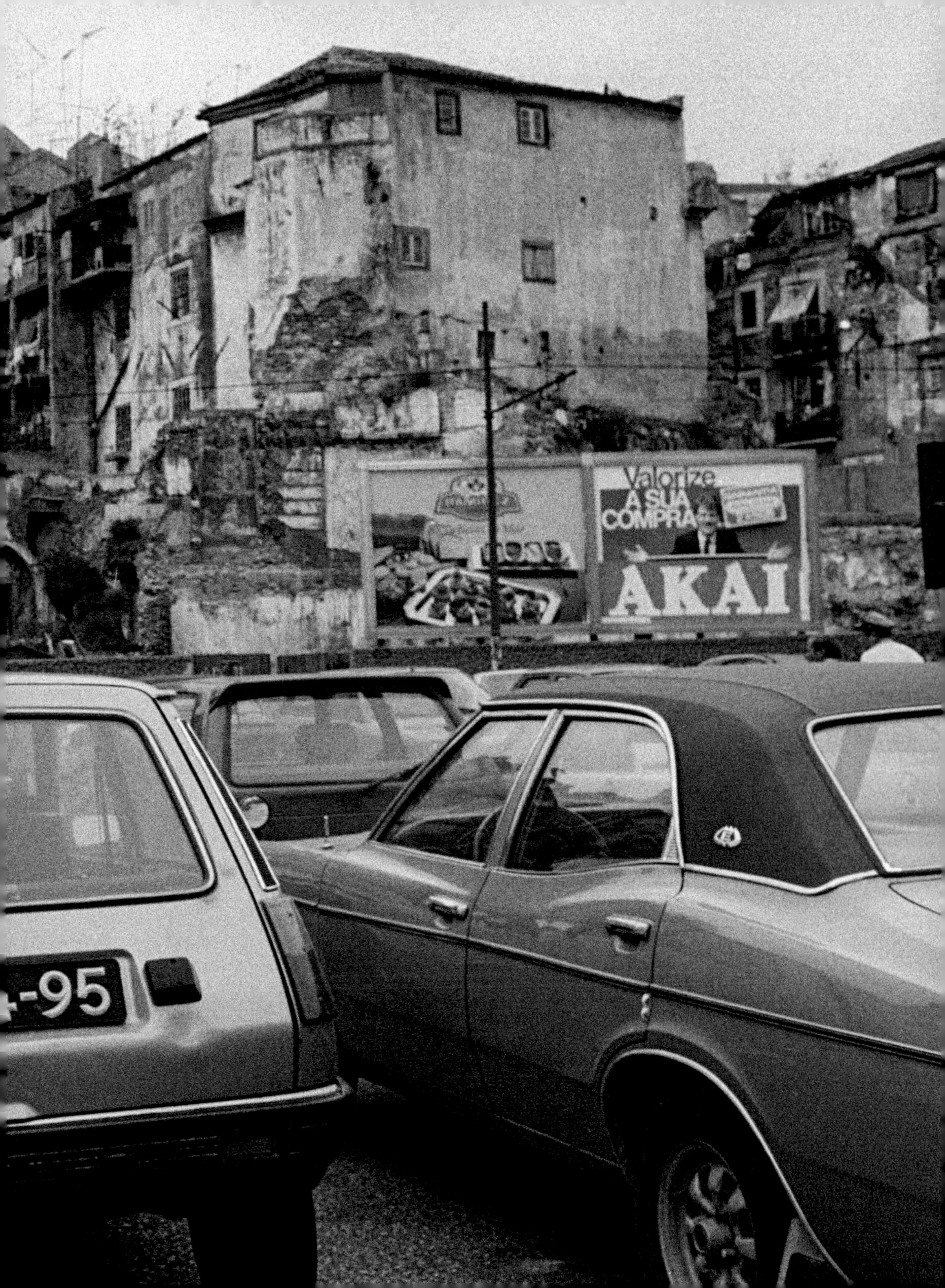
Valorize
A SUA
COMPRA
AKAI
-95

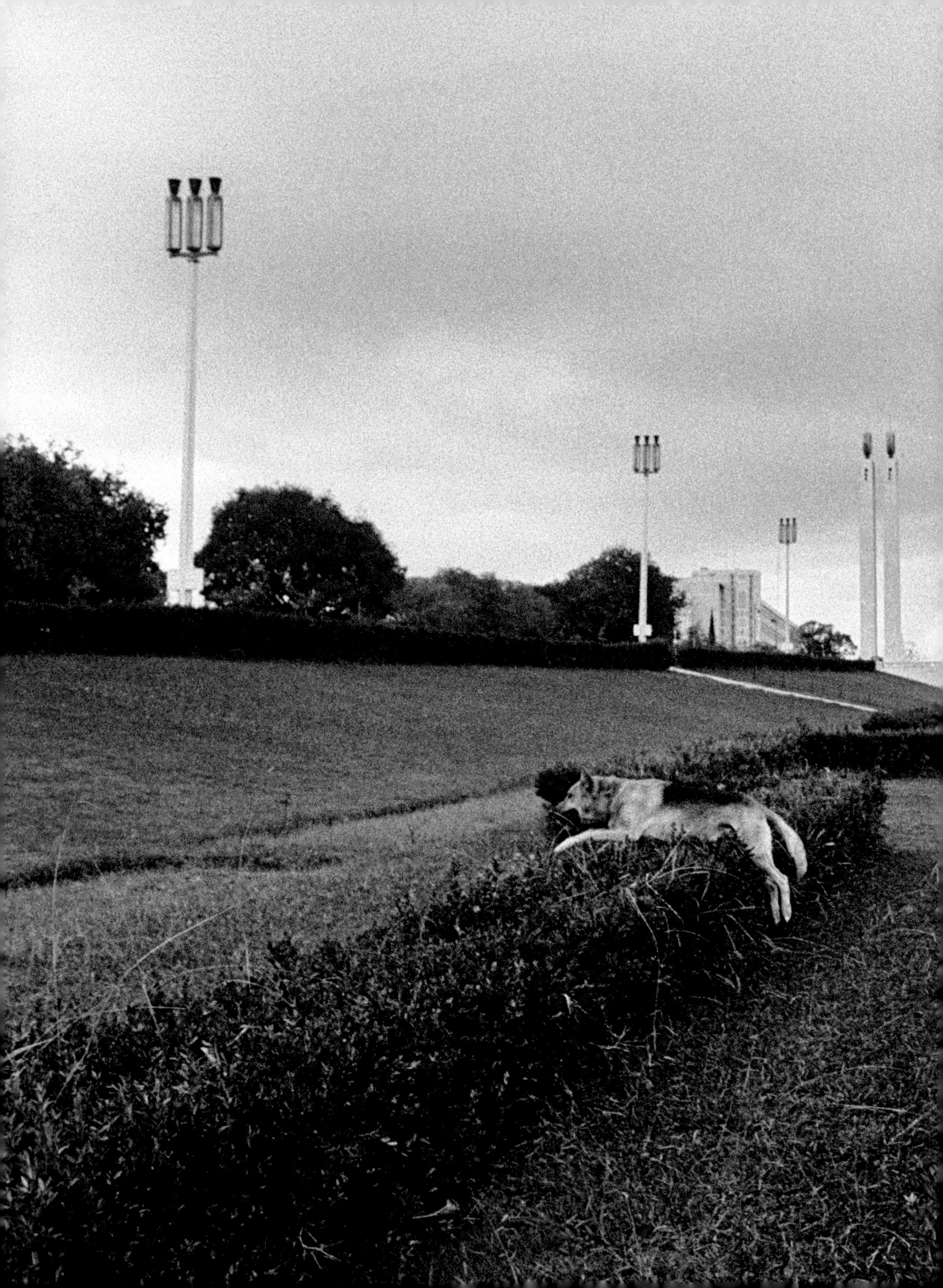

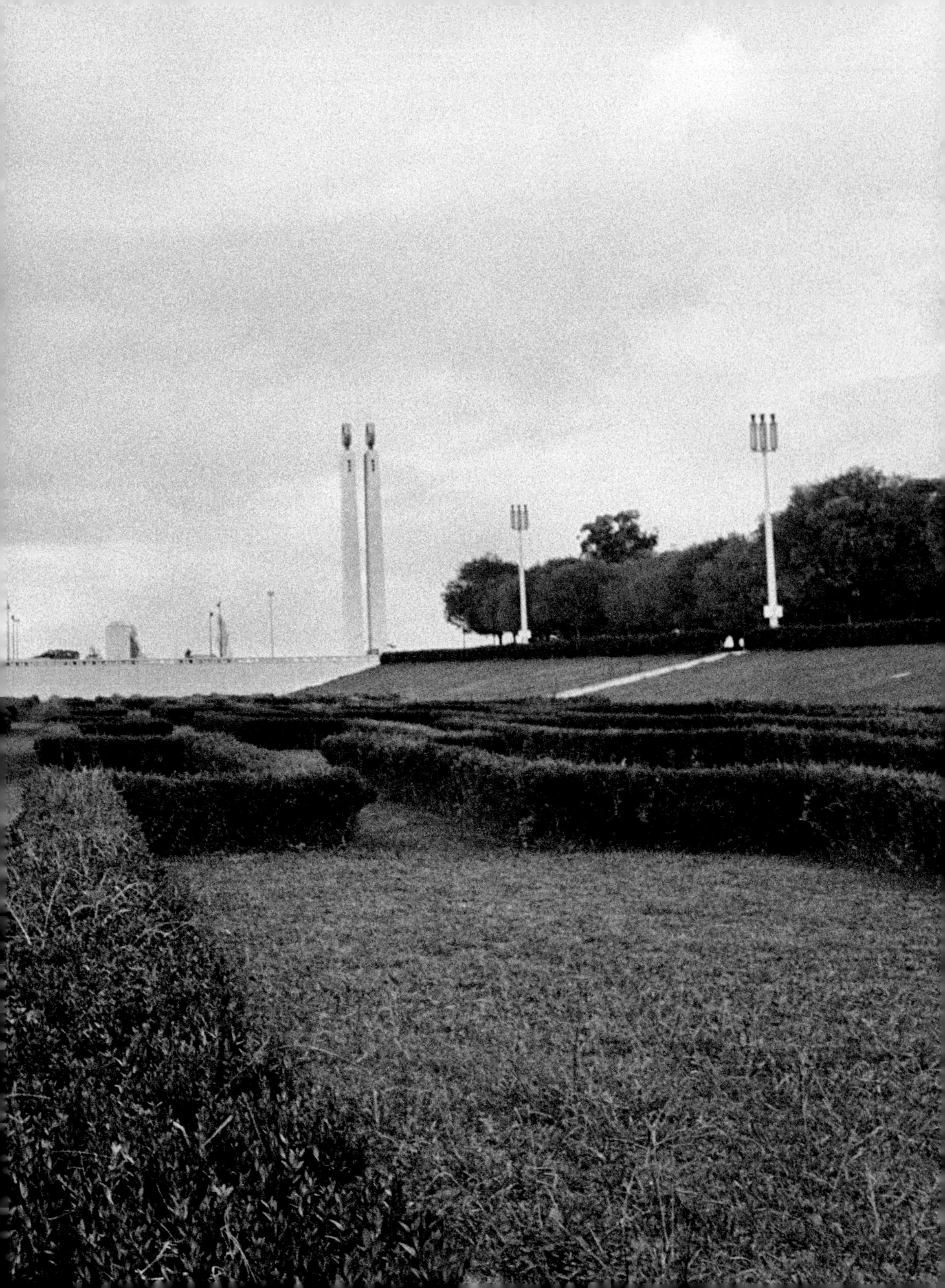

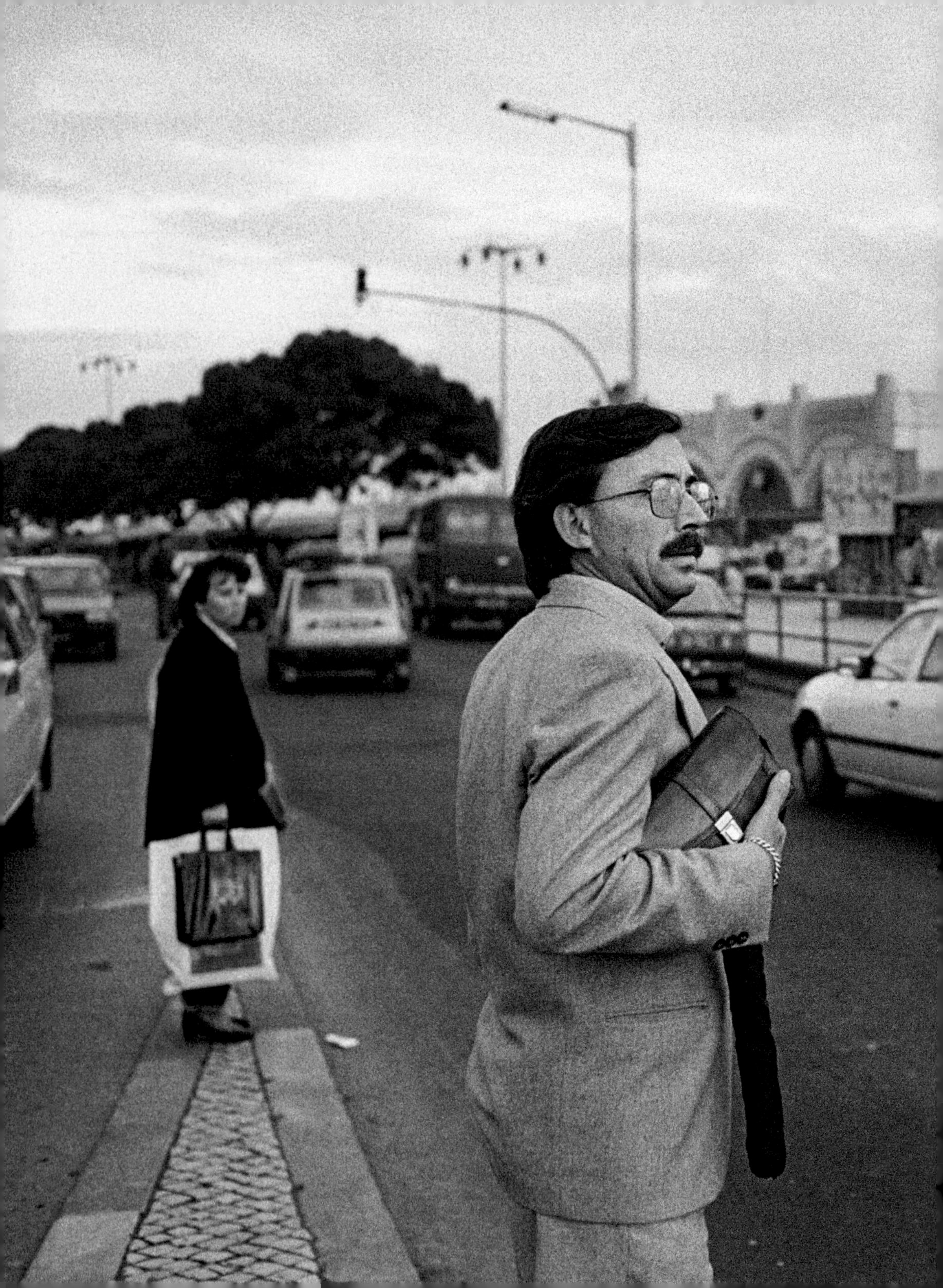

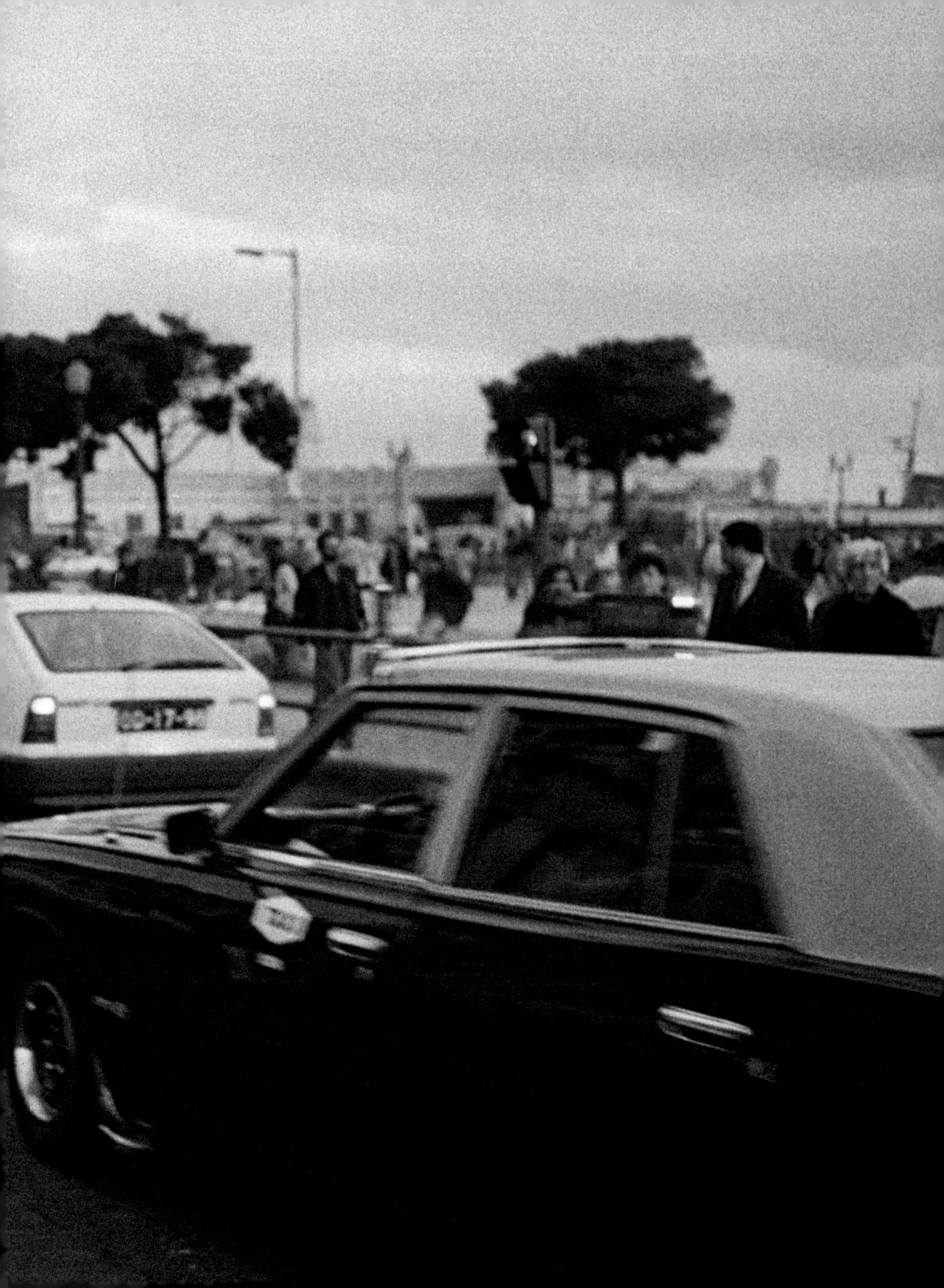

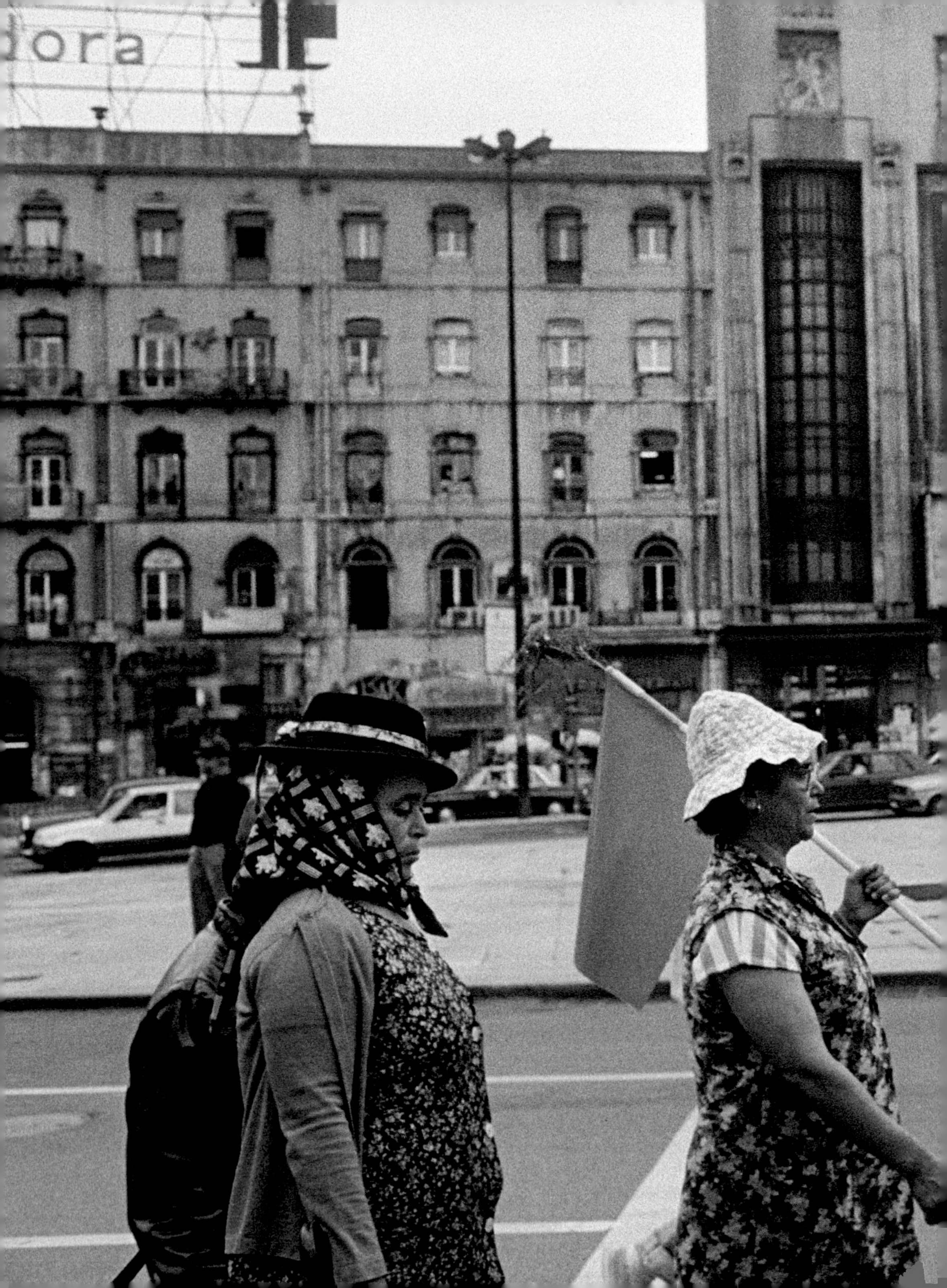
dora

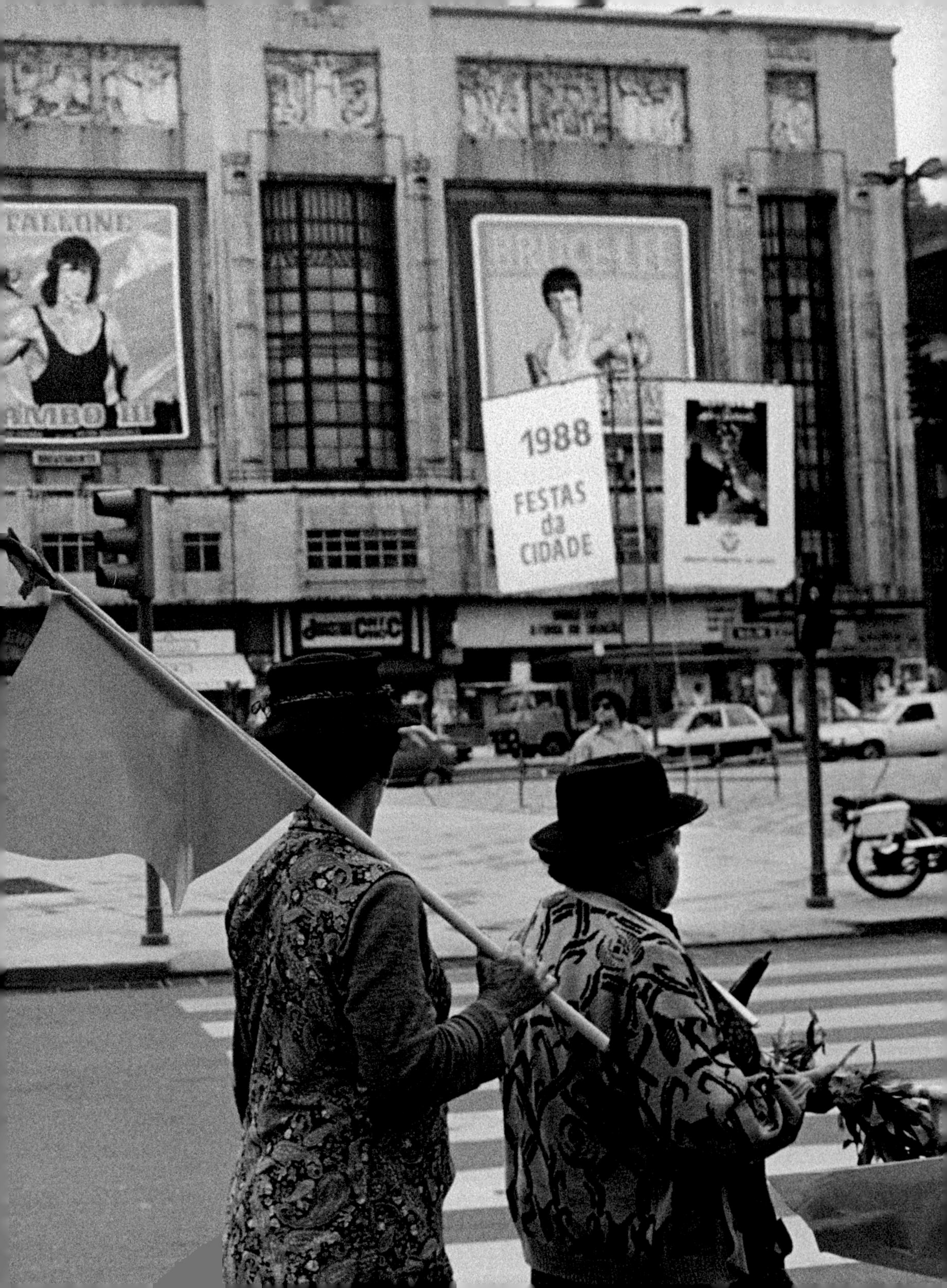
1988
FESTAS
da
CIDADE

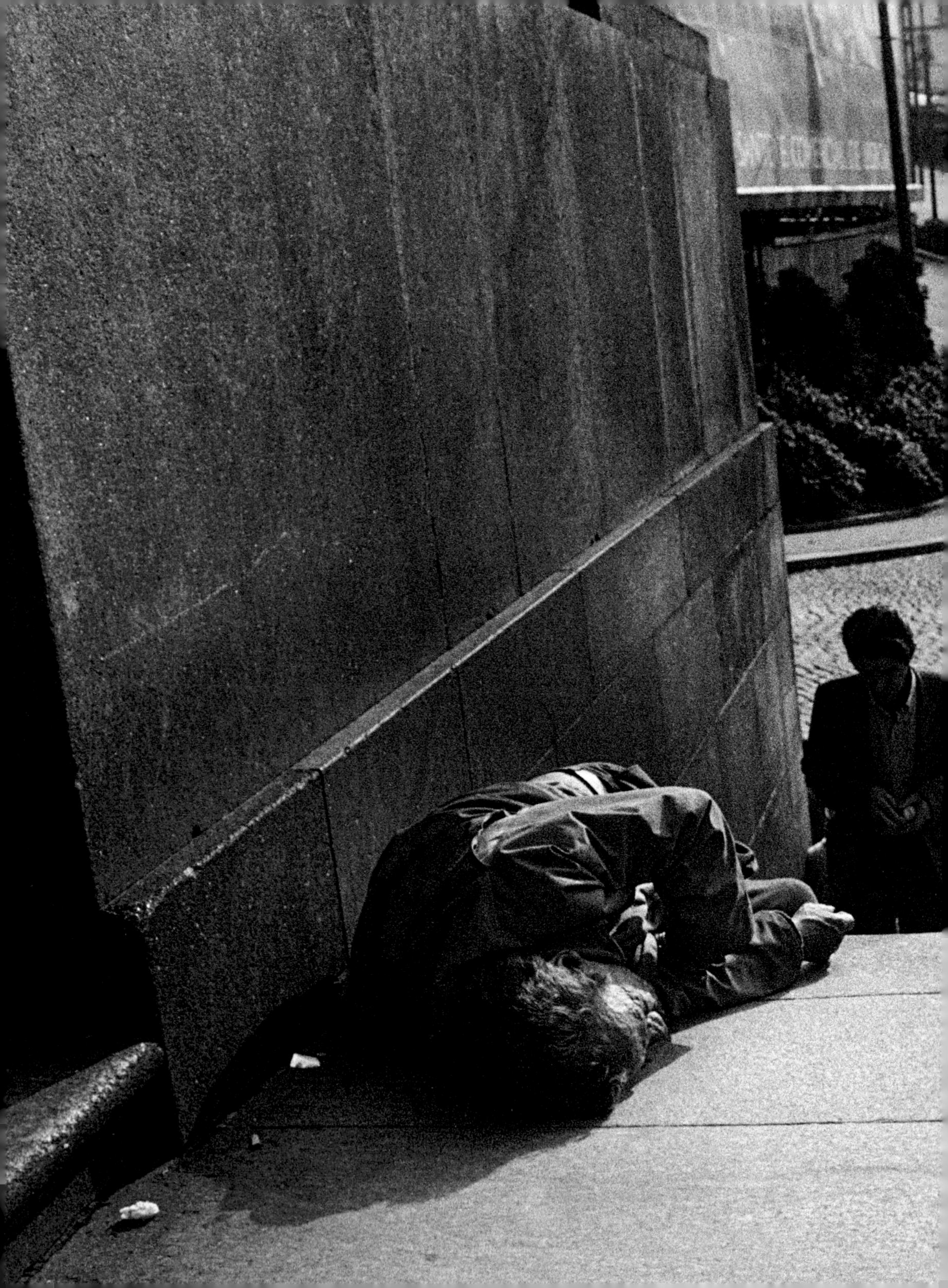

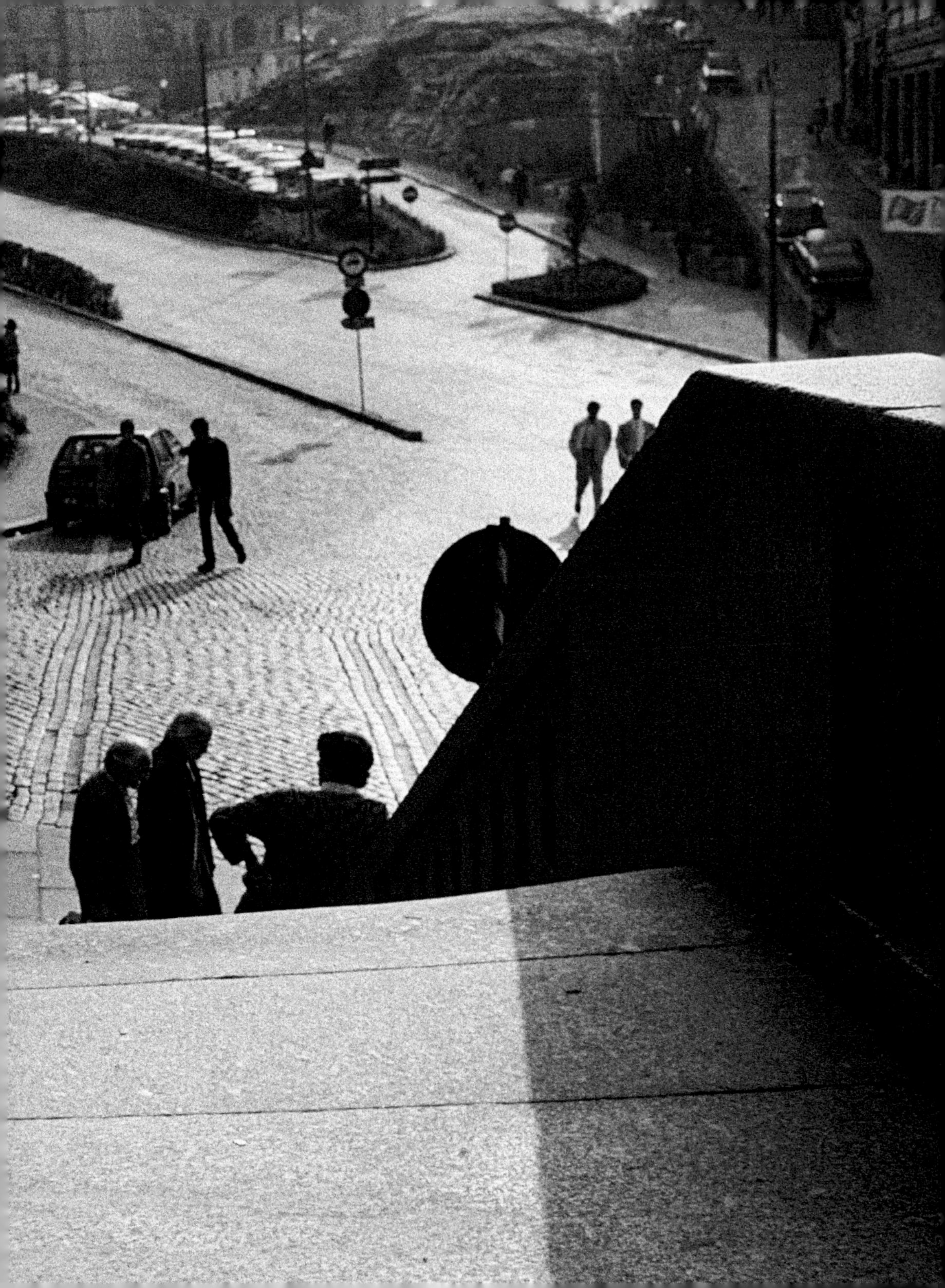

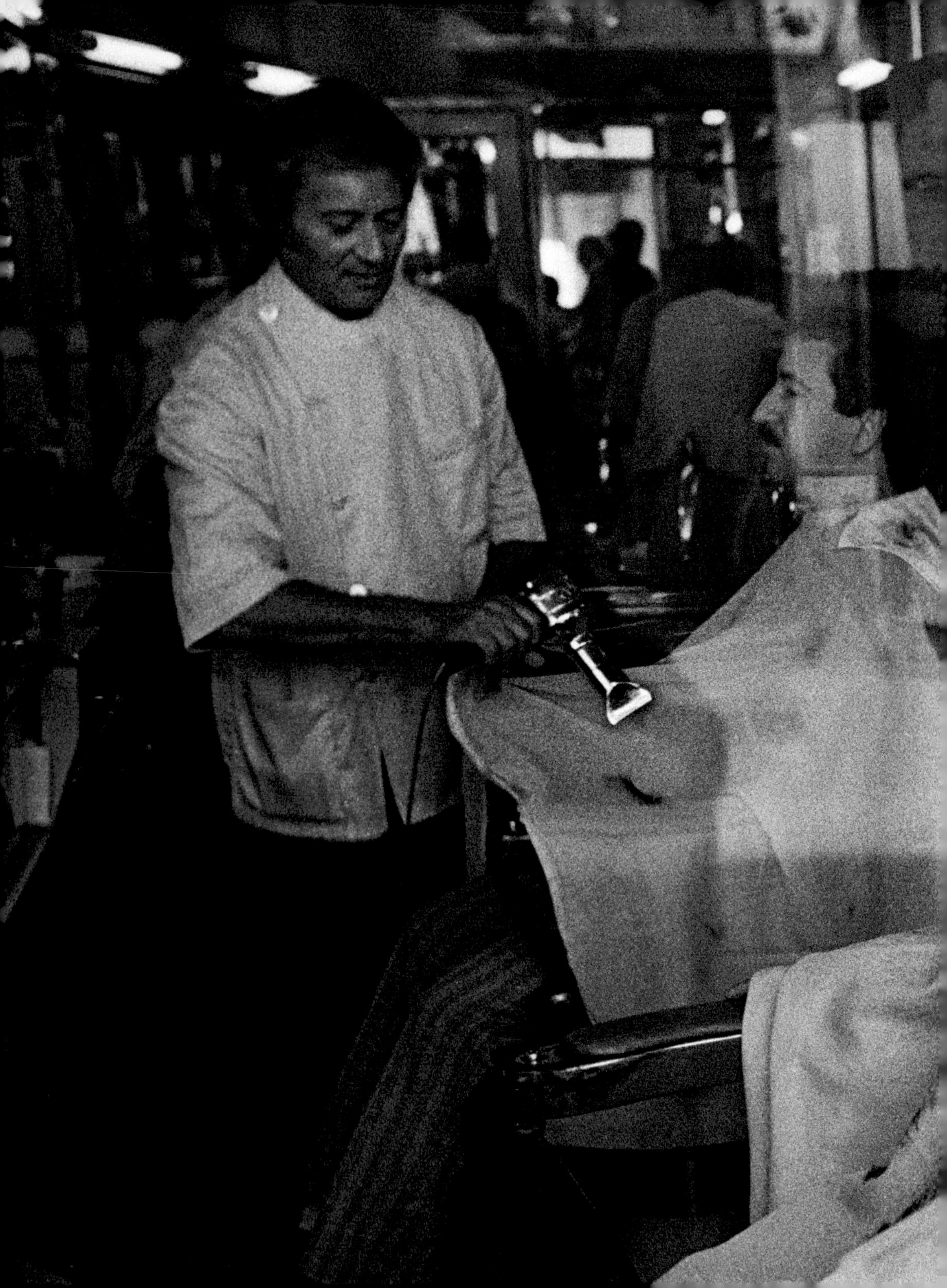

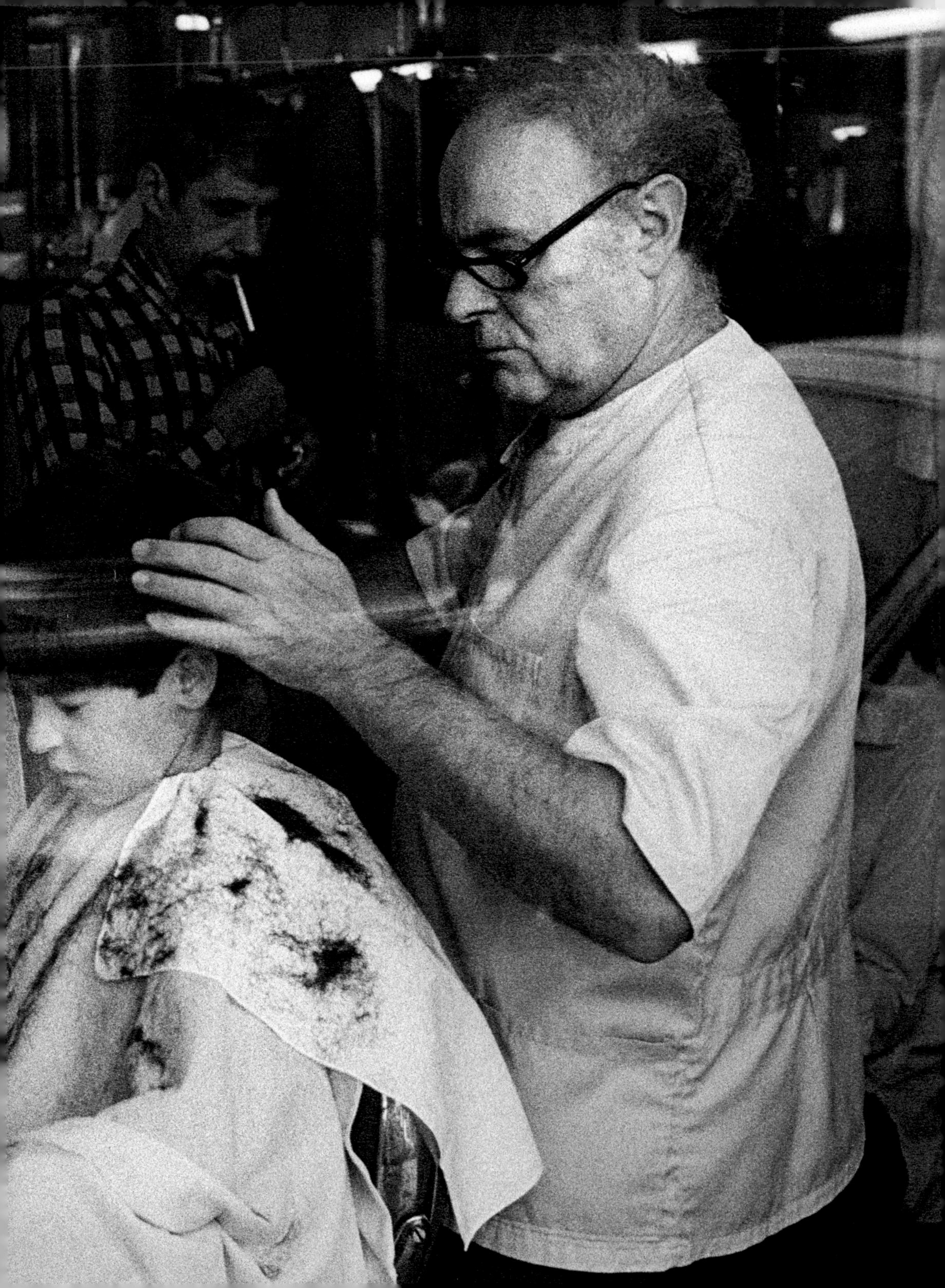

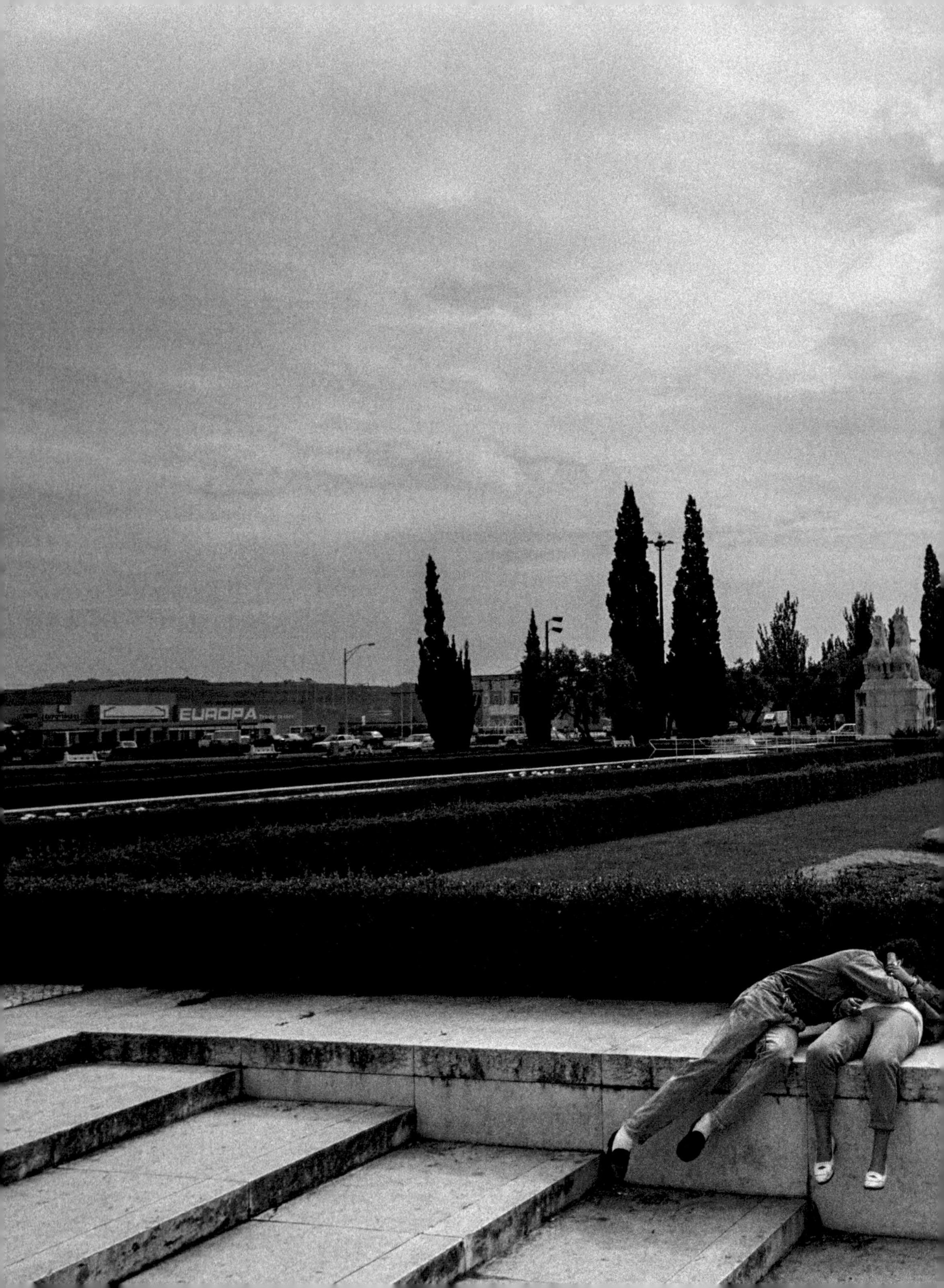
EUROPA

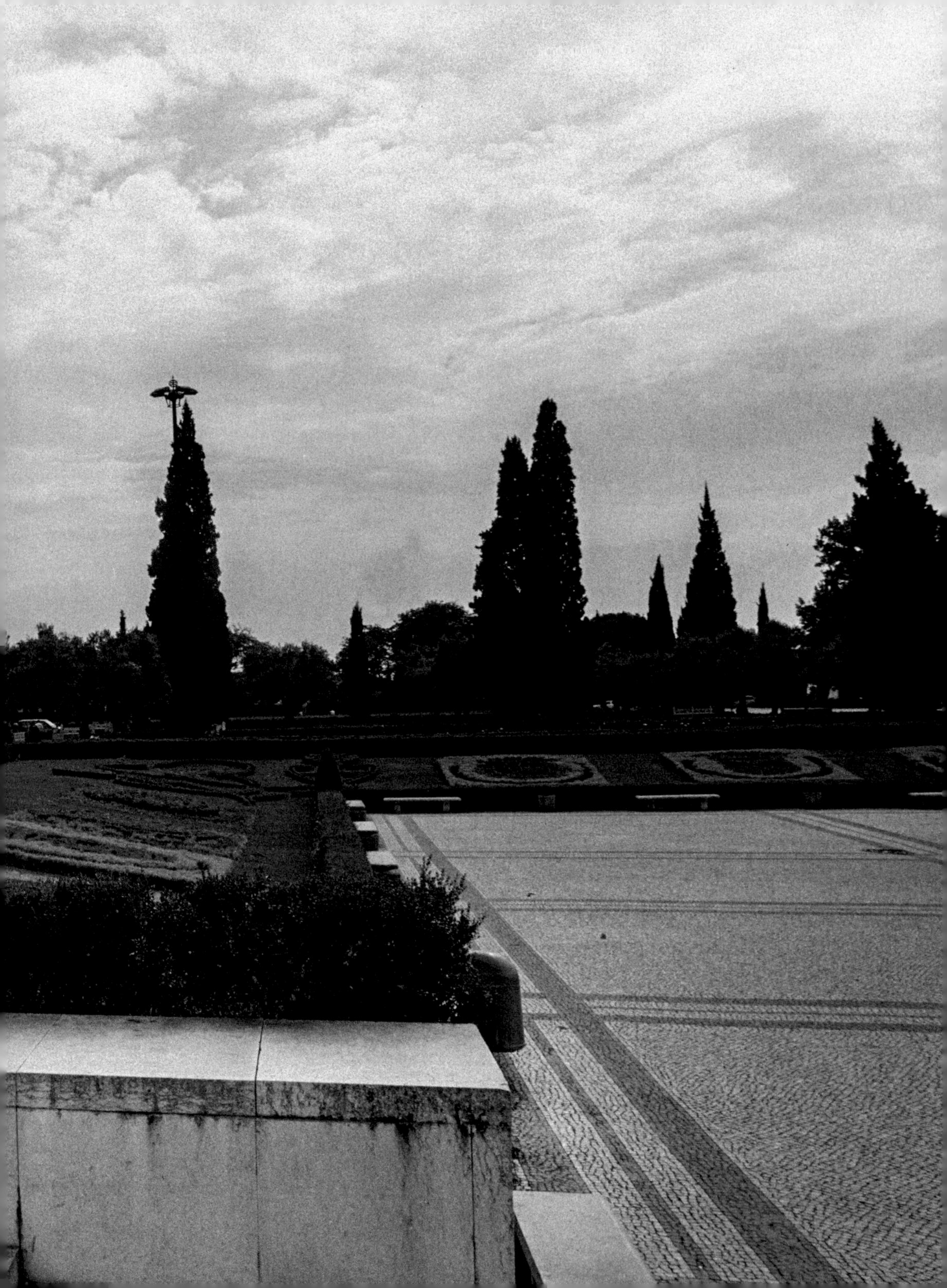

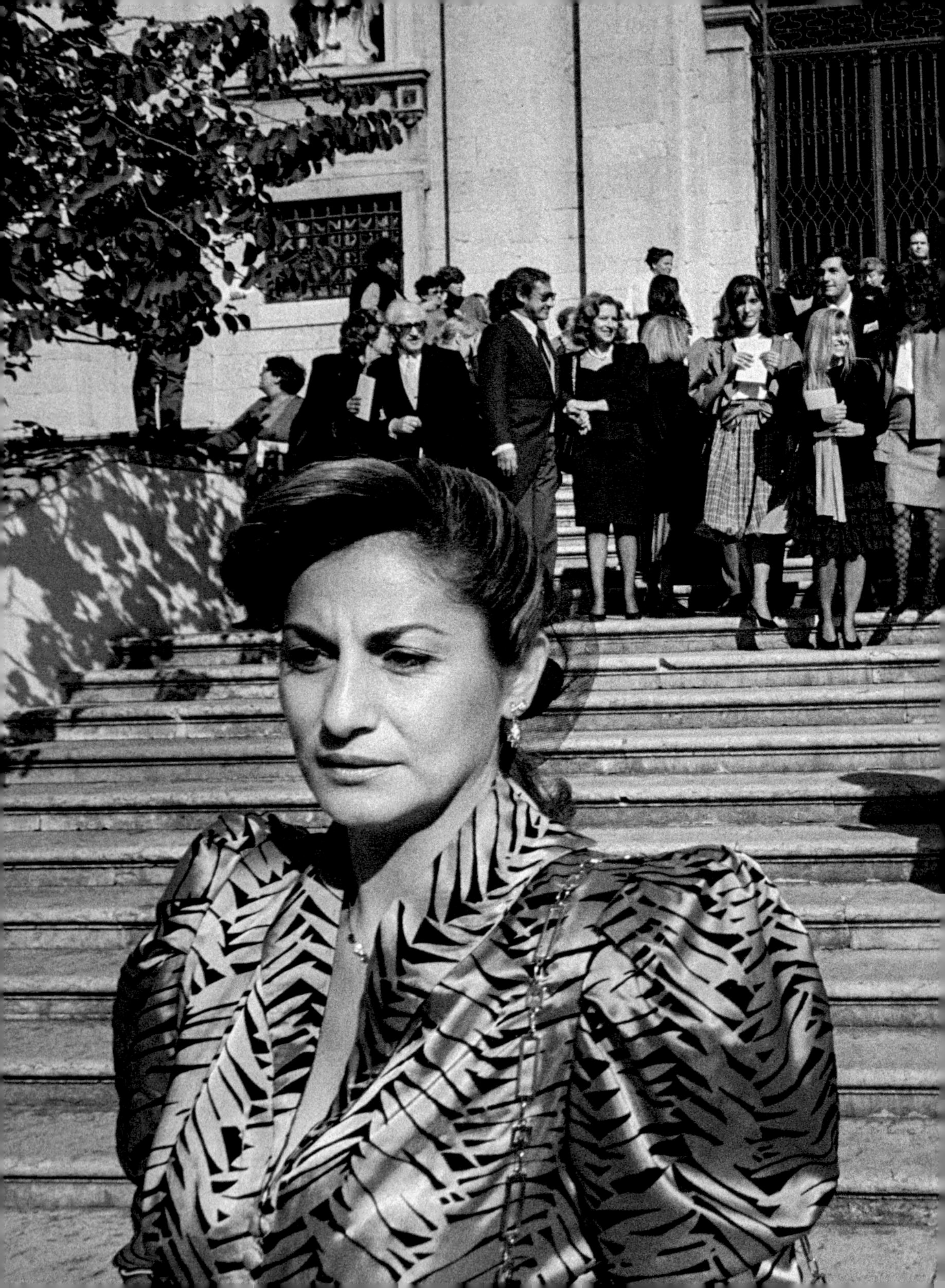

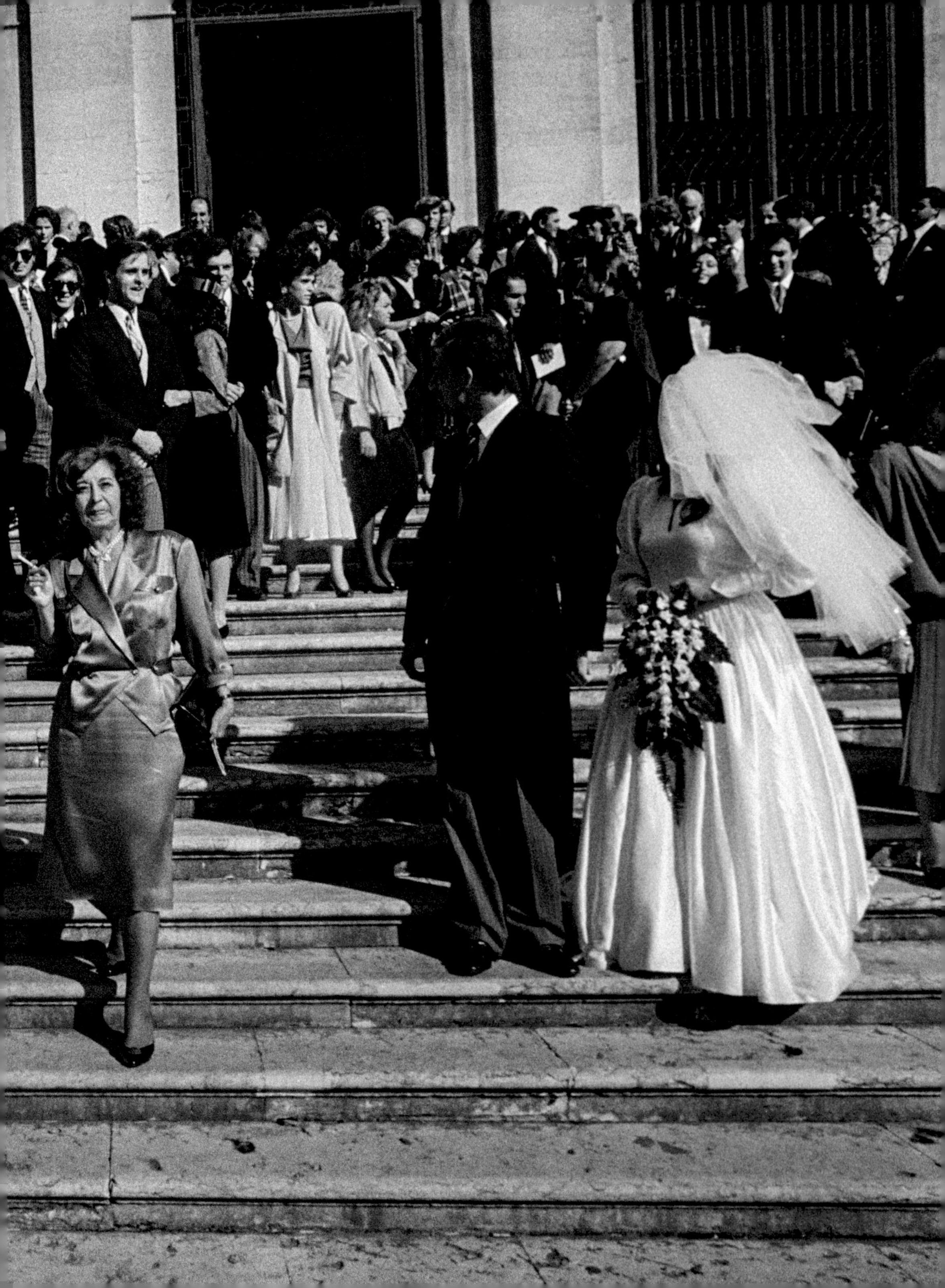

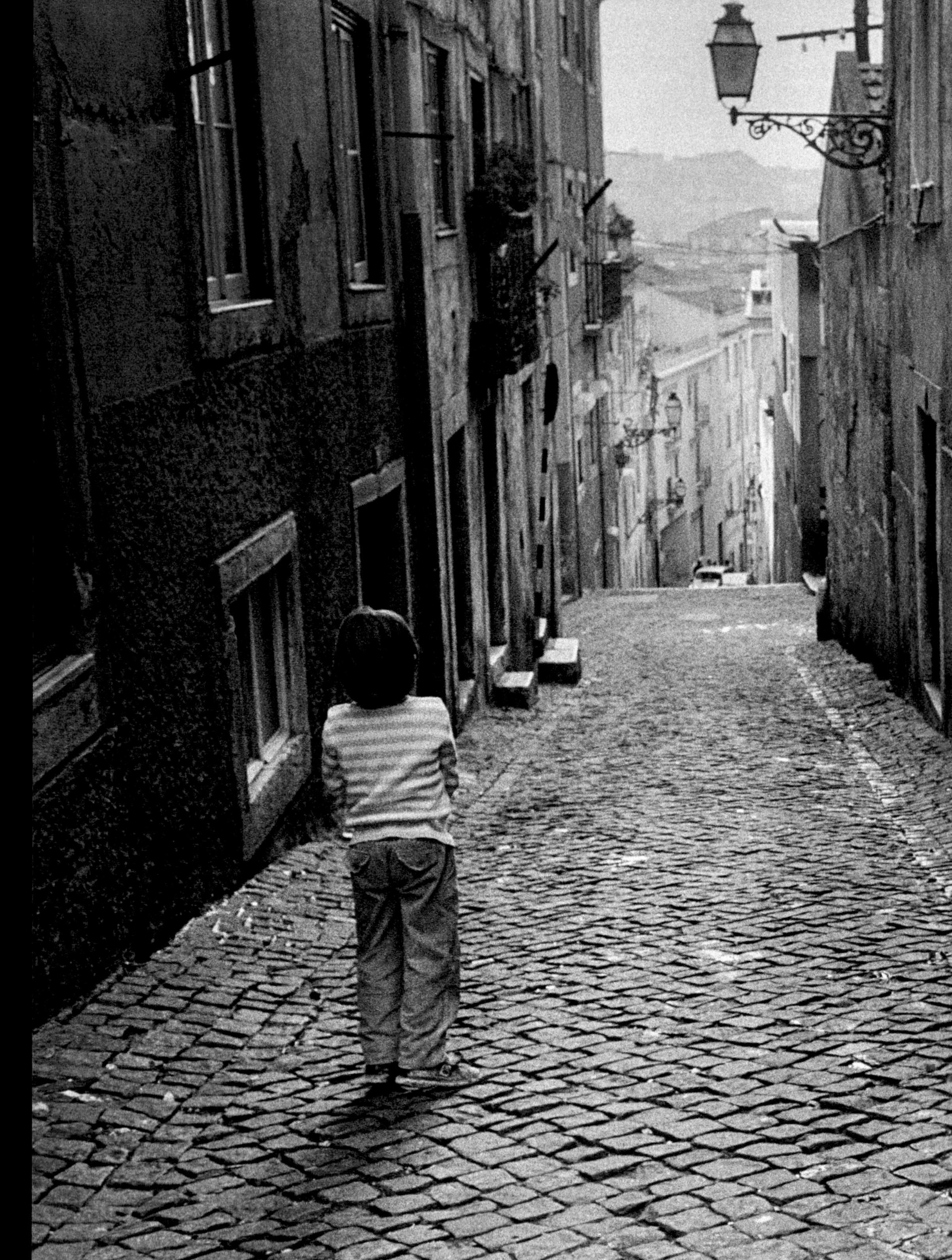

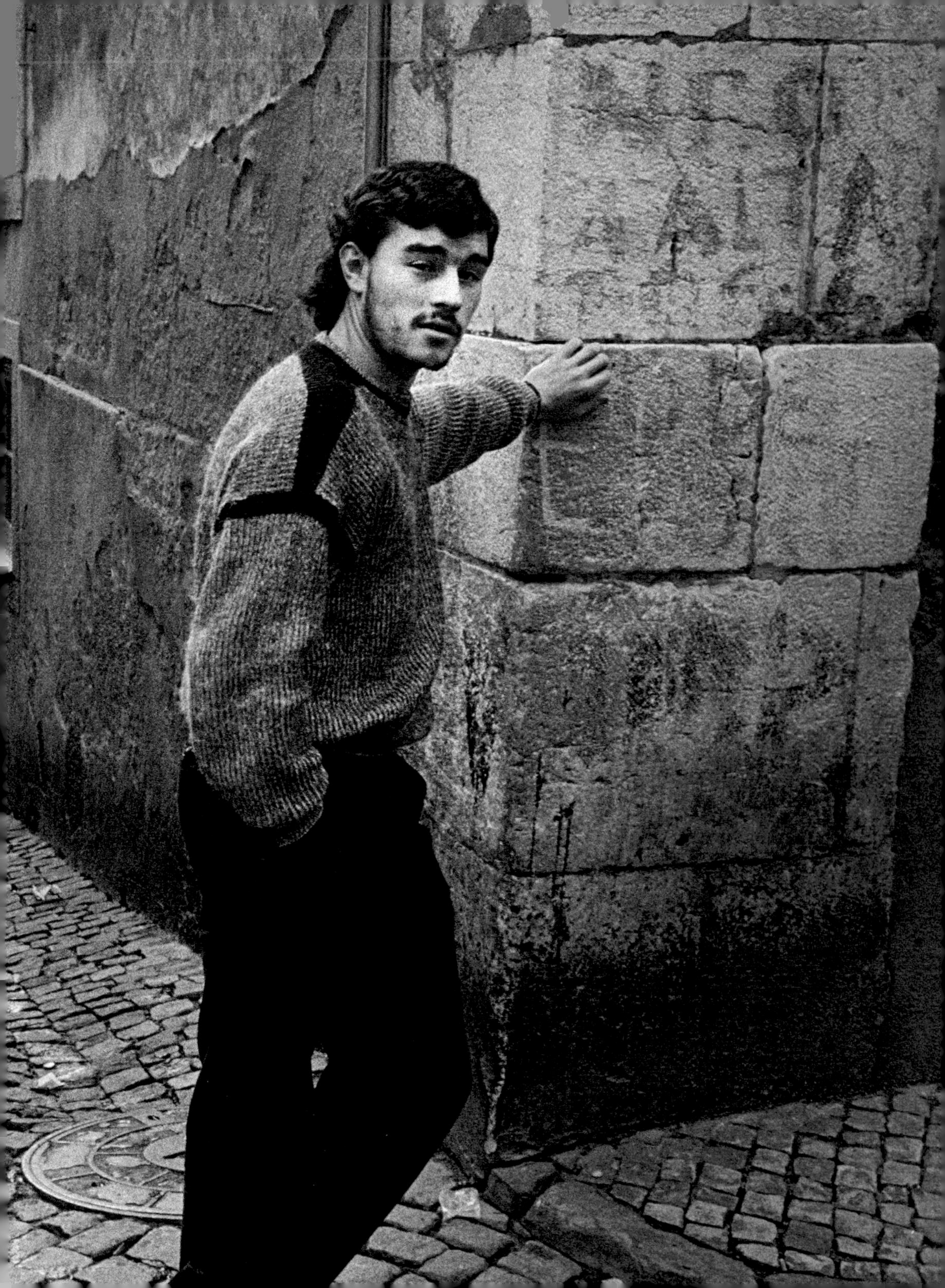

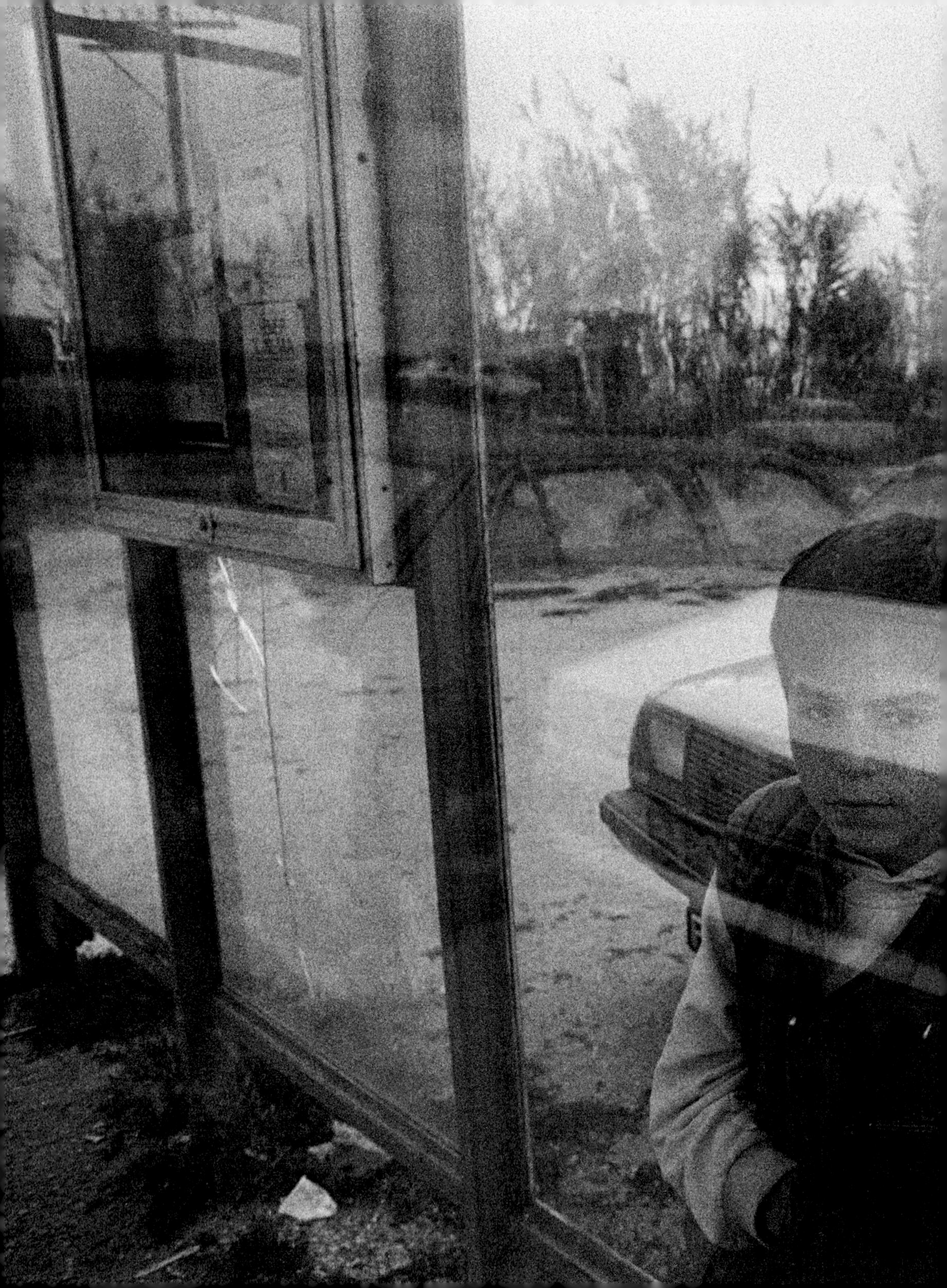

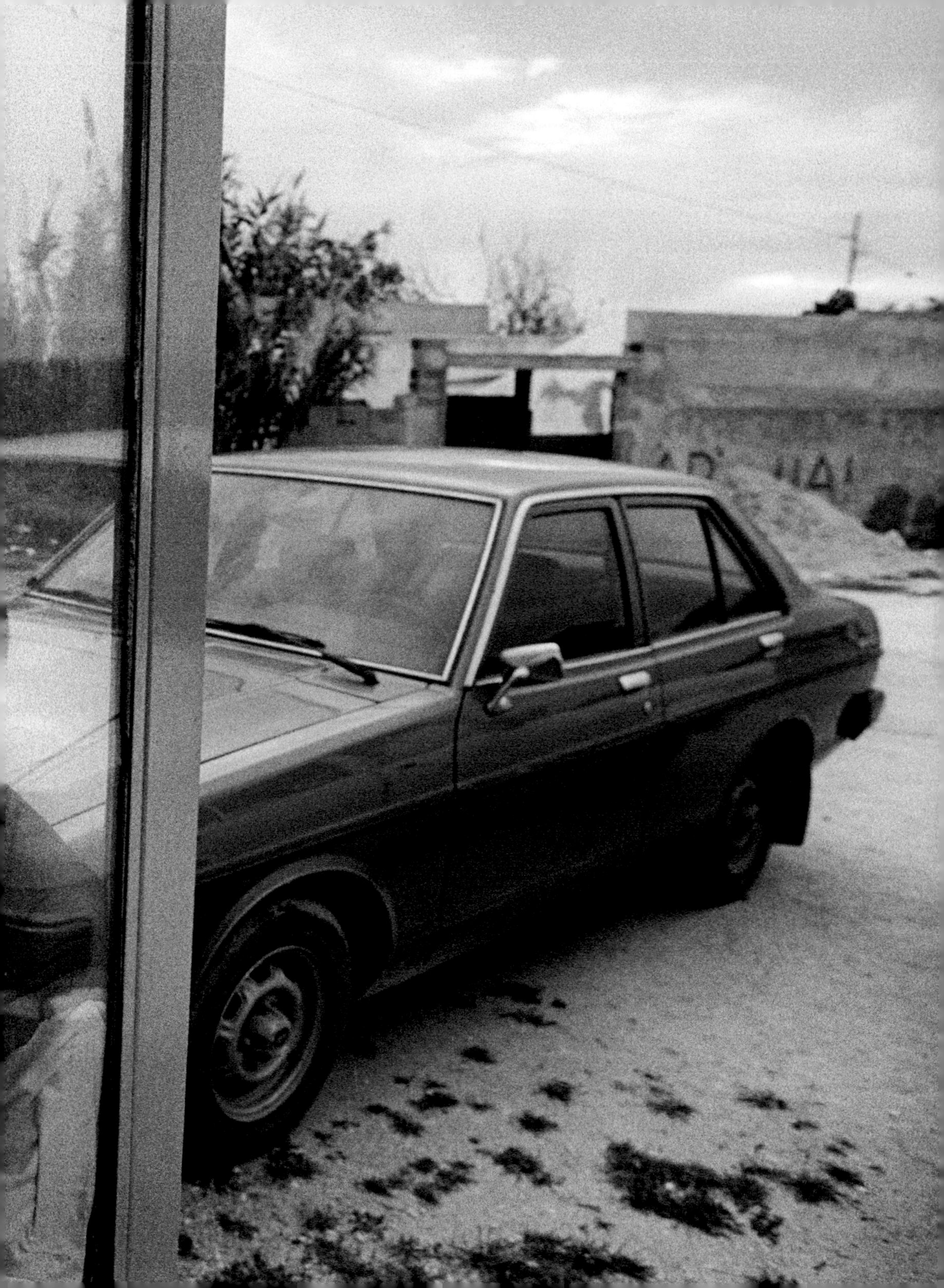

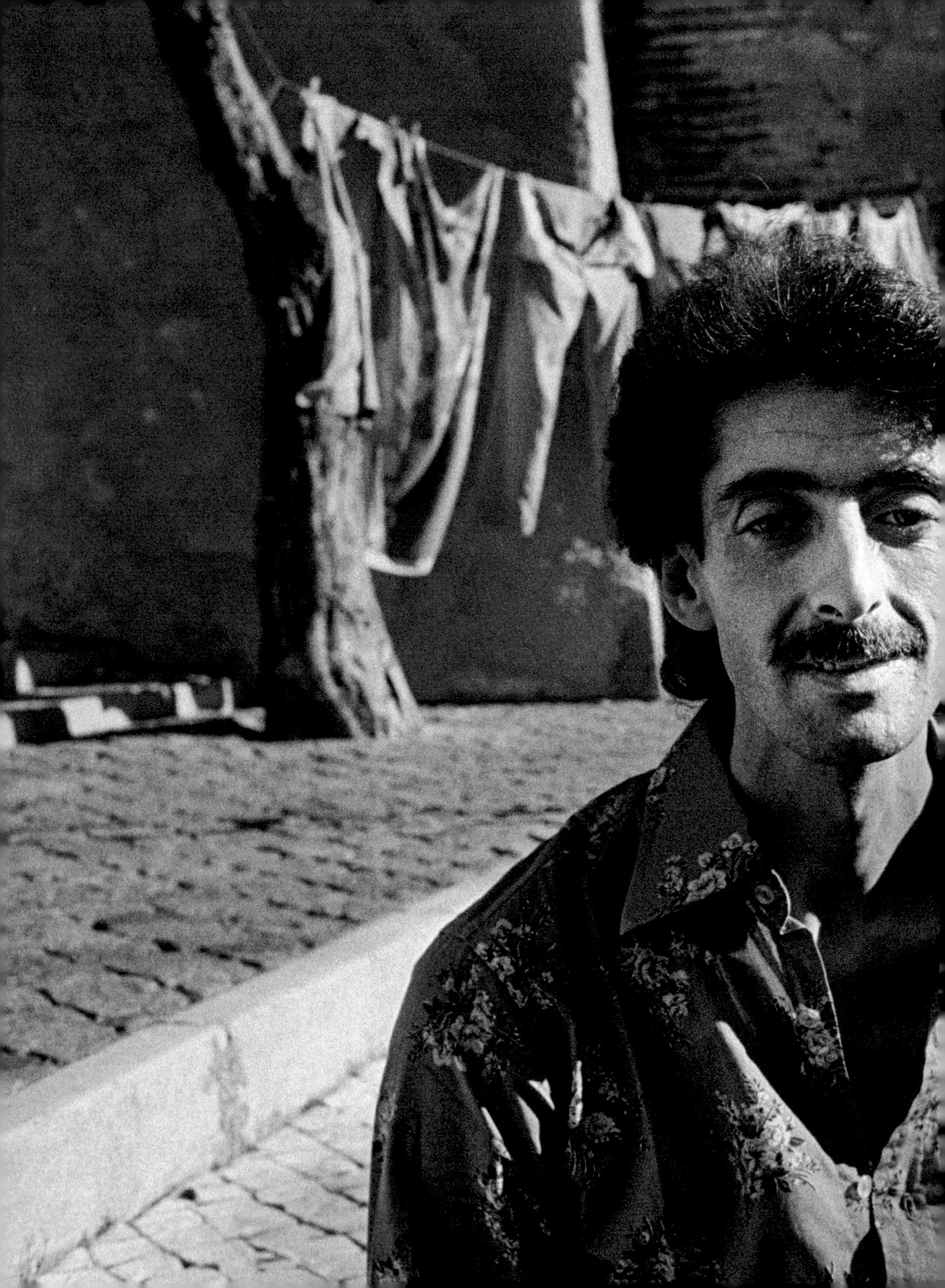

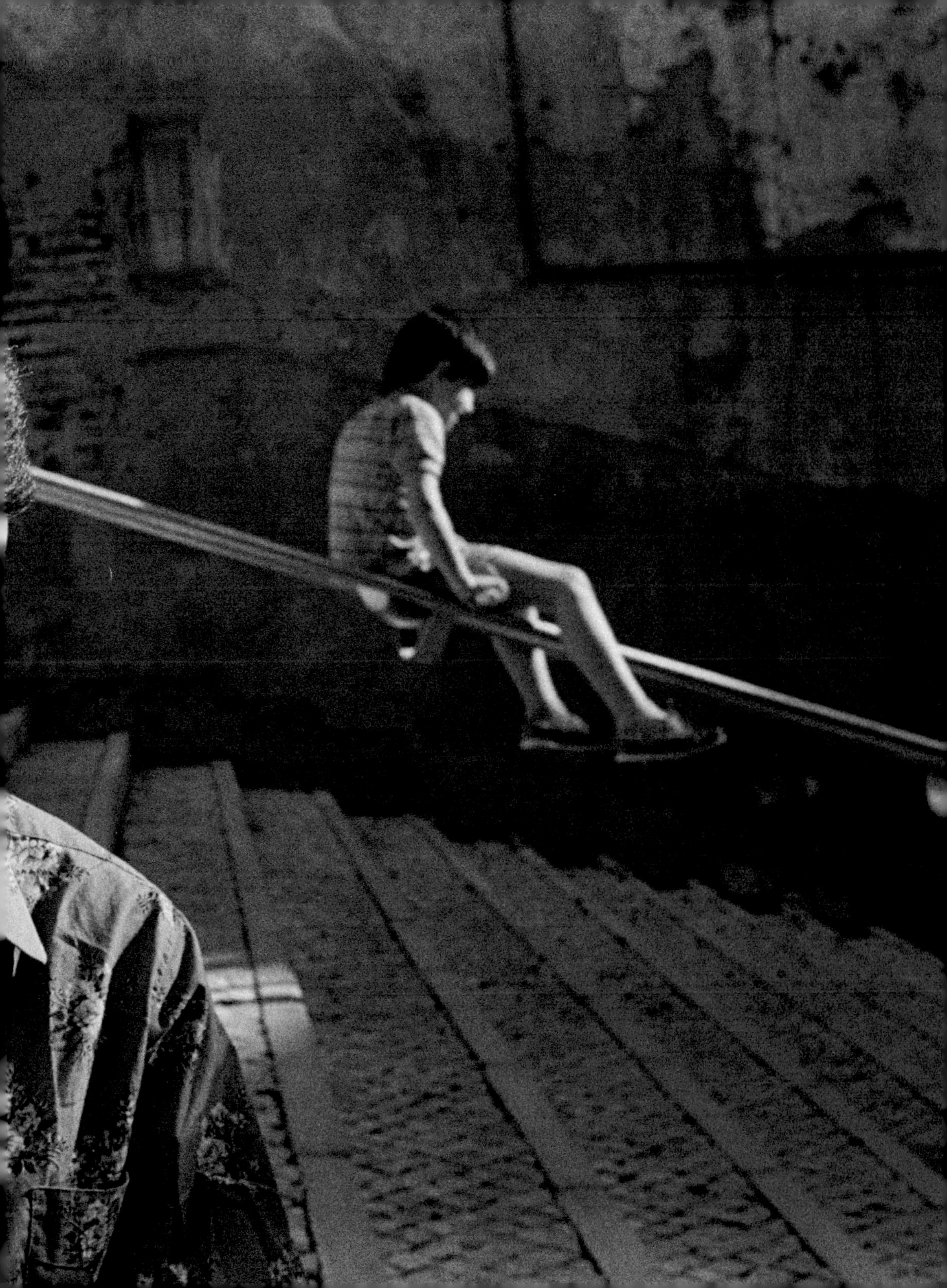

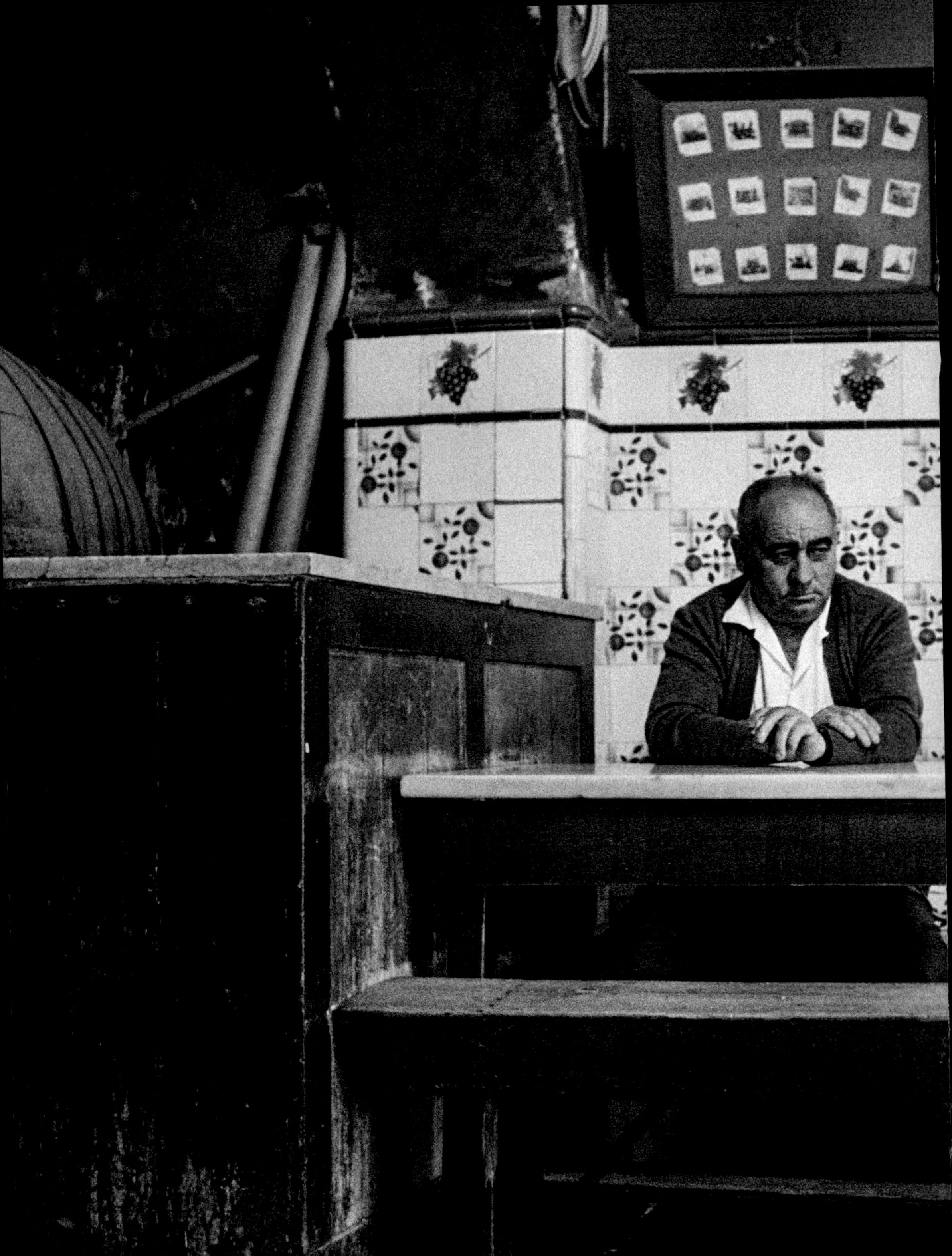

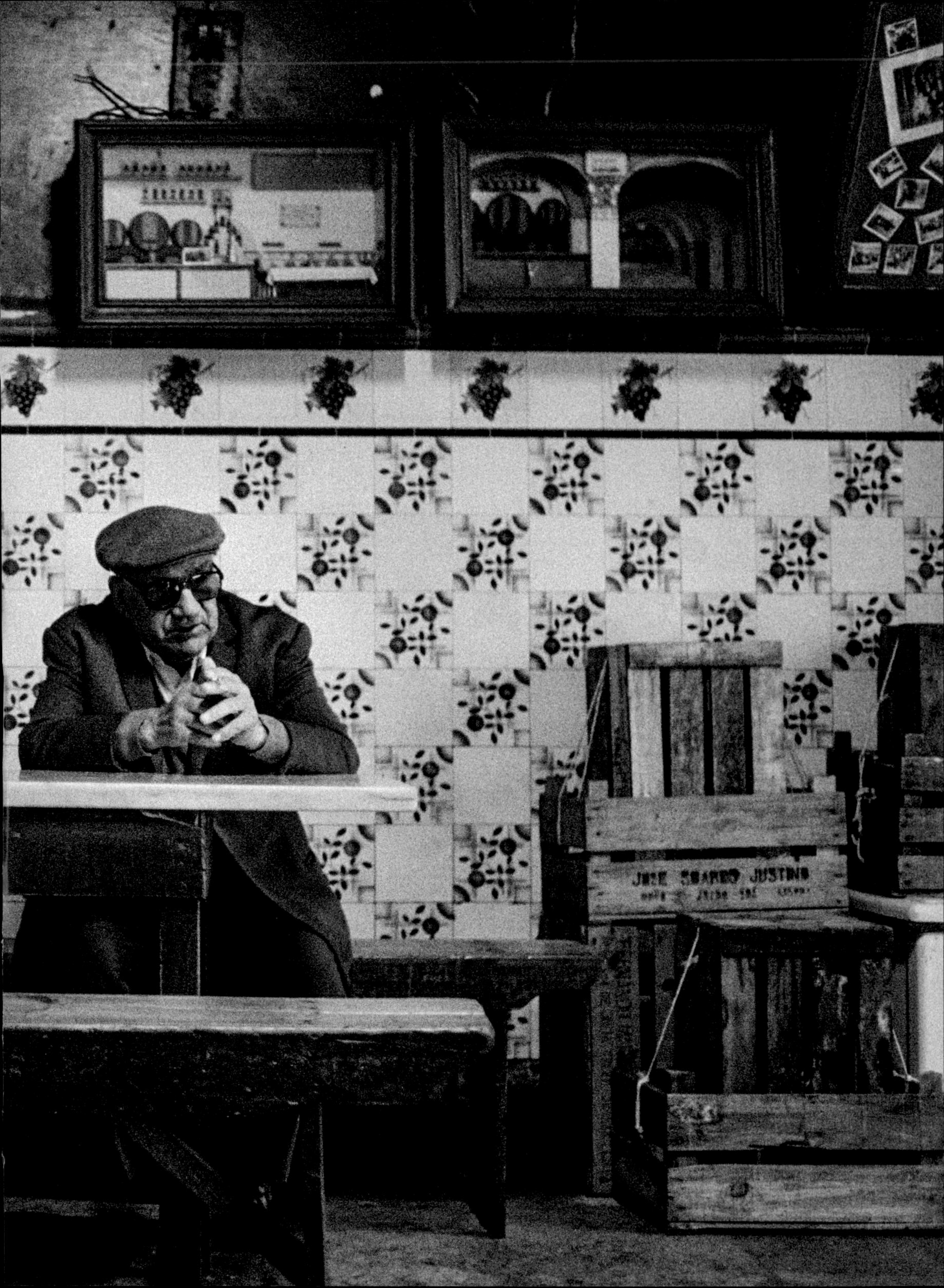
JUSTINO

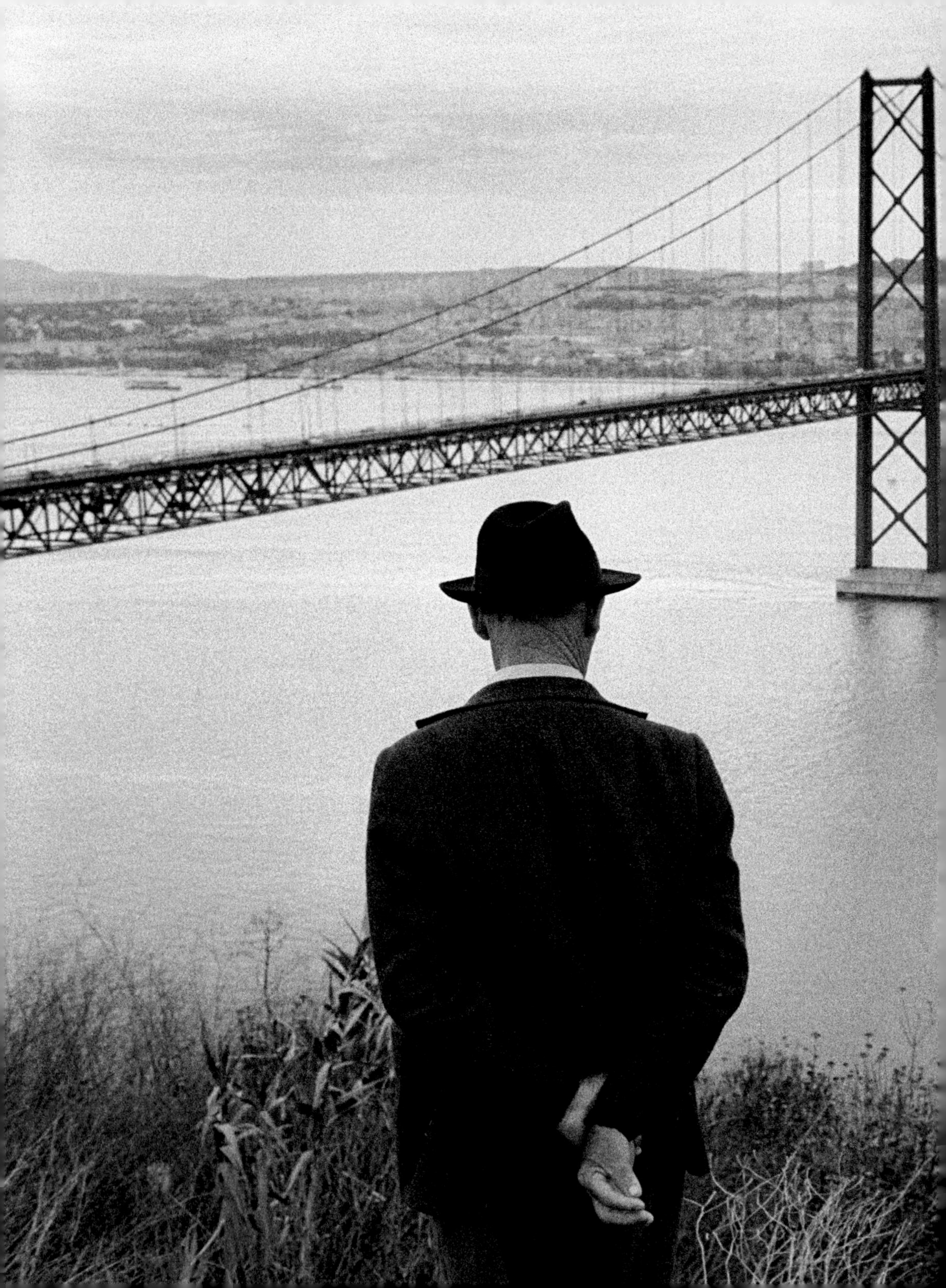

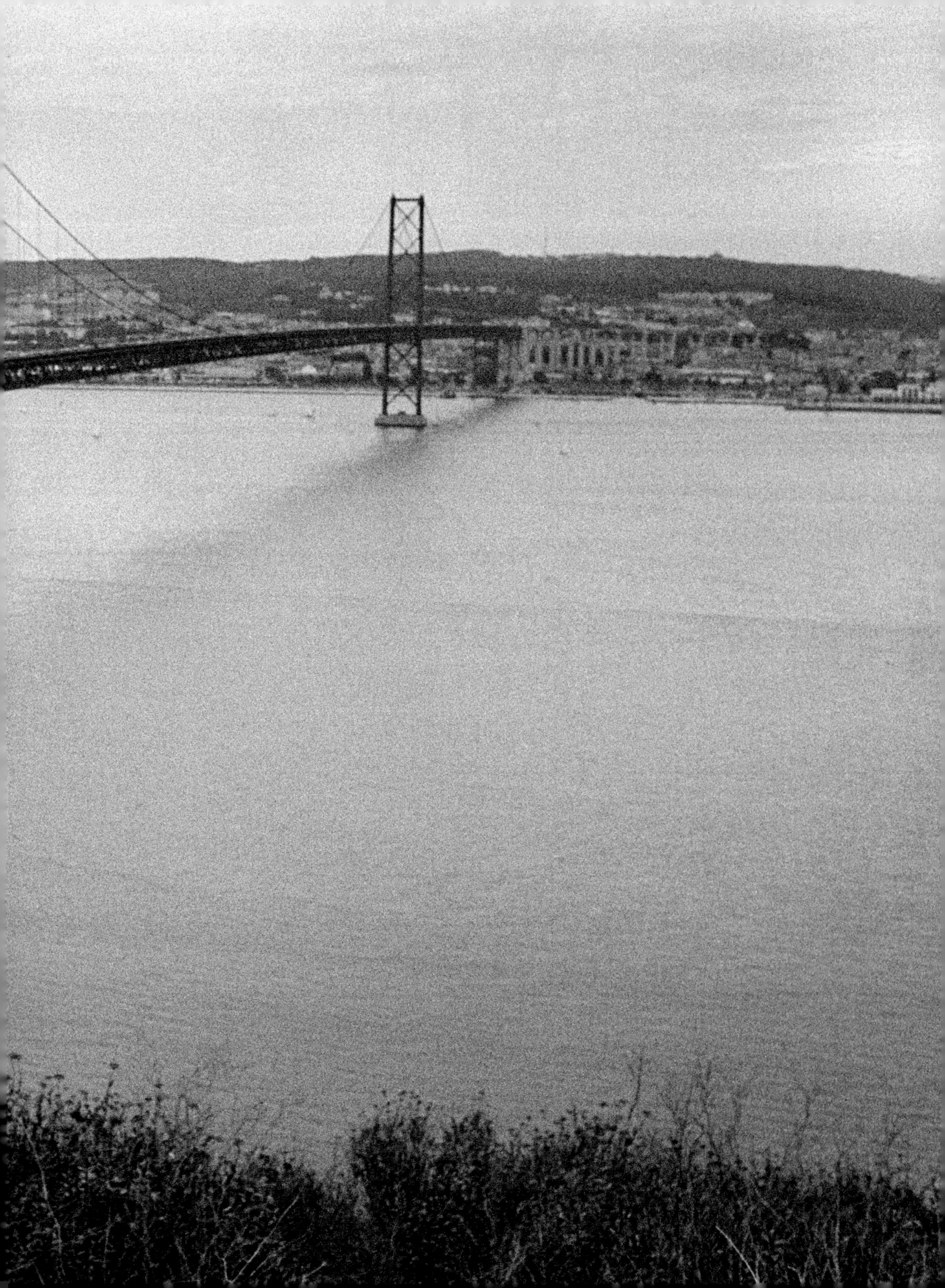

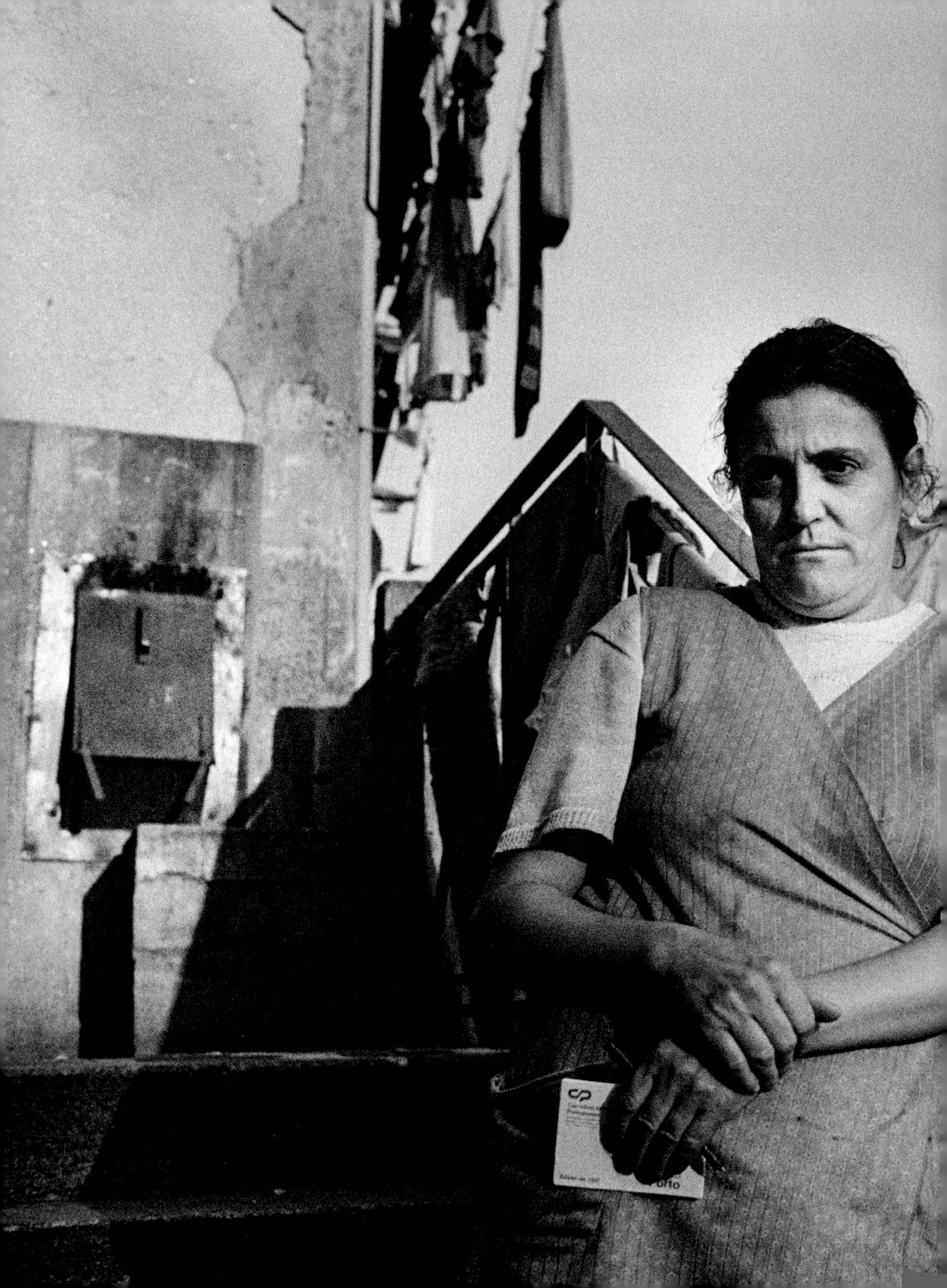

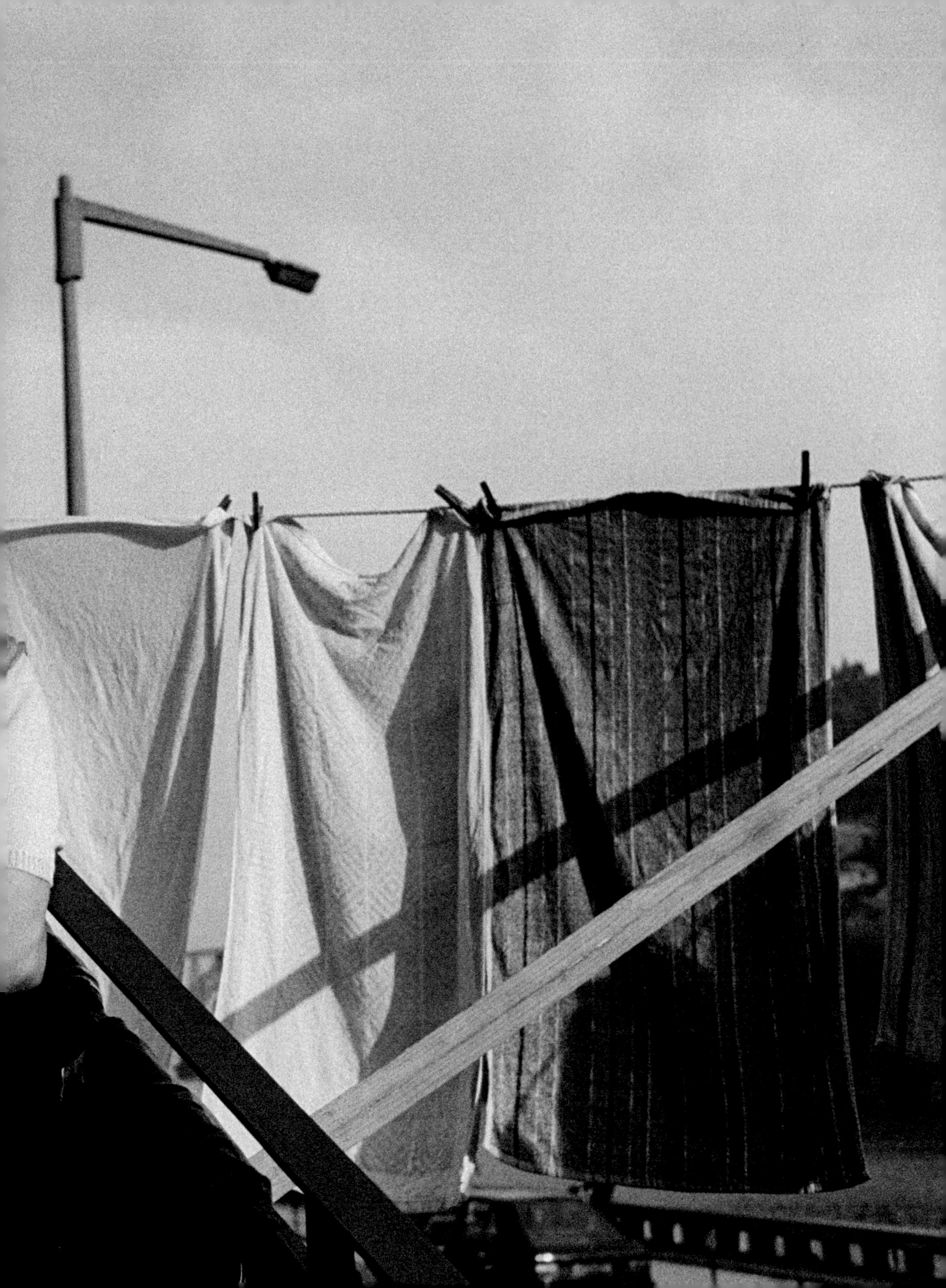

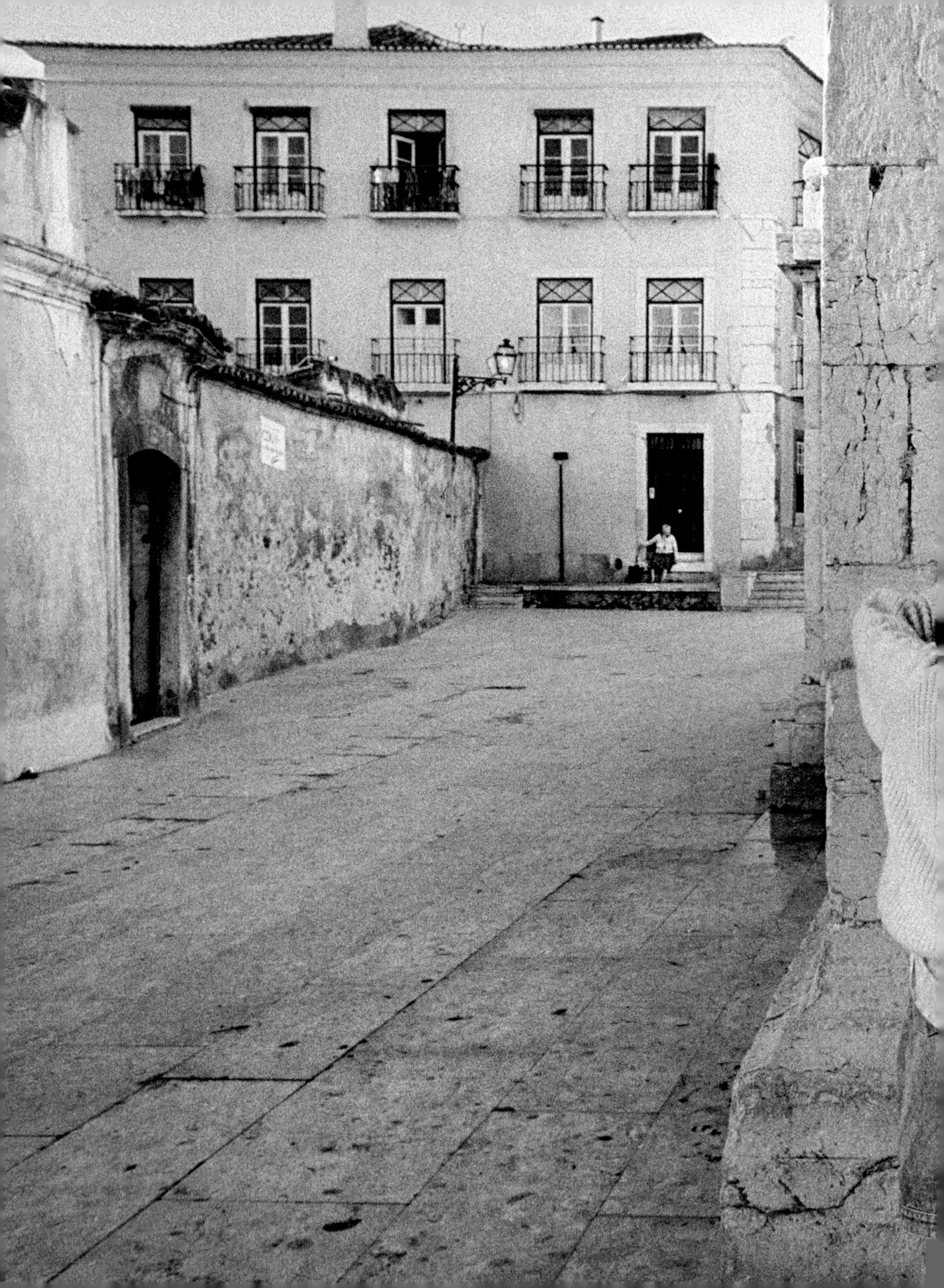

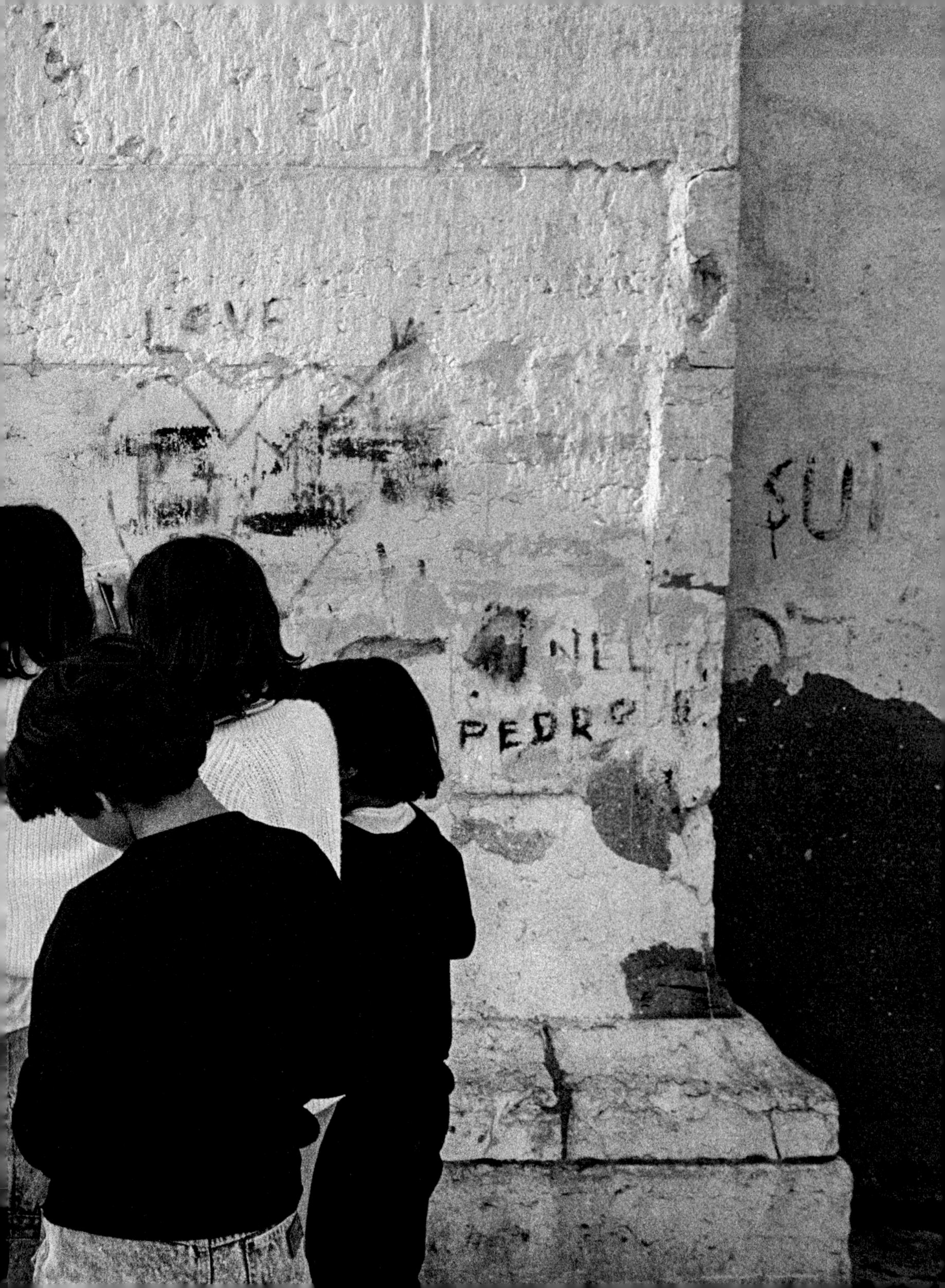
LOVE
PEDRO
SUI

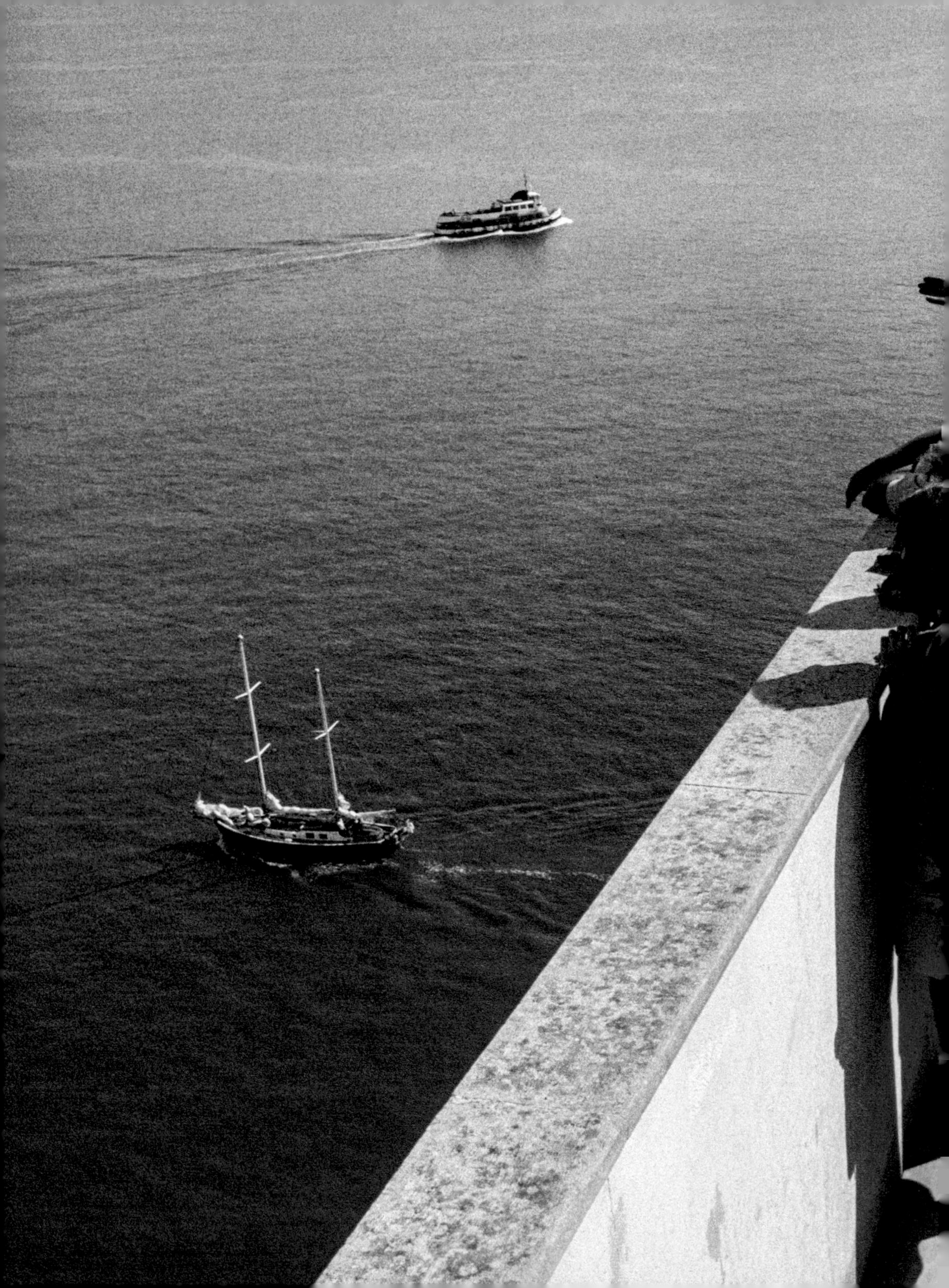

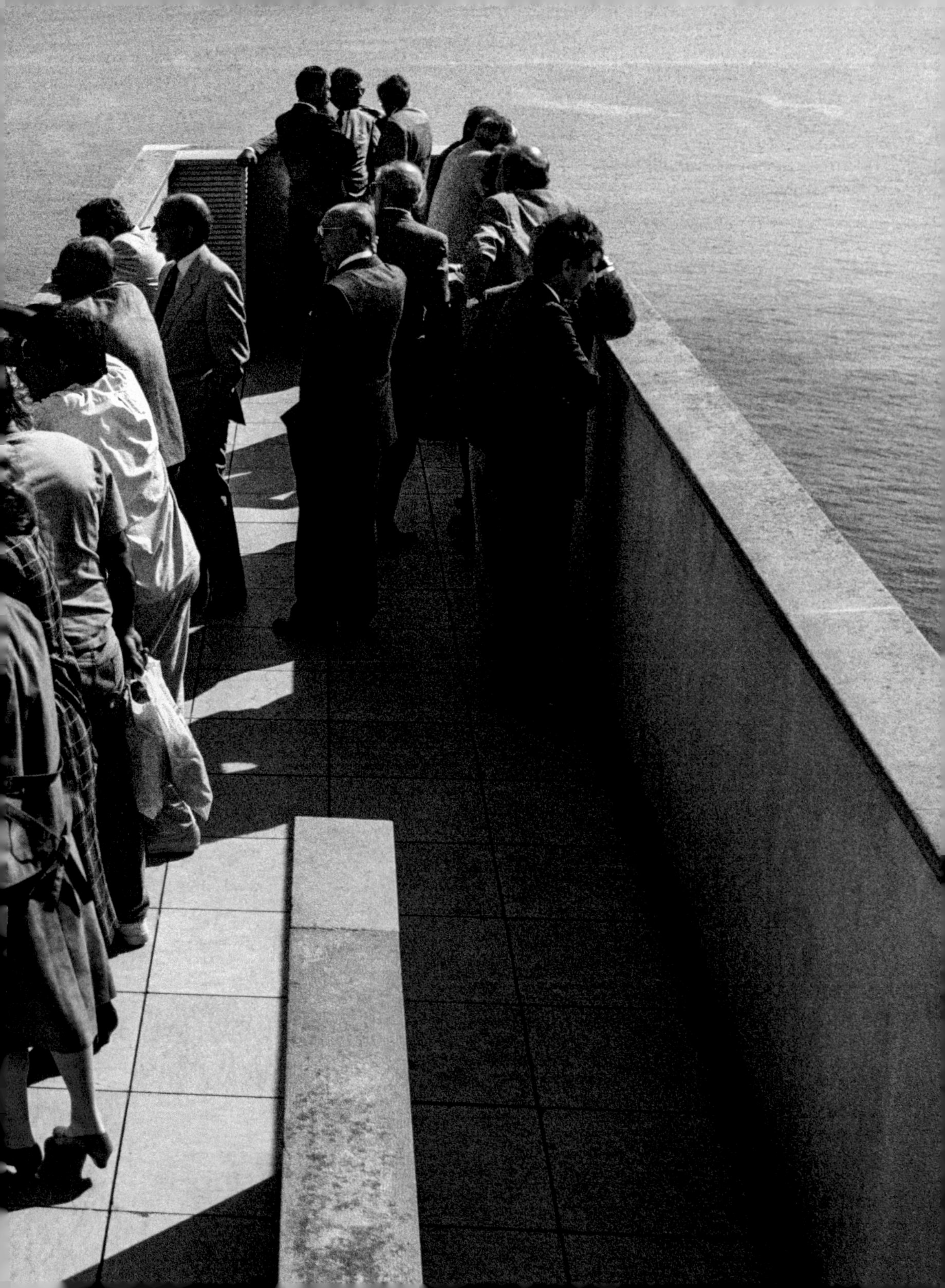

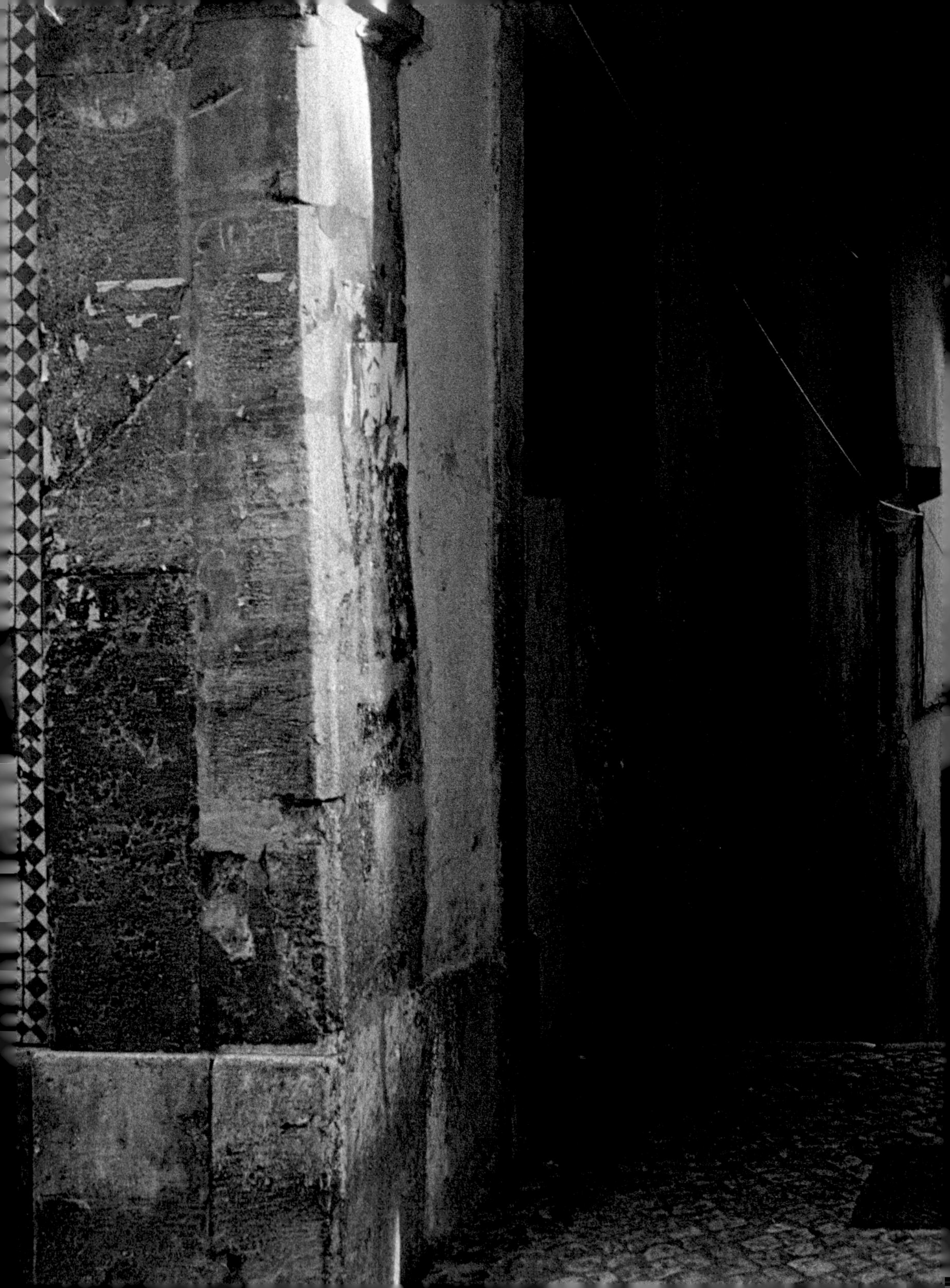

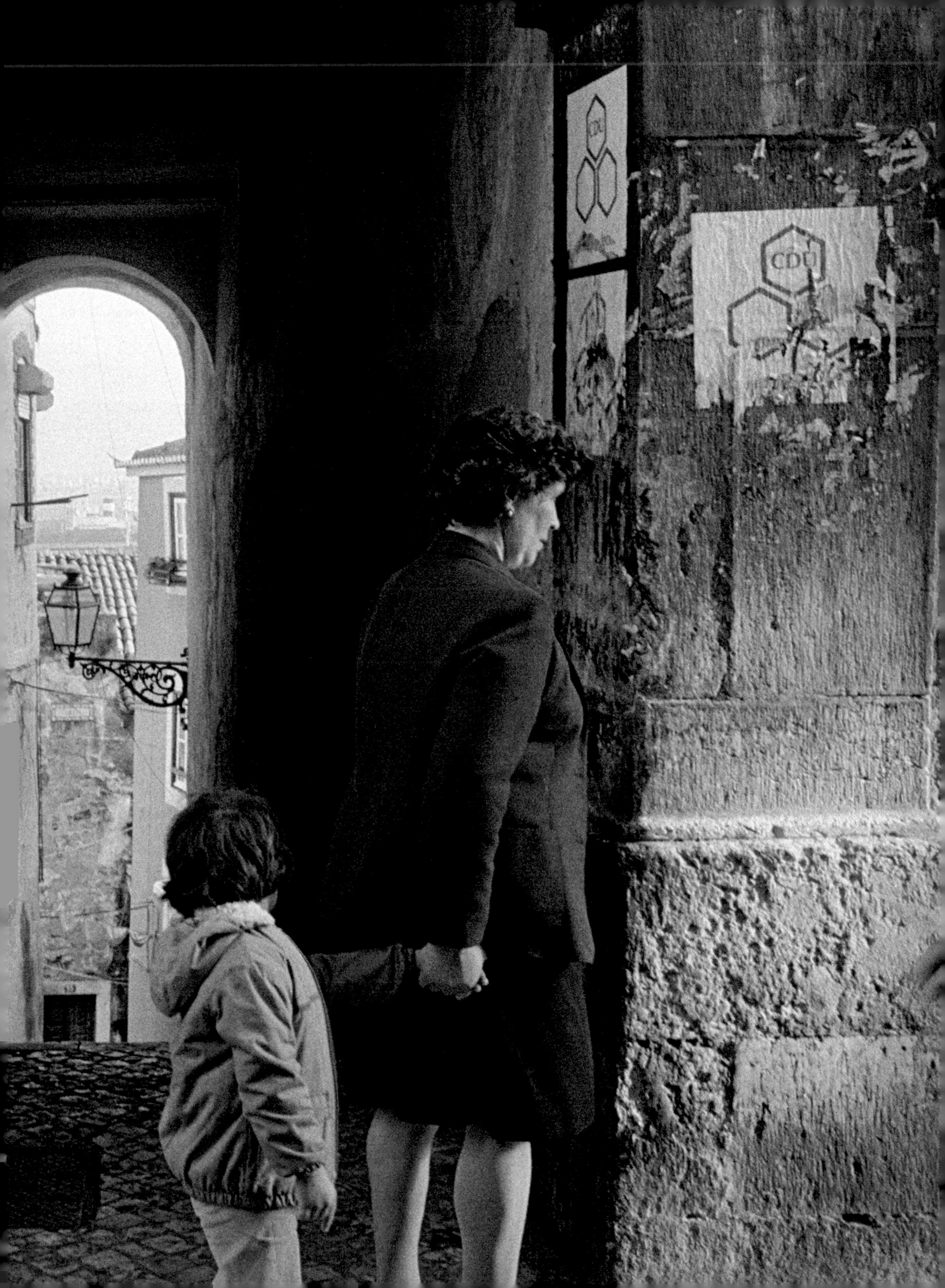
CDU
CDU

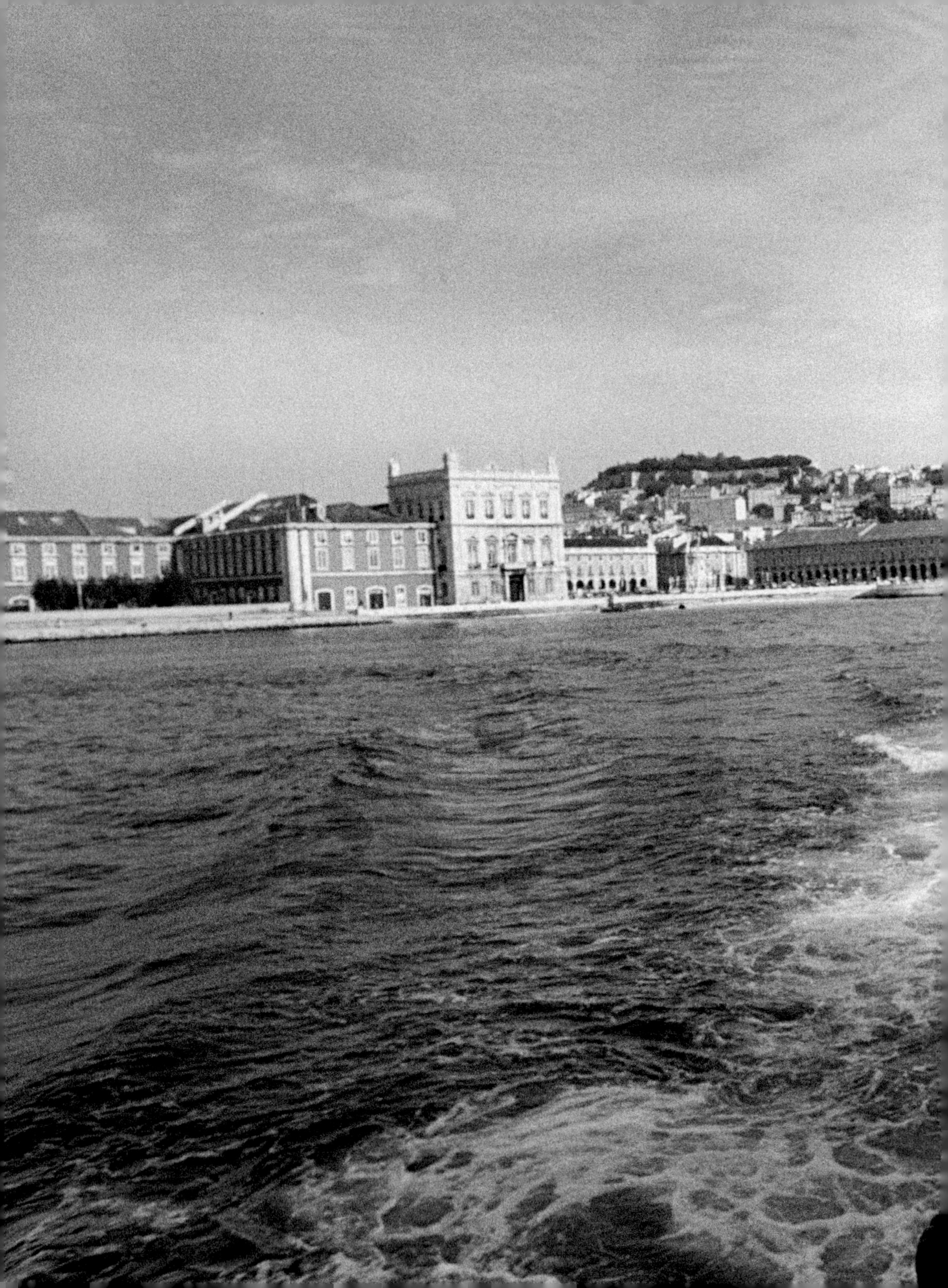

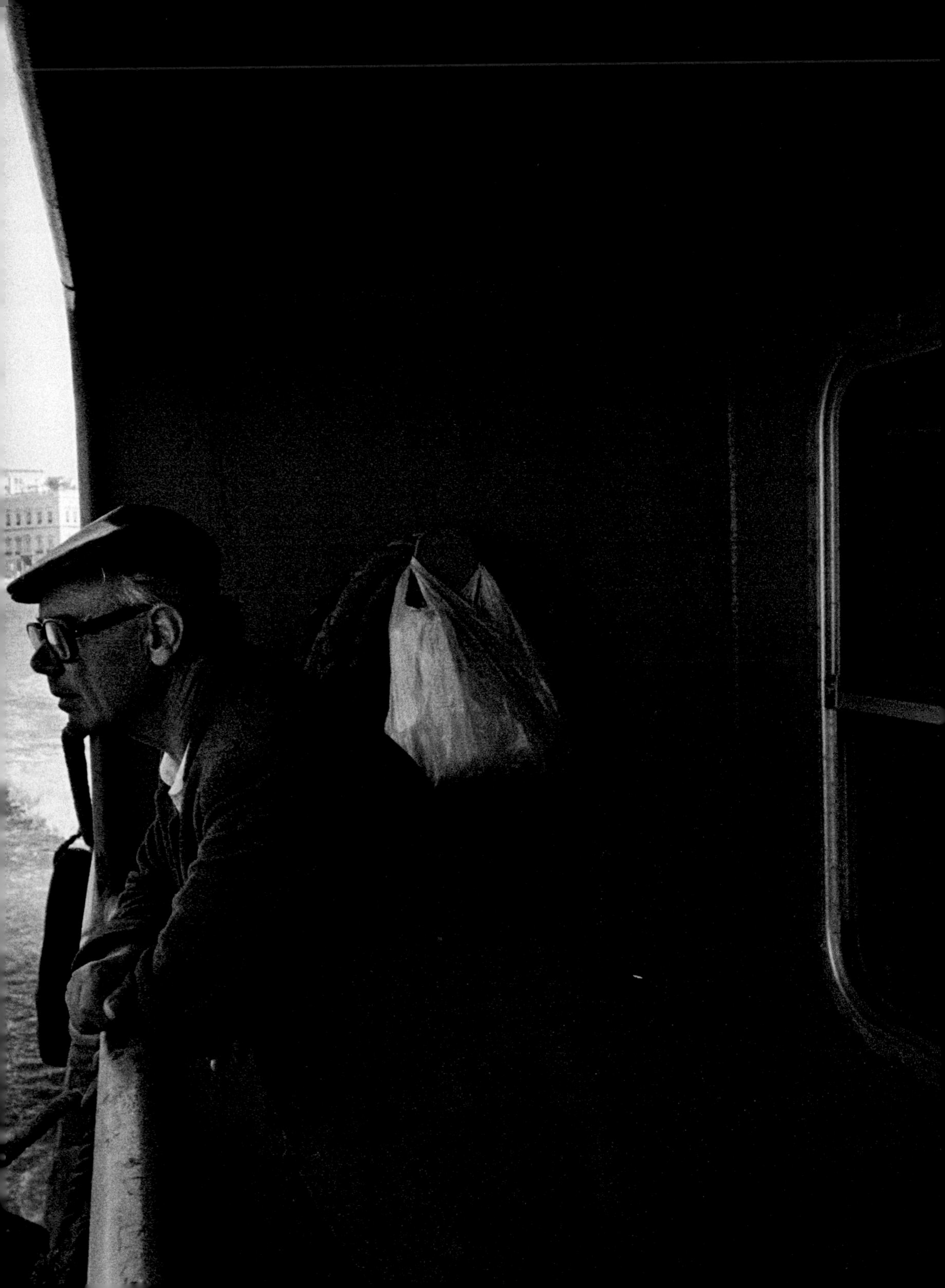

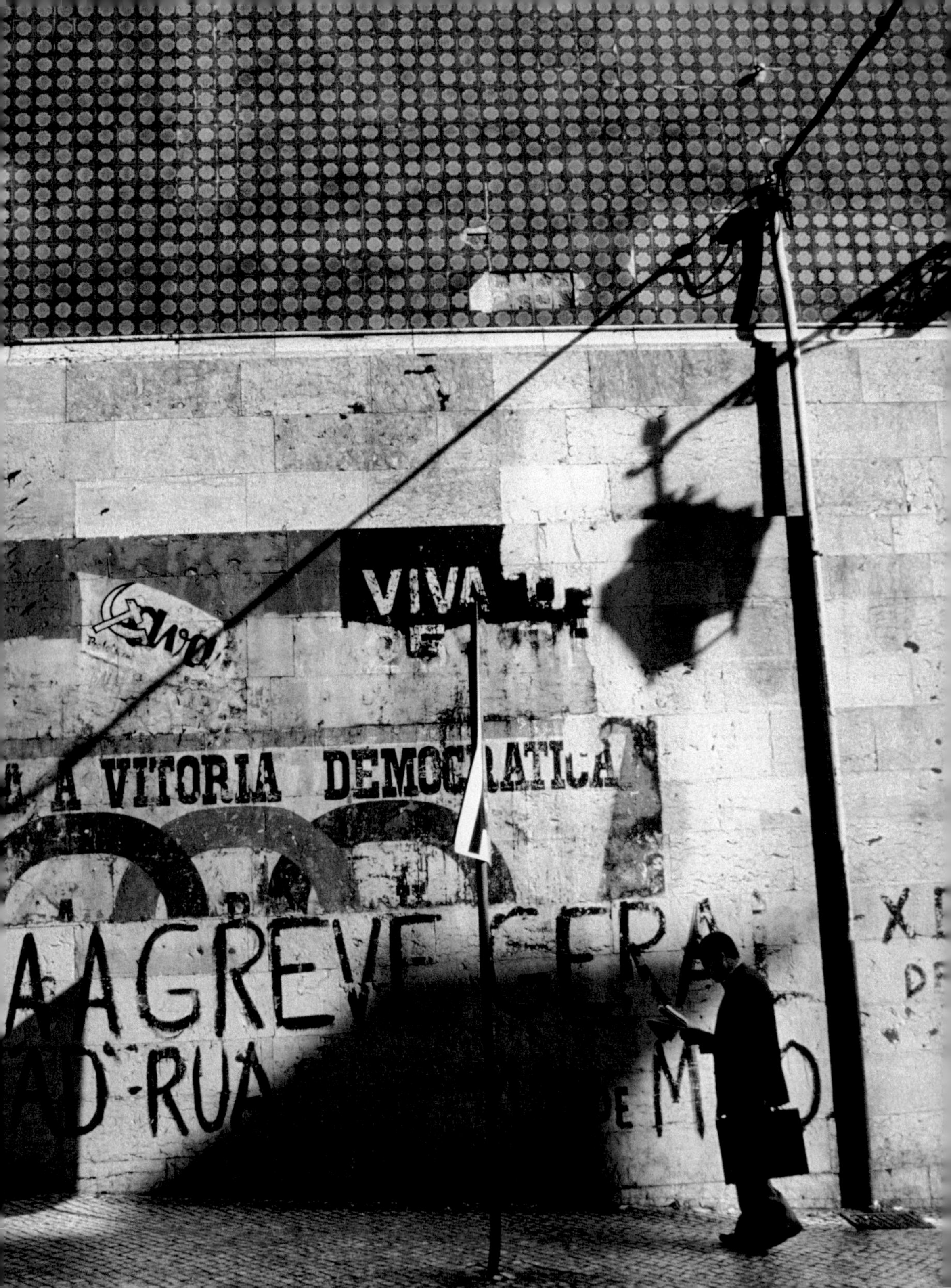
VIVA
A VITORIA DEMOCRATICA
AAGREVE
AD-RUA

Wolfgang Kil

Zwölf Wochen Lissabon: Chronik zweier Reisen und eines gescheiterten Buchprojekts

„Lissabon – die alte Pracht am Tejo. Melancholische Grandezza einer vergessenen Welthauptstadt ... So oder ähnlich wird die Hauptstadt Portugals in Reiseführern angepriesen, werden Besucher eingestimmt auf einen Strudel schön schwermütiger Gefühle, als gäbe es Anlass zur Nachdenklichkeit immer nur im Angesicht zurückliegender Katastrophen anderer. [...] Doch die Reiseführer stimmen nicht mehr. Seit jenem April im Jahre 1974, da die Diktatur gestürzt und die Nelke zum Symbol einer der unblutigsten Revolutionen der Geschichte wurde, darf die Welt plötzlich wieder mit diesem Land rechnen. Seit Anfang 1986 gehört es offiziell zur Europäischen Gemeinschaft, und es sind nicht zuletzt die Folgen jenes Beitritts, die bewirken, dass den Reiseführern nicht mehr so ganz zu trauen ist.“

Diese Sätze stammen aus einem Artikel, der im April 1988 im *Sonntag*, der kulturpolitischen Wochenzeitung der DDR, eine ganze Seite füllte. Der Reisebericht in dem viel gelesenen Blatt war als Leseprobe für ein Buch gedacht, das zum Zeitpunkt dieser Vorabveröffentlichung erst noch im Entstehen war.

Aus dem geplanten Bildband ist dann doch nichts geworden. Ein wunderschönes Projekt – leider zur falschen Zeit.

Vorgeschichte

In den 1980er-Jahren trat der Ostberliner Verlag Volk und Welt mit einer Reihe aufwändig gestalteter Städtebildbände hervor, die exklusiv mit Aufnahmen namhafter Fotografen wie Karol Kállay oder Arno Fischer produziert wurden. Ermuntert vom enormen Publikumserfolg dieser Städtereihe nahm auch der in Leipzig ansässige Brockhaus-Verlag, sonst vor allem mit inländischer Reiseliteratur befasst, eine Serie internationaler Städteporträts in sein Programm auf. Freiberufliche Fotografen mit ausgewiesenen Erfahrungen in Reisefotografie konnten sich für eine Stadt ihrer Wahl bewerben.

Erste Verhandlungen zu einem Bildband *Lissabon* datierten vom Frühjahr 1987. Das Fotografenpaar Ute und Werner Mahler hatte den Zuschlag für ihr Wunschziel erhalten und mich als Textautor dafür vorgeschlagen. Ein Buchprojekt von wirklich verlockendem Format: 82 ganzseitige, großenteils farbige Abbildungen, dazu 32 Seiten Text. Der Verlag rechnete mit 10.000 Exemplaren für die Erstauflage bei einem Ladenpreis von 22 DDR-Mark.

Die notwendigen, nicht nur bürokratischen Vorbereitungen nahmen den ganzen Sommer in Anspruch. Die Reisemodalitäten waren ja nicht einfach:

Zwischen Berlin-Schönefeld und Lissabon gab es als einzige Flugverbindung alle zwei Wochen eine Maschine der rumänischen Luftverkehrsgesellschaft TAROM, deren Hauptzweck der Transport von Besatzungen osteuropäischer Atlantiktrawler war. Frühzeitige Buchungen waren also ratsam.

Die erste Reise

Ein Flug in die portugiesische Hauptstadt ließ sich für Ende September 1987 arrangieren. Unterkunft für den sechswöchigen Aufenthalt fanden wir drei „Dienstreisenden" in einer zeitweilig leeren Privatwohnung in Damaia, einem der vielen Neubauviertel der Vorstadt Amadora. Jeder „Arbeitstag" begann deshalb mit einer halbstündigen Fahrt in der Vorortbahn – vorbei am berühmten Stadion von Benfica, aber auch mit Einblicken in die Slums der *Retornados*, jener afrikanischen Familien, die sich nach Portugals Rückzug aus seinen Kolonien im „Mutterland" einbürgern ließen und hier nun in Hütten aus Wellblech und Pappe hausten. In der Innenstadt waren Spuren des noch nicht lange zurückliegenden Gesellschaftsumbruchs allenthalben sichtbar, Wandbilder und Parolen zeugten vom euphorischen Pathos der „Nelkenrevolution". In der Alfama, der verwinkelten Altstadt, oder in den versnobten Flaniermeilen der Baixa (Unterstadt) war der Alltag indes weiter geprägt von der urbanen Kultur und den patriarchalen Gesten älterer, behäbigerer Jahrzehnte.

Die zweite Reise

Für noch fehlende Themen und Schauplätze des vom Verlag bestellten Bildbandes war im Frühsommer 1988 eine zweite Reise vorgesehen, noch einmal sechs Wochen, und diesmal kamen wir mit dem Auto. Damit ließ sich, neben den historischen Stadtvierteln, nun auch das Umland erkunden, Cascais etwa oder Sintra, die klassischen Ausflugsziele der *Lisboetas*. Welch krasses Gefälle zwischen den sich rasch entwickelnden Küstenregionen und einem dramatisch abgehängten Hinterland herrschte, führte uns schließlich die Rückreise vor Augen. Die führte auf nördlicher Route durch die Region Tras-os-Montes (wörtlich übersetzt: „hinter den Bergen"), wo abgelegenen Dörfern die Begegnung mit den zivilisatorischen Errungenschaften des 20. Jahrhunderts sichtlich erst noch bevorstand. Einfach Lissabon zu erleben bedeutete also keinesfalls, Portugal wirklich schon zu kennen.

Eine Katastrophe und andere Verhinderungen

Nach der Rückkehr hatte in Berlin das Sortieren und Bearbeiten der Bilder und Reisenotizen gerade begonnen, da gingen am 25. August 1988 Schreckensmeldungen um die Welt: Eine gewaltige Feuersbrunst hatte in wenigen Stunden den Chiado, Lissabons mondänes Shoppingviertel in der Oberstadt, zu großen Teilen vernichtet. Mit dem Verlag standen wir plötzlich vor der Frage, ob die Katastrophe überhaupt, und wenn ja, in welcher

Weise in dem Bildband auftauchen sollte. Immerhin bestand die Gefahr, anhand des bisher gewonnenen Materials die Stadt in Ansichten zu präsentieren, die mit der Realität gar nicht mehr übereinstimmten. Dass die ausgebrannten Häuserreihen innerhalb kürzester Zeit minutiös rekonstruiert würden, war in jenen ersten Monaten keinesfalls absehbar. An eine dritte Reise war aus zeitlichen, vor allem aber aus finanziellen Gründen nicht zu denken. Das Buchprojekt geriet ins Stocken.

Für weitere Verzögerungen sorgten die gesellschaftlichen Wirren in der DDR während der politischen „Wende“ 1989 und der anschließende, reichlich chaotisch verlaufende Vereinigungsprozess. Für langfristig angelegtes, kreatives Arbeiten fehlte es da oft an der nötigen Konzentration. Immerhin gelang es uns, dem Verlag bis zum Frühjahr 1991 ein fertiges Klebelayout für den Bildteil sowie den nahezu kompletten Buchtext vorzulegen. Kurz vor Jahresschluss erhielten wir dann allerdings unsere sämtlichen Unterlagen zurück, mit der lapidaren Mitteilung, „dass der Leipziger Brockhaus Verlag ab 1.6.1991 seine offizielle Geschäftstätigkeit eingestellt hat“. Der im Taunus ansässige Verleger, der das Leipziger Traditionshaus von der Treuhand gekauft hatte, ließ mit keiner einzigen Silbe jemals von sich hören.

Dreißig Jahre danach

Die hier versammelten Fotografien aus Lissabon sind kein Versuch, das damals gescheiterte Buch nun doch noch zu produzieren. Mit dem Land DDR sind auch die drängenden Fernwehträume seiner Bürger passé. Lässt man aber aus dem damals entstandenen Konvolut der Bilder die obligaten (und natürlich in Farbe aufgenommenen) Stadtpanoramen und Baudenkmale beiseite, erweisen sich die verbleibenden Schwarz-Weiß-Fotos als überraschender Schatz – ein hinreißend naher, zwischen Empathie und Skepsis changierender Blick auf ein Land mitten in seiner großen Zeitenwende. Das Porträt einer Gesellschaft im Übergang: Aufregend und unvergesslich, diese Achtzigerjahre in der Stadt am Tejo.

Berlin im Juli 2022

Wolfgang Kil

Twelve Weeks in Lisbon: Chronicle of Two Journeys and a Failed Book Project

"Lisbon – the splendid old city on the Tagus. Melancholic grandeur of a forgotten world capital. [...] Travel guides use phrases like these to extol the capital of Portugal, putting visitors in the mood with a whirlwind of beautiful, wistful emotions, as if the only opportunity for reflection comes when faced with the past catastrophes of others. [...] Yet, the travel guides are no longer accurate. Since that April in 1974 when the dictatorship fell and the carnation became the symbol of one of the least bloody revolutions in history, the world may suddenly once again reckon with this country. Since early 1986 it has been an official member of the European Community, and it is not least due to the consequences of this membership that the travel guides are no longer as trustworthy."

This passage comes from an article that filled an entire page of an April 1988 issue of *Sonntag*, the East German cultural and political weekly newspaper. The travelogue in this widely read paper was supposed to have been a preview of a book that was still in the making at the time it was published. In the end, nothing came of the planned book of photos. A wonderful project – unfortunately, though, at the wrong time.

Background

In the 1980s the East Berlin publishers Volk und Welt came out with a series of meticulously designed books of cityscapes, produced exclusively with photographs by renowned photographers such as Karol Kállay and Arno Fischer. Encouraged by the enormous success of this popular series on cities, the Leipzig-based publisher Brockhaus, which mainly specialized in travel literature on Germany, decided to include a series of portraits of international cities among its other offerings. Freelance photographers with proven experience in travel photography could apply to cover a city of their choice.

The initial negotiations over a photo book on Lisbon began in the spring of 1987. A married pair of photographers, Ute and Werner Mahler, had won the bid for their desired destination and proposed that I write the accompanying text. It was a book project in a very enticing format: eighty-two full-page, mostly color photographs, with thirty-two pages of text. The publisher calculated that there would be ten thousand copies in the first edition, at a retail price of twenty-two East German marks.

The necessary preparations, not all of which were bureaucratic, took up the entire summer. After all the travel arrangements were not simple: the only connecting flight between the Berlin-Schönefeld airport and Lisbon was operated by the Romanian airline

TAROM, whose main purpose was to transport the crews of Eastern European Atlantic trawlers, and it made the trip only once every two weeks. Early bookings were advisable.

The First Trip

A flight to the Portuguese capital was arranged for late September 1987. We three "business travelers" found lodgings for six weeks in a temporarily empty private apartment in Damaia, one of the many newly built neighborhoods in the suburb of Amadora. So, every "workday" began with a half-hour ride on the commuter train – past the famous Benfica stadium, but also with glimpses of the slums occupied by the *retornados*, the African families who, after Portugal's withdrawal from its colonies, became citizens of the "motherland" and now lived here in huts made of corrugated iron and cardboard. In the city center, traces of the recent social upheaval were visible everywhere, with murals and slogans testifying to the euphoric emotions of the "carnation revolution." In the Alfama, the old town of winding streets, and on the snobbish boulevards of the Baixa (lower town) everyday life continued to be shaped by urban culture and the patriarchal gestures of earlier, more sedate decades.

The Second Trip

To cover the missing themes and showplaces for the photo book commissioned by the publisher, a second trip was planned for the spring of 1988, and this time we traveled by car. That made it possible to explore the surrounding area along with the city's neighborhoods, places like Cascais and Sintra, the classic destinations for day-trippers from Lisbon. The stark disparity between the rapidly developing coastal regions and the dramatically disconnected hinterlands was finally visible to us on the return trip. It led us on a more northerly route through the region of Tras-os-Montes (literally, "behind the mountains"), where remote villages obviously had yet to encounter the civilizing achievements of the twentieth century. Simply experiencing Lisbon, therefore, did not mean knowing all of Portugal well.

A Disaster and Other Obstacles

After returning to Berlin, the sorting and processing of pictures and travel notes had just begun, when, on August 25, 1988, the world was shocked to learn that a huge fire had destroyed a large part of the Chiado, Lisbon's fashionable shopping district in the upper town. Along with the publisher, we were suddenly faced with the question of whether the catastrophe should appear at all in the book, and if so, how. After all, with the materials we had gathered up to then, there was the danger of presenting views of the city that no longer corresponded at all to reality. That the burned rows of buildings would be meticulously reconstructed within a very brief period of time could